Wolfgang Stegmüller

Probleme und Resultate der Wissenschaftstheorie und Analytischen Philosophie, Band I
Erklärung – Begründung – Kausalität

Studienausgabe, Teil D

Kausalitätsprobleme, Determinismus und Indeterminismus
Ursachen und Inus-Bedingungen
Probabilistische Theorie der Kausalität

Zweite, verbesserte und erweiterte Auflage

Springer-Verlag Berlin Heidelberg New York 1983

Professor Dr. Dr. Wolfgang Stegmüller
Hügelstraße 4
D-8032 Gräfelfing

Dieser Band enthält das Kapitel VII der unter dem Titel „Probleme und Resultate der
Wissenschaftstheorie und Analytischen Philosophie, Band I,
Erklärung – Begründung – Kausalität" erschienenen gebundenen Gesamtausgabe

ISBN 3-540-11809-8 broschierte Studienausgabe Teil D
Springer-Verlag Berlin Heidelberg New York
ISBN 0-387-11809-8 soft cover (Student edition) Part D
Springer-Verlag New York Heidelberg Berlin

ISBN 3-540-11804-7 gebundene Gesamtausgabe
Springer-Verlag Berlin Heidelberg New York
ISBN 0-387-11804-7 hard cover
Springer-Verlag New York Heidelberg Berlin

CIP-Kurztitelaufnahme der Deutschen Bibliothek
Stegmüller, Wolfgang: Probleme und Resultate der Wissenschaftstheorie und analytischen
Philosophie/Wolfgang Stegmüller. – Studienausg. – Berlin; Heidelberg; New York: Springer
Bd. 1. Erklärung – Begründung – Kausalität.
Teil D: Kausalitätsprobleme, Determinismus und Indeterminismus; Ursachen und Inus-Bedingungen;
Probabilistische Theorie der Kausalität. – 2., verb. u. erw. Aufl. – 1983.
ISBN 3-540-11809-8 (Berlin, Heidelberg, New York)
ISBN 0-387-11809-8 (New York, Heidelberg, Berlin)

Das Werk ist urheberrechtlich geschützt. Die dadurch begründeten Rechte, insbesondere die der Übersetzung,
des Nachdruckes, der Entnahme von Abbildungen, der Funksendung, der Wiedergabe auf photomechanischem
oder ähnlichem Wege und der Speicherung in Datenverarbeitungsanlagen bleiben, auch bei nur auszugsweiser
Verwertung, vorbehalten. Die Vergütungsansprüche des § 54, Abs. 2 UrhG werden durch die „Verwertungs-
gesellschaft Wort", München, wahrgenommen.
© Springer-Verlag Berlin Heidelberg 1969, 1974, 1983

Herstellung: Brühlsche Universitätsdruckerei, Gießen
2142/3140-543210

Inhaltsverzeichnis

Kapitel VII. Kausalitätsprobleme: Ursache und Wirkung. Kausalgesetze. Kausale Modalitäten. Kausale Erklärungen. Das allgemeine Kausalprinzip. Determinismus und Indeterminismus

1. Allgemeines zu den Kausalitätsfragen 501
2. Der Begriff der Ursache und seine Problematik 506
3. Zur Frage der kausalen Notwendigkeit. Bemerkungen über Hume und Kant 511
4. Kausale Modalitäten 519
5. Kausalgesetze und kausale Erklärungen 525
6. Das Determinismusprinzip: Metasprachliche Charakterisierung 539
7. Ist das Kausalprinzip eine „Bedingung der Möglichkeit empirischer Erkenntnis"? 544
8*. Das Determinismusprinzip: Objektsprachliche Charakterisierung. Die Formulierung von R. Carnap 550
9. Determinismus und Indeterminismus 559

Anhang I. Kausalität und Inus-Bedingungen nach J. L. Mackie 583
0. Vorbemerkung 583
1. Konditionalanalyse der normalsprachlichen Verwendung von „Ursache" 584
2. Rationale Rekonstruktion singulärer Kausalsätze: Ursachen als Inus-Bedingungen 591
3. Kausale Regularitäten 593
4. Kausale Priorität 598

Anhang II. Die probabilistische Theorie der Kausalität. Darstellung, kritische Diskussion und Weiterführung der Theorie von P. Suppes 600
1. Der Grundgedanke 600
2. Prima-facie-Ursachen 602
   2a. Präzisierung 602
   2b. Diskussion 603
3. Scheinursachen 606
   3a. Scheinursachen im ersten Sinn 606
   3b. Scheinursachen im zweiten Sinn 609
4. Direkte und indirekte Ursachen 611
5. Diskussion: Tatsächliche und notwendige Scheinursachen sowie tatsächliche und notwendige indirekte Ursachen 615
6. Die Lücke in der Klassifikation von Suppes: Verborgene Ursachen (Ausgangspunkt der Theorie von W. Spohn) 617
7. Komplementäre, hinreichende und negative Ursachen 619
8. Dynamik der Kausalbeurteilungen (Fortsetzung 1 der Theorie von Spohn) 621
9. Indirekte Ursachen und kausale Abschirmung (Fortsetzung 2 der Theorie von Spohn) 626

10. Kann die Theorie von MACKIE in den probabilistischen Rahmen eingebettet werden? 631
11. Die Abkoppelungsthese 633
12. Technischer Anhang 635

Von der gebundenen Ausgabe des Bandes „Probleme und Resultate der Wissenschaftstheorie und Analytischen Philosophie, Band I, Erklärung – Begründung – Kausalität" sind folgende weiteren Teilbände erschienen:

Studienausgabe Teil A: Das dritte Dogma des Empirismus. Das ABC der modernen Logik und Semantik. Der Begriff der Erklärung und seine Spielarten

Studienausgabe Teil B: Erklärung, Voraussage, Retrodiktion. Diskrete Zustandssysteme und diskretes Analogon zur Quantenmechanik. Das ontologische Problem. Naturgesetze und irreale Konditionalsätze. Naturalistische Auflösung des Goodman-Paradoxons

Studienausgabe Teil C: Historische, psychologische und rationale Erklärung. Verstehendes Erklären

Studienausgabe Teil E: Teleologische Erklärung, Funktionalanalyse und Selbstregulation. Teleologie: Normativ oder Deskriptiv? STT, Evolutionstheorie und die Frage Wozu?

Studienausgabe Teil F: Statistische Erklärungen. Deduktiv-nomologische Erklärungen in präzisen Modellsprachen. Offene Probleme

Studienausgabe Teil G: Die pragmatisch-epistemische Wende. Familien von Erklärungsbegriffen. Erklärung von Theorien: Intuitiver Vorblick auf das strukturalistische Theorienkonzept

Kapitel VII
Kausalitätsprobleme: Ursache und Wirkung
Kausalgesetze. Kausale Modalitäten
Kausale Erklärungen
Das allgemeine Kausalprinzip
Determinismus und Indeterminismus

1. Allgemeines zu den Kausalitätsfragen

1.a Es erscheint als zweckmäßig, den Erörterungen dieses Kapitels einige Bemerkungen voranzuschicken:

(1) Viele überlieferte und herkömmliche Diskussionen sind durch eine große Undeutlichkeit der verwendeten Begriffe und der Problemstellung gekennzeichnet. Dies mag zum Teil darauf beruhen, daß stillschweigend vorausgesetzt wird, es handle sich hierbei um ein einziges Problem, so daß die Verwendung des bestimmten Artikels als gerechtfertigt erscheint. So etwa wird der unklare Ausdruck „die Kausalität" oder der nicht weniger undeutliche Term „die Kategorie der Kausalität" eingeführt und gefragt, ob die Kausalität gelte, ob die Kategorie der Kausalität zu Recht angewendet werde etc. Solche Fragestellungen werden bisweilen auch „das Problem der Kausalität" tituliert. Tatsächlich müssen wir jedoch eine ganze Reihe völlig verschiedenartiger Fragen auseinanderhalten. In einem ersten Schritt wird es daher darauf ankommen, diese Fragen zusammenzustellen. Wie sich zeigen wird, handelt es sich dabei zum Teil um *Sinnfragen* und zum Teil um *Geltungsprobleme*.

(2) Zu der Undeutlichkeit der Auseinandersetzungen kommt hinzu, daß diese häufig nicht in einer wertneutralen Atmosphäre stattfinden, sondern daß die vertretenen Positionen mit moralischen oder weltanschaulichen Vorentscheidungen belastet sind. Viele Denker, Philosophen wie Fachwissenschaftler, vertreten nämlich die Auffassung, daß der Ausgang der Diskussionen über die Kausalprobleme wenigstens teilweise relevant dafür sei, ob man von einer *Freiheit des menschlichen Willens* sprechen könne und ob der Begriff des *verantwortungsvollen moralischen Handelns* sinnvoll sei oder preisgegeben werden müsse. Aus der Annahme der Gültigkeit bestimmter

ethischer Konzeptionen werden dann bisweilen umgekehrt Schlüsse von theoretischer Relevanz gezogen (z. B. „du kannst, denn du sollst!"). Im folgenden sollen ethische Erörterungen vollkommen ausgeklammert und die verschiedenen Fragenkomplexe *als rein theoretische Probleme* behandelt werden.

(3) Noch auf eine dritte, vom Standpunkt begrifflicher Sauberkeit aus gesehen bedauerliche Tatsache ist hinzuweisen. Viele Verwirrungen entstanden dadurch, daß keine klare Abgrenzung zwischen philosophischen Problemen und nur vom Naturforscher zu beantwortenden empirischen Fragestellungen erfolgte. In früheren Zeiten war dafür die Auffassung verantwortlich, daß es neben den empirischen Naturwissenschaften auch eine Metaphysik der Natur gebe, in der ein apriorisches Wissen über die Natur, also eine synthetische Erkenntnis a priori, formuliert und begründet werde. So konnte es zum Konflikt zwischen philosophischen Apriori-Behauptungen und empirischen Hypothesenbildungen kommen. Aber auch heute, wo die Tendenz besteht, scharf zu unterscheiden zwischen logischen und methodologischen Fragen auf der einen Seite und empirischen Problemen auf der anderen, finden sich bisweilen ähnliche Konfusionen, wenn auch auf anderer Ebene: Bei der Diskussion über die Grundlagen bestimmter Naturwissenschaften, z. B. der Quantenphysik, bleibt es oft unklar, ob es sich dabei darum handelt, eine wissenschaftstheoretisch befriedigende Deutung einer vorliegenden Theorie zu geben, oder ob Vorschläge für die Änderung oder Neufassung der empirischen Theorie selbst versucht werden.

(4) Schließlich sei noch eine Warnung ausgesprochen: Die Kausalitätsprobleme besitzen bei weitem nicht jene Wichtigkeit in systematischer Hinsicht, die ihnen bisweilen zugesprochen worden ist. Der Grund dafür liegt darin, daß die in diesem Zusammenhang auftretenden Geltungsfragen nicht a priori beantwortet werden können, sich also der philosophischen Behandlung entziehen. Trotzdem sind auch heute noch philosophische Betrachtungen zur Kausalität nicht ohne Bedeutung. Sie können zur begrifflichen Klärung beitragen, Typen von Problemstellungen unterscheiden, die häufig durcheinandergeworfen werden, und somit logisch-philosophische Konfusionen auflösen helfen. Nicht zuletzt kann auf diese Weise auch ein systematischer Rahmen geschaffen werden für eine Gliederung und ein besseres Verständnis philosophischer Positionen, die im Verlauf der Geschichte vertreten wurden.

1.b Wir wenden uns jetzt der ersten Aufgabe zu, einen vorläufigen Überblick über die verschiedenen Probleme zu geben, die sich im Rahmen einer Kausalitätsdiskussion stellen lassen.

Bereits im vorwissenschaftlichen Alltag stoßen wir auf kausale Begriffe und auf Kausalbehauptungen. Die beiden am häufigsten verwendeten Begriffe werden durch die Worte „*Ursache*" und „*Wirkung*" bezeichnet. Ein erstes Problem kann daher so formuliert werden: Verbindet sich mit diesen Ausdrücken ein klarer Sinn, bzw. kann für den Fall, daß sich die alltägliche Verwendung dieser Ausdrücke als vage und mehrdeutig erweist, eine präzise Explikation gegeben werden? Die im Alltag gefällten Kausal*behauptungen* sind gewöhnlich keine generellen Sätze, sondern singuläre Aussagen, in denen das Bestehen spezieller kausaler Zusammenhänge behauptet wird. Ein solcher *singulärer Kausalsatz* kann sprachlich in den verschiedensten Formen wiedergegeben werden. Häufig handelt es sich um eine Aussage, die ein Ereignis beschreibt und mit einem mit „da" oder „weil" beginnenden Nebensatz verknüpft ist: „die Ernte wurde vernichtet, weil es vier Wochen unaufhörlich regnete"; „das Haus wurde zerstört, weil an dieser Stelle eine Lawine herunterging"; „da der Fahrer des Wagens übermüdet war, verlor er die Herrschaft über sein Auto, und der Unfall passierte". Bisweilen dienen die Ausdrücke „Ursache" und „Wirkung" bzw. die entsprechenden Verben dazu, eine singuläre Kausalbehauptung zu formulieren: „der Tod des Herrn X wurde durch einen Stich in die Herzgegend mit einem 15 cm langen Messer verursacht". Bisweilen werden in ein und demselben Satz simultan zwei Kausalbehauptungen aufgestellt: „die durch die langen Regenfälle verursachte Überschwemmung bewirkte eine Verwüstung der Innenstadt". Gelegentlich werden auch andere Worte verwendet, z. B. solche, die außerdem häufig dazu benützt werden, um über *logische* Zusammenhänge zu sprechen. So etwa könnte im letzten Beispiel der erste Teil auch so ausgedrückt werden: „die langen Regenfälle hatten eine Überschwemmung zur Folge". In derartigen Fällen muß genau auf den Kontext geachtet werden, um daraus zu entnehmen, was für eine Art von Beziehung gemeint ist. In unserem Beispiel ist es klar, daß nicht von einer logischen Folgebeziehung die Rede ist, sondern daß die Aussage im Sinn einer kausalen Folge zu verstehen ist[1]. Wie wir später sehen werden, kann man singuläre Kausalsätze als *rudimentäre kausale Erklärungen* interpretieren, d. h. als meist mehr oder weniger unbeholfene, mehr oder weniger unbefriedigende Versuche, bestimmte Phänomene oder Vorgänge kausal zu erklären oder Erklärbarkeitsbehauptungen darüber aufzustellen.

In Philosophie und Wissenschaft stoßen wir auf den Ausdruck „Kausalgesetz". Damit bezieht man sich nicht auf *spezielle* Kausalzusammenhänge, sondern auf bestimmte Arten von *allgemeinen* gesetzmäßigen Zusammenhängen. Unglücklicherweise herrscht hier eine terminologische Verwirrung. Auf der einen Seite bezeichnen Naturforscher gewisse Gesetze als *Kausalgesetze*. Auf der anderen Seite sprechen Philosophen immer wieder

---

[1] Die Tatsache, daß sowohl im Deutschen als auch in anderen Sprachen das Hauptwort „Folge" sowie das Verbum „folgen" sowohl im logischen als auch im nichtlogischen kausalen Sinn verwendet werden, mag die philosophische Konzeption begünstigt haben, daß es neben einer logischen Notwendigkeit auch eine spezifische Art von *kausaler Notwendigkeit* gibt.

von *dem* Kausalgesetz. Gemeint wird beidemal etwas vollkommen Verschiedenes. Der erste Begriff ist ein Typenbegriff. Bestimmte Arten oder Klassen von Gesetzen, welche gewisse Merkmale aufweisen, werden *kausale Gesetze* oder *Kausalgesetze* genannt. Dieser Ausdruck ist also im *Plural* verwendbar: mehrere oder sogar zahlreiche, dem Gehalt nach gänzlich verschiedene Gesetze können unter diesen Begriff des Kausalgesetzes fallen. Die Philosophen hingegen denken an ein ganz bestimmtes Prinzip, nämlich jenes Prinzip, das alltagssprachlich durch Wendungen wie „jedes Ereignis hat eine Ursache" oder „alles Werden ist ein Bewirktwerden" wiedergegeben wird. Zwecks Vermeidung von Konfusionen benützen wir für die Bezeichnung dieses Satzes nicht das Wort „Gesetz", sondern sprechen von dem *Prinzip der Kausalität* oder dem *Kausalprinzip*, bisweilen auch in suggestiver Weise von dem *allgemeinen* Kausalprinzip. Später werden wir dafür gelegentlich die Bezeichnung *„Prinzip des universellen Determinismus"* verwenden. Zwar läßt sich dieses Prinzip in verschiedener Weise, nämlich als ein schwächeres oder als ein stärkeres Prinzip, formulieren. In jeder dieser Formulierungen beinhaltet es jedoch *eine ganz bestimmte Behauptung*, die entweder wahr ist oder nicht. Demgegenüber stellt der Begriff des Kausalgesetzes *ein Attribut* dar, welches auf beliebig viele verschiedene Gesetze zutreffen kann. Darum ist auch nur im ersteren Fall der bestimmte Artikel „das" Prinzip der Kausalität" zulässig, sobald man sich für die eine oder die andere Fassung entschieden hat. Kurz gesagt also: Mit „Kausalgesetz" bezeichnen wir einen bestimmten *Begriff*, unter den alles mögliche fallen kann; dagegen bezeichnen wir damit niemals eine Behauptung. „Kausalprinzip" hingegen ist der Name für eine *Aussage*, die von Philosophen wie von Naturforschern behauptet wurde und bei der es – eine präzise Formulierung vorausgesetzt – einen Sinn hat zu fragen, ob sie zutreffend sei oder nicht.

Ein weiteres Problem betrifft die Explikation des Begriffs der *kausalen Erklärung*. Weder in den Begriff der nomologischen noch in den der statistischen Systematisierung sind an früherer Stelle Bestimmungen mit aufgenommen worden, die den kausalen Fall ausdrücklich einschließen oder ausdrücklich verbieten. Es erscheint als eine vernünftige Festsetzung, den Kausalbegriff in diesem Zusammenhang so zu verwenden, daß statistische Erklärungen und kausale Erklärungen einander ausschließen. Falls nicht alle nomologischen Erklärungen kausale Erklärungen genannt werden sollen, welche speziellen Fälle von nomologischen Erklärungen bilden dann kausale Erklärungen? Der Begriff der kausalen Erklärung hat in gewissem Sinn in der Klasse der Kausalitätsprobleme eine zentrale Stellung inne. Zwar ist der Begriff des Kausalgesetzes unabhängig davon und zuerst zu präzisieren. Ist dies aber einmal geschehen, so kann zunächst der Begriff der kausalen Erklärung und dann unter Bezugnahme auf diesen der Begriff der Ursache sowie das Kausalprinzip expliziert werden (obzwar dies für den letzteren Begriff nicht die einzige Möglichkeit bildet, wie wir sehen werden).

Eine letzte Frage betrifft schließlich das bereits gelegentlich angeschnittene Problem des Verhältnisses von Determinismus und Indeterminismus.

1.c In allen diesen Hinsichten ist schließlich eine doppelte Unterscheidung zu machen: in *Sinn*fragen, welche die Explikation eines Begriffs betreffen, und in Fragen, die sich auf die *Geltung* oder die *Überprüfung* von Sätzen beziehen. Berücksichtigen wir diese Unterscheidung, so können wir die folgende Liste von Fragen aufstellen:

(1) Was ist die Bedeutung von „Ursache" („Wirkung"), bzw. läßt sich diese Bedeutung überhaupt präzisieren?

(2) Was ist der Sinn singulärer Kausalbehauptungen, bzw. wie läßt sich dieser Sinn explizieren?

(3) Was ist unter einem kausalen Gesetz zu verstehen? (Explikation von „Kausalgesetz".)

(4) Welche Arten von wissenschaftlichen Erklärungen sind als kausale Erklärungen zu bezeichnen? (Explikation des Begriffs der kausalen Erklärung.)

(5) Wie ist das allgemeine Kausalprinzip zu formulieren, bzw. welche verschiedenen, evtl. miteinander unverträglichen Formulierungen lassen sich für dieses Prinzip geben?

(6) Was ist das Verhältnis von Determinismus und Indeterminismus?

(7) Wie überprüft man die Richtigkeit von singulären Kausalbehauptungen?

(8) Wie überprüft man die Richtigkeit von kausalen Erklärungen?

(9) Gibt es kausale Gesetzmäßigkeiten?

(10) Sind alle Gesetze Kausalgesetze?

(11) Ist das Kausalprinzip (das Prinzip vom universellen Determinismus) in der einen oder anderen Version von (5) gültig?

Nur die Fragen (1) bis (8) können als wissenschaftstheoretische Fragen erörtert werden. Die Beantwortung der Fragen (9) bis (11) muß – unabhängig davon, wie die darin vorkommenden Begriffe präzisiert werden – dem Erfahrungswissenschaftler überlassen bleiben. Die Fragen (7) und (8) sind dabei mehrdeutig; damit kann entweder die Schlüssigkeit der erklärenden Argumente oder die Fundiertheit der Prämissen dieser Argumente gemeint sein. Das zweite bezieht sich auf das Problem der empirischen Bestätigung und fällt daher aus dem Rahmen dieses Buches heraus.

2. Der Begriff der Ursache und seine Problematik

2.a Der Ausdruck „Ursache" ist ein im Alltag wie in der Philosophie geläufiger Term. Der Mann auf der Straße gerät mit seinen Freunden in hitzige Auseinandersetzungen darüber, was die wahren Ursachen eines Ereignisses (eines Volksaufruhrs, des Ausgangs einer politischen Wahl, eines Flugzeugunglücks, des mysteriösen Todes eines bekannten Schauspielers, einer Überschwemmungskatastrophe) seien. Auf „offizieller" Ebene beschäftigen sich staatliche, juristische, kriminologische Untersuchungskommissionen mit der Erforschung von Ursachen bestimmter Vorkommnisse. In den exakten Naturwissenschaften ist dieser Ausdruck hingegen fast gänzlich verschwunden. Eine Klärung des Ursachebegriffs hat vor allem auch dieses Phänomen zu deuten: das Festhalten an der Ursache-Wirkungs-Terminologie in gewissen Lebensbereichen, die Preisgabe dieser Terminologie in anderen.

In der Philosophie wurde dieser Ausdruck lange Zeit hindurch in einem sehr weiten Sinn verstanden, nämlich im Sinn der auf die aristotelische Tradition zurückgehenden Lehre von den vier causae. Dieser weite Begriff erschien als unproblematisch, solange die mit ihm verbundene metaphysische Konzeption im Prinzip übernommen wurde. Mit dem Aufkommen der exakten Naturwissenschaften trat die Notwendigkeit in den Vordergrund, einen Begriff zu verwenden, der mit der Denkweise dieser Wissenschaften in Einklang gebracht werden kann. Deutlich bewußt wurde die Problematik dieses Begriffs erstmals D. HUME. Seine Analysen führten ihn nicht dazu, diesen Begriff zu verwerfen, sondern ihn in einer Weise zu präzisieren, die mit herkömmlichen philosophischen Vorstellungen unverträglich war.

2.b Der tatsächliche Gebrauch des Wortes „Ursache" ist mehrdeutig sowie vage. Darum kann auf die Frage, was wir meinen, wenn wir sagen: „A ist die Ursache von E", auch keine einheitliche Antwort gegeben werden. Abstrahieren wir für den Augenblick von der Frage nach den Gründen dieser Ungenauigkeit, und überlegen wir uns, wie ein „theoretisch bereinigter" Ursachenbegriff zu konstruieren wäre. Im Prinzip ist die Antwort darauf höchst einfach: Als Ursachen eines Ereignisses müßten *sämtliche relevanten Bedingungen* dieses Ereignisses angesehen werden. Dazu gehören nicht nur die sich gerade *ändernden* Bedingungen, welche uns besonders in die Augen fallen, sondern auch die *konstanten* Bedingungen oder Prozesse, ohne die das fragliche Ereignis nicht stattfinden könnte. Es liegt auf der Hand, daß die Präzisierung dieses Gedankens mittels des nomologischen Erklärungsbegriffs erfolgen kann, sofern der letztere selbst in präziser Gestalt vorliegt. Eine Ursache eines Ereignisses E besteht danach in der

Gesamtheit der Antecedensbedingungen, auf Grund deren E deduktiv-nomologisch erklärbar ist[2].

Zu beachten ist hierbei zweierlei: Erstens ist diese Äußerung im Sinn einer *Erklärbarkeitsbehauptung* und *nicht* im Sinn einer *effektiven* Erklärungsmöglichkeit zu verstehen. Zu behaupten, daß A Ursache von E ist, heißt danach soviel wie zu sagen, daß Naturgesetze *existieren*, die zusammen mit einer genauen Beschreibung von A die logische Ableitung einer Beschreibung von E gestatten. Wer so etwas behauptet, braucht nicht in der Lage zu sein, diese Gesetze angeben und die Ableitung vornehmen zu können. Die Gesetze brauchen zum gegenwärtigen Zeitpunkt überhaupt noch nicht bekannt zu sein; sie werden vielleicht erst später einmal entdeckt. Die Frage, ob man die Gesetze angeben könne oder nicht, ist für den *Sinn* einer derartigen singulären Kausalbehauptung also irrelevant[3]. Sie ist sogar irrelevant für die Frage der *Richtigkeit* dieser Behauptung: Existieren diese Gesetze, so ist die Behauptung richtig, gleichgültig, ob und wann sie entdeckt werden. Erst bei der *Begründung* wird die Gesetzeserkenntnis von Bedeutung. Wer die Richtigkeit einer von ihm aufgestellten singulären Kausalbehauptung nachzuweisen versucht, muß solche Gesetze zu formulieren in der Lage sein. Für den Sinn der Aussage ist es dagegen nicht nur bedeutungslos, ob er die Gesetze angeben kann oder nicht, sondern auch, ob es solche Gesetze überhaupt gibt. Existieren derartige Gesetze nicht, so ist die Wendung „A ist Ursache von E" genauso sinnvoll wie im vorigen Fall; sie enthält jedoch wegen der Falschheit der darin implizit enthaltenen Existenzhypothese „es gibt Naturgesetze, so daß ..." eine unrichtige Behauptung.

Zweitens ist eine Ursache nichts eindeutig Bestimmtes, so daß man „A ist Ursache von E" nicht zu „A ist *die* Ursache von E" verschärfen sollte, obwohl eine solche Verschärfung beim üblichen unexakten Wortgebrauch häufig vorgenommen wird. Doch unterscheidet man andererseits auch im Alltag zwischen unmittelbaren und entfernteren Ursachen: Wenn A Ursache von B ist, A_1 Ursache von A, A_2 Ursache von A_1 ... und schließlich A_n Ursache von A_{n-1}, so sind $A, A_1, ..., A_n$ Ursachen eines und desselben B; doch ist nur A die unmittelbare Ursache von B, während die übrigen A_i mehr oder weniger entfernte Ursachen bilden[4].

---

[2] Um sich nicht zu weit vom alltäglichen Sprachgebrauch zu entfernen, sollte der Begriff der Erklärung dabei nicht in dem früher eingeführten weiten Sinn der wissenschaftlichen Systematisierung genommen werden. Denn danach könnten einige Antecedensbedingungen zeitlich auf das Explanandum-Ereignis folgen. Will man daran festhalten, daß die Ursache niemals der Wirkung zeitlich folgen kann, so müßten also Fälle von reinen oder partiellen Retrodiktionen ausdrücklich ausgeschlossen werden.

[3] Vgl. dazu auch R. Carnap [Physics], S. 194.

[4] Für ein einfaches Beispiel hierfür vgl. I. Copi, [Introduction], S. 357.

Kehren wir nun zur alltäglichen Verwendung von „Ursache" zurück: Es kommt fast nie vor, daß wir an die Myriaden von Bedingungen denken, die gegeben sein müssen, damit ein Ereignis stattfindet, wenn wir von Ursachen reden. Vielmehr greifen wir, von subjektiven, theoretischen oder praktischen Interessen geleitet, mehr oder weniger willkürlich die eine oder die andere Bedingung oder einen Bedingungskomplex heraus und nennen ihn *die* Ursache des fraglichen Ereignisses. In der Regel werden dabei die konstanten (statischen) Bedingungen vernachlässigt, und man konzentriert sich nur auf die sich ändernden und außerdem unmittelbar vorangehenden Bedingungen, da diese unsere Aufmerksamkeit in besonderem Maße auf sich ziehen und auch bei evtl. zu stellender moralischer oder juristischer Schuldfrage häufiger als die *relevanten* Bedingungen erscheinen. Stürzt etwa ein Gebäude zusammen, weil beim Umbau unvorsichtigerweise eine Stütze entfernt worden ist, so wird dies als die Ursache des Einsturzes betrachtet, und diejenigen, welche die Beseitigung der Stütze anordneten, werden als die Verantwortlichen bezeichnet, obwohl es zu dem Einsturz nicht gekommen wäre, hätte das Gebäude eine andere statische Struktur besessen. Seine tatsächliche statische Verfassung ist vom theoretischen Standpunkt daher ebenso eine Teilursache des Geschehens wie jene verhängnisvolle Beseitigung der Stütze.

2.c Wird der Ausdruck „Ursache" in *praktischen Situationen* gebraucht, so ändert sich seine Bedeutung je nachdem, ob es z. B. darauf ankommt, etwas zu *erreichen* oder etwas zu *vermeiden* oder etwas *herauszufinden*. Erscheint ein Ereignis *E* als erstrebenswertes Ziel, welches den *Effekt* einer menschlichen Tätigkeit bilden soll, so wird das Wort „Ursache" approximativ im Sinn einer *hinreichenden* Bedingung von *E* zu verstehen sein, da der Handelnde alle nicht bereits „durch die Natur realisierten" notwendigen Bedingungen von *E* in ihrer Totalität verwirklichen muß, um eine Situation zu erzeugen, die *E* zur Folge hat. Geht es dagegen um die Beseitigung von Phänomenen oder Ereignissen bestimmter Art, die nur dann eintreten, wenn eine bestimmte notwendige Bedingung erfüllt ist, so besteht die Neigung, *diese spezielle notwendige Bedingung* als Ursache des Phänomens zu bezeichnen, da ihre Elimination auch das Phänomen selbst zum Verschwinden brächte. So etwa würde eine gewisse in einer medizinischen Forschungsanstalt gemachte Entdeckung in der Weise geschildert werden, daß festgestellt wird, eine gefährliche Krankheit werde durch Viren *verursacht*. Diese Sprechweise wird durch das die Forschungstätigkeit leitende Bestreben motiviert, ein Mittel zu finden, welches diese Viren, ohne welche die betreffende Krankheit nicht auftreten könnte, vernichtet und gleichzeitig den erkrankten Gesamtorganismus nicht schädigt.

Der dritte Fall mag durch ein Beispiel von I. Copi illustriert werden[5]: Eine Versicherungsanstalt will *herausfinden*, was die Ursache eines seltsamen

---
[5] a. a. O., S. 356.

Brandes war, und sendet zu diesem Zweck einen Angestellten an den Ort des Brandes, um die Sache zu untersuchen. Falls dieser in seinem Bericht nichts anderes tut, als gewisse *notwendige* Bedingungen des Brandes anzuführen (z. B. daß sich hinreichend viel Sauerstoff in der Luft befand etc.), so wird er vermutlich seine Stelle verlieren. Auch an *allen hinreichenden* Bedingungen aber ist die Gesellschaft offenbar nicht interessiert: Sollte der Untersucher in seinem Bericht schreiben, er hätte einen Beweis dafür, daß der Eigentümer sein Haus vorsätzlich in Brand gesteckt habe, daß er aber bisher noch nicht *sämtliche* notwendigen Bedingungen des Brandes, die erst in ihrer Totalität die im strengen Sinn hinreichende Brandbedingung darstellen, ausfindig machen konnte, so wird ihn die Gesellschaft zurückbeordern und dies damit begründen, daß er nicht seine Zeit und das Geld der Versicherungsgesellschaft vergeuden solle. Bei der Aufgabenstellung, die *Ursache* des Brandes zu finden, war von der Versicherungsgesellschaft angenommen worden, daß alle jene Bedingungen, die bei einem Brand *gewöhnlich* erfüllt sind, auch im vorliegenden speziellen Fall gegeben waren und daß *unter der Voraussetzung der Erfüllung aller dieser Bedingungen* jenes Ereignis (z. B. Blitzschlag, Kurzschluß, Brandstiftung etc.) zu finden sei, bei dessen Verwirklichung es zum Brand kommen mußte, weil es das Schlußstück für eine hinreichende Bedingung bildete, bei dessen Nichtverwirklichung der Brand unterblieben wäre.

2.d Wir sehen also, daß dasjenige, was „Ursache" genannt zu werden pflegt, in praktischen Handlungssituationen von dem Ziel abhängt, das man sich gesetzt hat. R. CARNAP gibt ein anschauliches Beispiel dafür, wie *in einem und demselben Fall* je nach dem Gesichtspunkt, unter dem man an die Sache herantritt, etwas anderes als „Ursache" bezeichnet wird[6]. Es möge etwa die Ursache eines Autounfalles, bei dem zwei Wagen frontal zusammenstießen, untersucht werden. Ein Straßenbauingenieur sieht die Sache so: Die Straße ist schlecht konstruiert; sie wird rasch glitschig, sobald es regnet. Tatsächlich passierte das Unglück bei Regen. Der Ingenieur erblickt darin eine Bestätigung seiner bereits früher wiederholt geäußerten Meinung über die schlechte Beschaffenheit der Straße. Von *seinem* Gesichtspunkt ist diese *die* Ursache des Ereignisses. Seine Auffassung mag in dem Sinn zutreffen, als die Befolgung seines früher gegebenen Ratschlages, die Straße mit einem anderen Belag zu versehen, eine weniger schlüpfrige Straße ergeben hätte, auf der ceteris paribus der Unfall nicht passiert wäre. Die Richtigkeit dieser Annahme unterstellt, führt er *eine* notwendige Bedingung des Vorfalles an. Unter anderen Gesichtspunkten ergäben sich hingegen andere Antworten. Eine polizeiliche Untersuchung möge zu dem Resultat gelangen, daß der Fahrer des einen Wagens bestimmte Verkehrsregeln verletzte, also etwa mit einer die zulässige Höchstgrenze überschreitenden Geschwindigkeit fuhr.

---

[6] [Physics], S. 191.

Von diesem Standpunkt aus wird die Verletzung dieser Verkehrsregel als *die* Ursache des Unfalles bezeichnet. Dieser zweite Gesichtspunkt ist insofern interessant, als er eine normative Komponente enthält: Es ist die *Verletzung einer Norm*, welche als *die* Ursache eines realen Vorkommnisses bezeichnet wird. Ein Autokonstrukteur kann eine weitere Ursache entdecken, etwa einen Konstruktionsfehler in einem der verunglückten Wagen. Ein Psychologe, der mit der Untersuchung der psychischen Verfassung der beiden Fahrer betraut wird, kommt zu dem Ergebnis, daß einer der beiden sich zum Zeitpunkt des Unfalles in einem Zustand tiefster Sorge und Depression befand. Diese seine Geistesverfassung habe seine Aufmerksamkeit abgelenkt und bilde daher „die eigentliche Ursache" des Unfalles. Die Liste solcher mit der Änderung des Gesichtspunktes variierenden Ursachen ließe sich offenbar beliebig verlängern.

Diese Reaktionen von Experten, die um die Ursache befragt wurden, haben mit dem im vorigen Absatz erörterten zweiten Fall („Vermeidungsfall") dies gemeinsam, daß stets *notwendige* Bedingungen des Vorfalles angeführt werden. Während es sich aber im dortigen Beispiel nur um eine einzige interessante notwendige Bedingung handelte, werden hier neue und neue derartige Bedingungen angeführt.

2.e Die gebrachten Beispiele zeigen, daß die eingangs gegebene Interpretation von „A ist Ursache von E" als einer Erklärbarkeitsbehauptung bereits auf einer starken theoretischen Idealisierung beruhte und eine entsprechend starke Abweichung vom üblichen Sprachgebrauch voraussetzte. A mußte ja die Totalität *aller* Bedingungen bilden, die zusammen mit geeigneten Gesetzen für einen logischen Schluß auf E hinreichend sind. In fast keinem der Fälle, wo der Alltagsmensch oder auch Fachleute von *der* Ursache sprechen, ist diese ideale Voraussetzung erfüllt. Wenn wir dennoch versuchen wollten, auch diese Fälle unserer Deutung zu assimilieren, so müssen wir, wie bereits in I, 8 angedeutet, den Begriff der Erklärbarkeitsbehauptung entsprechend erweitern. „A ist Ursache von E" muß als eine *doppelte* Existenzbehauptung interpretiert werden, in welcher die Existenzquantifikation *sowohl über geeignete weitere Bedingungen als auch über Gesetze* läuft, nämlich im Sinn der Aussage: „Es gibt Bedingungen $A_1, \ldots, A_n$, sowie Gesetze $G_1, \ldots, G_k$, so daß E aus $A, A_1, \ldots, A_n, G_1, \ldots, G_k$ deduktiv erschlossen werden kann". Wesentlich zweckmäßiger wäre es hier allerdings, im Definiens den Ausdruck „Ursache" durch „Teilursache" zu ersetzen; denn die analoge Interpretation könnte ja für jedes andere, von A verschiedene A_i gegeben werden.

3. Zur Frage der kausalen Notwendigkeit
Bemerkungen über Hume und Kant

3.a Immer wieder ist von Philosophen, aber bisweilen auch von Naturforschern behauptet worden, daß Kausalität *Notwendigkeit* impliziere. Von der logischen Notwendigkeit müsse daher eine kausale Notwendigkeit unterschieden werden. Soweit diese These verfochten wird, hat sie eine doppelte Anwendung: In singulären Kausalsätzen werde eine *notwendige* Verknüpfung zwischen einer individuellen Ursache und ihrer Wirkung behauptet, und bei Naturgesetzen handle es sich nicht einfach um generelle Konditionalsätze von der Gestalt $\wedge x (Fx \rightarrow Gx)$, sondern um generelle Notwendigkeitsbehauptungen, also um Sätze von der Gestalt, daß auf Ereignisse von der Art *F mit Notwendigkeit* solche von der Art *G* folgen. Bisweilen wird dies auch so ausgedrückt, daß auf Ereignisse der ersten Art solche der zweiten Art *folgen müssen*.

D. HUME hat als erster die Existenz einer solchen *spezifischen kausalen Notwendigkeit* geleugnet. Er bezog sich dabei auf singuläre Kausalsätze, also auf Aussagen von der Gestalt „*A* ist (die) Ursache von *B*". Seine Kritik an der herkömmlichen Kausalvorstellung bildete keine isolierte Einzelbetrachtung zu einem speziellen philosophischen Thema, sondern war ein wesentlicher Bestandteil seiner Analyse und Verwerfung der Idee des perfekten Wissens, die seit alters her von den Philosophen in verschiedensten Varianten vorgetragen worden ist[7]. Nach einer dieser Varianten sollte die Entdeckung von Kausalzusammenhängen ein Wissen um die Zukunft vermitteln, welches denselben Gewißheitsgrad besitzt wie das Wissen um die Gegenwart. Der fragliche Standpunkt kann schematisch so geschildert werden: Ein Wissen um künftiges Geschehen können wir erlangen, wenn es uns gelingt herauszubekommen, welche in der Vergangenheit beobachteten Regelmäßigkeiten in die Zukunft hinein extrapoliert werden dürfen (permanente Regularitäten) und welche nicht (nichtpermanente Regularitäten). Auf die ersteren können wir uns bei unseren Voraussagen stützen. Das Kriterium für diesen Unterschied soll die Kausalität liefern. Besteht zwischen zwei Ereignissen *A* und *B* eine kausale Verknüpfung, so ist der Zusammenhang kein zufälliger, sondern ein permanenter: auf Ereignisse von der Art *A* werden *stets* Ereignisse von der Art *B* folgen. Der Grund dafür liegt darin, daß *B* wegen des Bestehens einer kausalen Verknüpfung auf *A* folgen *muß*. Es wurde weiter behauptet, daß es möglich sei, *eine Einsicht in solche notwendigen Kausalzusammenhänge* zu gewinnen. Besteht ein derartiger Zusammenhang, so könne man unmittelbar erkennen, daß *B* auf *A* folgen müsse. Stellen wir später einmal fest, daß ein Vorkommnis von der Art des

---

[7] Daß die Humesche Analyse in diesem weiteren Rahmen gesehen werden muß, ist z. B. mit Recht hervorgehoben worden in A. H. BASSON, [Hume].

Ereignisses *A* stattfindet, so sind wir auch zu der präzisen Prognose berechtigt, daß ein Ereignis von der Art *B* folgen müsse.

Diese Auffassung ist es, welche Hume verwirft. Seine Position darf keinesfalls als „Leugnung der Kausalität" gedeutet werden. Es geht Hume nicht darum, den Kausalbegriff zu eliminieren und die Existenz von Kausalzusammenhängen zu leugnen. Es handelt sich für ihn vielmehr um *eine Bereinigung unserer Vorstellung von der Kausalität*. Zu dieser Bereinigung gehört allerdings auch *eine* Elimination, nämlich die Elimination des Gedankens einer spezifischen kausalen Notwendigkeit. Es gibt nach Hume nur eine Art von Notwendigkeit: die *logische* Notwendigkeit, also die Notwendigkeit logisch wahrer Sätze oder logischer Folgerungen. Darüber hinaus eine kausale Notwendigkeit anzunehmen, bedeutet an eine Fiktion zu glauben. Das Argument, welches Hume gegen diesen Begriff der kausalen Notwendigkeit vorbringt, ist kein logisches. Wer behauptet, er sehe oder schaue etwas – was er nach Meinung von Hume sicherlich nicht sieht –, den kann man nicht logisch ad absurdum führen. Man kann ihn nur auffordern, Modellbeispiele von kausalen Vorgängen zu betrachten und das, was er dabei tatsächlich beobachtet, zu schildern. Er wird dann zugeben müssen, daß er nichts weiter beobachtet als eine bestimmte zeitliche Aufeinanderfolge von Vorgängen. Wenn z. B. eine Kugel auf ebener Unterlage in der Richtung auf eine zweite Kugel rollt, so beobachten wir, daß nach dem Zusammenprall der beiden Kugeln die zweite in Bewegung kommt und ein Stück weit rollt, während die erste ihren Lauf verlangsamt und schließlich stehenbleibt. Dies ist alles, was wir an diesem Vorgang wahrnehmen. Falls wir uns davor hüten, Erlebnisse von der Art, wie wir sie haben, wenn wir gestoßen werden oder jemanden stoßen, in diese Dinge hineinzuprojizieren, so können wir nicht behaupten, daß wir irgend eine Art von Nötigung, Zwang oder dgl. gesehen hätten. Und was wir nicht beobachten, von dem sollen wir im nachhinein auch nicht behaupten, wir hätten es beobachtet! Wenn wir dennoch sagen, durch den Zusammenprall sei die Bewegung der zweiten Kugel und die Verlangsamung im Lauf der ersten *bewirkt* worden, so müssen wir etwas ganz anderes meinen, als daß wir hier einen notwendigen Zusammenhang sähen. Wir würden nach Humes Auffassung diese Behauptung nicht aufstellen, hätten wir in der Vergangenheit nicht gleichartige oder ähnliche Folgen von Ereignissen beobachtet und auf Grund dieser Ähnlichkeiten einen solchen Verlauf wie den geschilderten erwartet.

Hume ist daher weit davon entfernt, das „propter hoc" auf ein „post hoc" zu reduzieren, also den Kausalzusammenhang auf die zeitliche Folgerelation zurückzuführen. *Vielmehr ist nach seiner Deutung in einer singulären Kausalbehauptung eine allgemeine Regularitätsaussage implizit enthalten.* Daß *A* Ursache von *B* ist, wäre danach etwa so zu deuten, daß die beiden Ereignisse räumlich benachbart sind, daß das erste dem zweiten zeitlich vorangeht (oder höchstens gleichzeitig damit stattfindet) und schließlich *daß Ereignisse von dieser Art regelmäßig miteinander verknüpft sind*. Wenn wir bedenken, daß die Rede von allgemeinen Regularitäten nur eine rudimentäre Form des Sprechens von Naturgesetzen bildet, so können wir HUMEs Analyse so deuten: *Wo ein individueller Kausalzusammenhang festgestellt wird, da wird behauptet, daß eine spezielle Ereignisfolge unter ein (hypothetisch angenommenes) allgemeines Naturgesetz subsumiert werden könne.*

HUME hat damit die wichtige Entdeckung gemacht, *daß die Kausalrelation eine Relation besonderer Art ist*[8]. In den meisten alltäglichen Situationen, wo wir das Bestehen einer Relation *R* zwischen zwei Einzelobjekten oder -ereignissen *a* und *b* behaupten, genügt es, *diesen individuellen Fall* zu untersuchen. Nicht so bei einer Kausalbehauptung. Wenn ich etwa sage, daß der Berg *a höher* sei *als* der Berg *b* oder daß der Käse *im* Kühlschrank liege, so läßt sich eine derartige Behauptung durch das Studium dieses Einzelfalles endgültig beantworten. In einer singulären Kausalbehauptung hingegen wird *die Existenz* von Gesetzen vorausgesetzt, ohne deren Gültigkeit die vorliegende Kausalbehauptung unrichtig wäre. Wenn jemand sagt, daß *A* die Ursache von *B* ist, so stellt er eine bestimmte Erklärbarkeitsbehauptung im früher präzisierten Sinn auf, d. h. also er behauptet das Bestehen von Gesetzen, mit deren Hilfe von *A* auf *B* geschlossen werden kann (vorausgesetzt, daß *A* nicht nur eine Teilursache bildet, sondern die Totalität der relevanten Antecedensbedingungen umfaßt; im ersteren Falle wäre die singuläre Kausalbehauptung als eine doppelte Existenzaussage im Sinn von 2.e zu interpretieren). Für die *Begründung* eines singulären Kausalsatzes muß ich also *über den Einzelfall hinausgehen* und jene Gesetze entdecken und auf Grund eines empirischen Tests akzeptieren, die den Schluß von *A* auf *B* gestatten. Diese Entdeckung sowie die empirische Bestätigung wird sich auf die Beobachtung *anderer*, von der vorliegenden Ereignisfolge numerisch verschiedener, aber ähnlicher Fälle stützen müssen. Der Fehler der von HUME bekämpften Theorien bestand darin, diese Besonderheit der Kausalrelation nicht erkannt zu haben. Man meinte, daß man das Vorliegen oder Nichtvorliegen einer kausalen Beziehung zwischen zwei Ereignissen in Analogie zu den obigen Beispielen *durch eine Analyse dieses individuellen Falles allein* feststellen könne. Und diese Feststellung sollte in der Weise erfolgen, daß man untersucht, ob zwischen den beiden Ereignissen ein spezifischer notwendiger Zusammenhang bestehe oder nicht. Diese notwendige Verknüpfung sollte *eine unmittelbar aufweisbare Gegebenheit* bilden, so wie etwa die Farbe Rot. Da sich das in der Anschauung unmittelbar Aufweisbare einer begrifflichen Definierbarkeit entzieht, kam es diesen Philosophen auch gar nicht zum Bewußtsein, daß hier ein *Problem der Begriffsexplikation* vorliegt. Erst mit dem Wegfallen jener Voraussetzung wird das Explikationsproblem deutlich.

---

[8] Vgl. dazu R. CARNAP, [Physics], S. 201f.

3.b Nun scheint sich allerdings dasselbe Spiel auf höherer Ebene zu wiederholen. Der folgende Einwand gegen HUME liegt nahe: „Es ist zwar richtig, daß wir keine notwendige Verknüpfung sehen, wenn wir einen kausalen Vorgang beobachten. Aber *die Gesetze*, die wir implizit voraussetzen, wenn wir sagen, daß A die Ursache von B sei, *tragen einen solchen Notwendigkeitscharakter*". Dies ist eine verbreitete Auffassung: Gesetze müssen doch mehr sagen, als was durch Konditionalaussagen, die in qualitativer oder in quantitativer Sprache formuliert sind, oder durch Aussagen über funktionelle Zusammenhänge ausdrückbar ist! Und dieses „Mehr" bestehe *in einer spezifischen Art von Notwendigkeit*: Es sei nicht nur *tatsächlich* der Fall, daß sich Quecksilber bei Erwärmung stets ausdehnt; vielmehr *müsse* ein Vorgang von der zweiten Art auf einen solchen von der ersten folgen.

Abstrahieren wir für den Augenblick, um die Sache nicht unnötig zu komplizieren, von dem früher erörterten Problem der Gesetzesartigkeit. Dann kann man das Argument von HUME, welches sich nur auf singuläre Kausalbehauptungen erstreckt, durch eine Überlegung von der Art stützen, wie sie CARNAP angestellt hat[9]: Angenommen, zwei Physiker X und Y formulieren je eine Klasse von Gesetzen. Der Einfachheit halber nehmen wir an, daß die Gesetze in qualitativer Sprache ausgedrückt sind und Aussagen von der Gestalt $\wedge x (P_i x \rightarrow Q_i x)$ bilden. Die beiden Klassen unterscheiden sich nur dadurch, daß Y zu jedem von X akzeptierten Gesetz den Zusatz hinzufügt: „und dies gilt mit Notwendigkeit". Abgesehen von diesen Zusätzen sind also die beiden Gesetzesklassen miteinander identisch. Es stellt sich nun heraus, daß die Voraussagen, Erklärungen und sonstigen Anwendungen, die man mit der ersten Klasse von Gesetzen vornehmen kann, identisch sind mit jenen, die sich mit der zweiten Klasse durchführen lassen. Wenn Y z. B. feststellt, daß P_i verwirklicht ist, und auf Grund eines seiner Gesetze voraussagt, daß Q_i eintreten wird, weil der Satz „wenn P_i, dann Q_i" mit Notwendigkeit gilt, so wird X nach der entsprechenden Feststellung über das Vorliegen von P_i *genau dasselbe prognostizieren*, obzwar er für die eben angeführte generelle Konditionalaussage *keine Notwendigkeit* beansprucht, sondern bloß annimmt, daß diese Konditionalaussage *richtig* ist. Formal kann man diesen Sachverhalt so ausdrücken: *Die Klasse der synthetischen Sätze, die aus den beiden Klassen von Gesetzen gefolgert werden kann, ist identisch.* Die Notwendigkeitsbehauptung trägt somit zum kognitiven Gehalt der Sätze nichts bei. Sie ist, so könnte man sagen, ebenso wie im Fall der singulären Kausalgesetze, ein überflüssiger und aus den angeführten Gründen überdies irreführender Zusatz. Die Annahme, es bestehe ein Unterschied im Gehalt, beruht auf einer psychologischen Illusion (für welche HUME ebenfalls eine Erklärung zu geben versuchte). Bei dieser Überlegung haben wir vollkommen von der Frage abgesehen, ob und wie sich

---

[9] [Physics] S. 199f.

dieser nichtlogische Notwendigkeitsbegriff, mit dem Y operiert, explizieren läßt.

3.c Mit dieser Verteidigung der Humeschen Auffassung für die höhere Ebene der Kausalgesetze soll nicht behauptet werden, daß HUMEs Gedankengänge in allem korrekt wären. Vielmehr haften seiner Analyse verschiedene Mängel an, über die man dann gerade nicht hinwegsehen darf, wenn man von der prinzipiellen Richtigkeit seines Standpunktes überzeugt ist. Der Hauptmangel ist wohl der, *daß er an den alltäglichen Begriff der Ursache anknüpfte*, der, wie wir gesehen haben, ungenau und mehrdeutig ist. Und da HUME kein geeigneter Erklärungsbegriff zur Verfügung stand, konnte er den alltäglichen Ursachenbegriff nicht zu dem der Totalität der Antecedensdaten des Explanans einer adäquaten deduktiv-nomologischen Erklärung verschärfen. Eine weitere Unklarheit liegt in der Wendung, in der über die regelmäßige Verknüpfung von Ereignisarten A und B gesprochen wird[10]. Von einer solchen regelmäßigen Verknüpfung zu sprechen kann entweder bedeuten, daß immer, wenn ein Ereignis der Art A stattfindet, kurz darauf ein räumlich benachbartes Ereignis der Art B auftreten wird. Die Wendung kann aber auch so gedeutet werden, daß sie besagen soll: Wenn immer ein Ereignis der Art B stattgefunden hat, so ist ihm kurz zuvor ein räumlich benachbartes Ereignis der Art A vorangegangen. Diese beiden Interpretationen haben offenbar verschiedene logische Form.

Wendet man die Humesche Analyse auf *alltägliche* singuläre Kausalsätze wörtlich an, so führen beide Deutungen der Regularitätsaussagen unmittelbar zu Absurditäten. Wenn man etwa die wahre Alltagsbehauptung aufstellt, der Wutanfall des Herrn X sei dadurch verursacht worden, daß er beim Kartenspiel verloren habe, so würde diese Behauptung nach der ersten Deutung implizit die offensichtlich falsche generelle Behauptung enthalten, daß jedermann, der beim Kartenspiel verliert, einen Wutanfall bekommt; denn die Behauptung über die Verursachung wäre ja so zu interpretieren: „X verlor beim Kartenspiel, und jedesmal, wenn jemand beim Kartenspielen verliert, bekommt er unmittelbar darauf einen Wutanfall". Und wenn wir der wahren Alltagsaussage, daß der Tod von N. N. durch einen Messerstich ins Herz verursacht wurde, die zweite Interpretation zugrundelegen, so würde diese Aussage implizit die lächerlich unrichtige Behauptung enthalten, daß immer, wenn jemand stirbt, ihm unmittelbar vorher ein Messer ins Herz gestoßen wurde.

Es ist klar, worin der Fehler von HUME bestand. Er lag jedenfalls nicht in der These, daß ein singulärer Kausalsatz eine implizite Behauptung über das Bestehen deterministischer Gesetzmäßigkeiten enthält. Dieser Gedanke war vielmehr durchaus zutreffend. Die Unzulänglichkeit der Humeschen Analyse beruht vielmehr darauf, daß er sowohl bei der Wiedergabe singu-

---

[10] Vgl. dazu auch A. PAP [Erkenntnistheorie], S. 112.

lärer Kausalbehauptungen wie genereller Gesetzmäßigkeiten die bedenkliche Ursache-Wirkungs-Terminologie zugrundelegte. Auch in den als richtig betrachteten alltäglichen Kausalsätzen führen wir jedoch niemals dasjenige an, was von einem streng theoretischen Standpunkt aus als Ursache zu bezeichnen wäre, sondern reservieren die Bezeichnung „Ursache" für einige wenige der unzähligen relevanten Bedingungen eines Ereignisses. Darum mußte HUMEs Vorgehen scheitern. Es ist ein hoffnungsloses Unterfangen, bei alltäglichen Wendungen anzuknüpfen und, ohne den Boden der direkten Interpretation dieser Wendungen zu verlassen, aus ihnen mehr an Präzision herauszuholen zu wollen, als tatsächlich in ihnen steckt.

3.d Noch in einer anderen Hinsicht ist die Art und Weise, wie HUME seine Ergebnisse präsentiert, nicht recht glücklich. Es findet sich bei ihm keine methodisch scharfe Unterscheidung zwischen der *logischen Analyse* von Kausalbehauptungen und einer bestimmten *psychologischen Theorie*. Nach der logischen Analyse steckt in einem singulären Kausalsatz eine Regularitäts- oder Gesetzesannahme. HUME stellt außerdem eine psychologische Hypothese darüber auf, wie wir zu der Annahme solcher Gesetze gelangen. Beides ist bei ihm so miteinander verquickt, daß dadurch seine ganze Deutung einen stark psychologistischen Anstrich erhält. Dies ist nicht weiter erstaunlich; denn seine psychologische Hypothese besitzt eine große Plausibilität. Nach dieser Hypothese ist der sogenannte „Kausalschluß" von der Ursache auf die Wirkung kein Fall rationalen Schließens, sondern bloß das Ergebnis einer gewohnheitsmäßigen Erwartung: Nur wenn ich in der Vergangenheit wiederholt beobachtete, daß auf Ereignisse von der Art des Ereignisses A (oder von einer ähnlichen Art) ein Ereignis von der Art B (oder von einer ähnlichen Art) folgte, sind die Vorstellungen von der Folge dieser beiden Ereignisse in mir so fest assoziiert, daß ich zu der Annahme komme, diese beiden Ereignisarten folgten regelmäßig aufeinander, und daher beim Eintreten des Ereignisses A die Realisierung des Ereignisses B erwarte. Wenn wir auch hier wieder von der spezifischen Humeschen psychologischen Assoziationstheorie abstrahieren, so läßt sich der wesentliche Punkt durch ein Beispiel CARNAPs illustrieren[11]. Ich sehe, wie ein Stein gegen eine Fensterscheibe fliegt und diese Scheibe nach dem Aufprall in tausend Stücke zerspringt. Ich behaupte nun, daß es dieser Aufschlag war, der die Zertrümmerung der Scheibe *verursacht* hat. Auf die Frage, woher ich denn dies wisse, bin ich geneigt zu antworten: „Das ist doch ganz offensichtlich (ganz klar etc.). Was sonst hätte denn die Zersplitterung der Scheibe verursachen können!" Mit diesem „offensichtlich" und „was denn sonst" kann ich, wie HUME richtig feststellte, nicht meinen, daß die Verursachung Bestandteil dessen ist, was ich sehe. *Ich könnte mich ja* — und dies ließe sich zur Stützung der negativen Humeschen Feststellung vorbringen — *auch getäuscht haben*. Vielleicht bestand die Scheibe aus splitterfestem Glas und

---
[11] [Physics], S. 202f.

wurde in demselben Moment, als der Stein sie traf, vom Inneren des Hauses aus auf andere Weise zerstört. Unter normalen Umständen schließen wir allerdings eine solche Annahme über die Beschaffenheit der Scheibe sowie ein solches zufälliges Zusammentreffen *als zu unwahrscheinlich* aus. Wir wissen aus der Erfahrung, daß die meisten Fensterscheiben nicht aus splitterfestem Glas bestehen. Und wir haben seit unserer frühesten Kindheit in zahllosen Fällen beobachtet, daß Glas oder ähnliches Material nach einem harten Stoß oder Aufschlag zersprang. Es brauchte sich dabei nicht um Fensterscheiben zu handeln: ich habe etwa gesehen, wie eine Straßenlaterne in Scherben ging, als sie von einem Fußball getroffen wurde; wie Trinkgläser oder Porzellantassen zersprangen, als sie auf den Boden fielen etc. Wenn wir also eine einfache Kausalbehauptung wie die obige aufstellen, so stützen wir uns nicht auf die Beobachtung allein, sondern ziehen Hunderte ähnlicher Fälle heran, die wir in der Vergangenheit beobachteten. Mit zunehmender Erfahrung *festigt* sich in uns die Vorstellung vom Bestehen dieser und jener Regularitäten, die in unserer Erfahrungswelt gelten. Und auf solche Regularitäten berufen wir uns bereits im vorwissenschaftlichen Denken, wenn wir eine singuläre Kausalbehauptung aufstellen.

Die Abhängigkeit singulärer Kausalbehauptungen von vergangenen Erfahrungen läßt sich durch ein Gedankenmodell weiter verdeutlichen[12]: Wir lassen das obige Beispiel unverändert, fügen jedoch die Annahme hinzu, die vergangenen Erfahrungen seien andere gewesen. Die Menschen mögen in einer Zeit leben, in der Fensterscheiben nicht durch Stoß zerstört werden können, sondern z. B. nur durch Schallwellen von sehr hoher Frequenz. Wenn ich dann sähe, wie ein Stein gegen eine Scheibe fliegt und diese im Moment des Aufpralls zersplittert, würde ich ganz anders reagieren als im obigen Beispiel, das aus dem *heutigen* Alltag genommen war. Ich würde sagen: „Ein seltsamer Zufall! Ich habe nichts gehört. Es muß also in demselben Augenblick, da der Stein die Scheibe traf, im Innern des Hauses ein lautes Geräusch produziert worden sein, welches das Glas zum Zerspringen brachte". So würde ich reagieren, weil meine Erfahrung laut Annahme diese völlig andersartige Geschichte hätte.

3.e Wir beschließen diesen Abschnitt mit einigen Bemerkungen über KANTs Auffassung von der Kausalität. Häufig wird der Gegensatz zwischen den Auffassungen von HUME und KANT in den Vordergrund gerückt. Es sollte jedoch vor allem betont werden, daß die beiden Denker von ganz verschiedenen Problemstellungen ausgingen. HUME ging es um die Explikation des Begriffs der Ursache und der singulären Kausalbehauptungen. Bei seiner Analyse stieß er auf jene Regularitäten, die wir heute als kausale Gesetzmäßigkeiten bezeichnen würden. KANT hingegen ging es um das allgemeine Kausalprinzip und dessen Begründung. Dieses Prinzip bildet eine der

---
[12] CARNAP, a. a. O., S. 203.

„metaphysischen Voraussetzungen der Erfahrung". Zur wissenschaftlich zulässigen Metaphysik gehört dieses Prinzip für KANT deshalb, weil es eine gültige synthetische Proposition a priori darstellt, welche zusammen mit den übrigen synthetisch-apriorischen Prinzipien den Bereich der theoretisch zulässigen Erfahrungswissenschaften einschränkt. Denn für ihn ist bei weitem nicht alles, was logisch möglich ist, auch a priori möglich. Auch der Begriff der *kausalen Notwendigkeit* tritt bei KANT wieder auf. Er läßt sich am zweckmäßigsten in Analogie zur logischen Notwendigkeit deuten als ein Spezialfall jener Notwendigkeit, die synthetischen Prinzipien a priori zukommt. In dieser Hinsicht unterscheidet sich KANTs Begriff der kausalen Notwendigkeit von dem entsprechenden vorhumeschen Begriff, gegen den HUME polemisierte. Denn weder HUME noch seine Vorgänger hatten den Begriff „synthetisch a priori" überhaupt konzipiert. Man könnte daher zu behaupten geneigt sein, daß KANTs Begriff der Kausalnotwendigkeit von der Humeschen Kritik nicht berührt worden sei. In gewissem Sinn ist dies richtig. Wenn dennoch die meisten heutigen Wissenschaftstheoretiker im Prinzip HUME und nicht KANT rechtgeben, so deshalb, weil es nicht nur bis heute nicht geglückt ist und aller Voraussicht nach niemals glücken wird, eine Apriori-Begründung für das Kausal- oder Determinismus-Prinzip zu liefern, sondern auch, weil nach dem heutigen Stand der Forschung dieses Prinzip in allen plausiblen Präzisierungen mit größter Wahrscheinlichkeit falsch ist. Darüber wird später noch einiges zu sagen sein.

Der Hauptmangel der Kantischen Theorie würde vom Humeschen Standpunkt aber in etwas anderem zu erblicken sein, nämlich in der Tatsache, daß auch bei KANT der Begriff der Ursache wieder als ein nicht explizierter Grundbegriff, als eine apriorische „Kategorie", eingeführt wird. Allgemein wird heute zugestanden, daß die „Herleitung" der Kategorien aus den Urteilsformen, die sogenannte metaphysische Deduktion der Kategorien, vollkommen unzulänglich ist und daß diese Unzulänglichkeit im Fall der Kausalkategorie ganz besonders deutlich zutage tritt. Auf die Frage, was es *bedeute*, wenn man sagt: „*A* ist Ursache von *B*", hat KANT keine Antwort gegeben.

KANTs Kategorien stehen in einer formalen Verwandtschaftsbeziehung zu dem, was man heute „theoretische Begriffe" (im Englischen „theoretical constructs") nennt. Für beide Begriffsklassen ist es charakteristisch, daß sie keiner unmittelbaren, sondern nur einer sehr indirekten empirischen Deutung fähig sind. Man könnte daher versucht sein, KANTs fehlende Antwort auf die obige Bedeutungsfrage durch Hinweis auf diese Parallelität zu rechtfertigen. Dies wäre jedoch eine ganz unbefriedigende Antwort. Erstens nämlich wird man kaum behaupten können, daß dieser im Alltag ständig benützte Begriff auf dieselbe Stufe zu stellen sei wie die abstrakten Begriffe moderner Naturwissenschaften. Zweitens aber wird man ja auch bei theoretischen Begriffen nicht von der Aufgabe einer Begriffsexplikation befreit. Diese Explikation erweist sich hier nur in der Regel als viel schwieriger und umständlicher, da hierfür auf eine Theorie und ihre (partielle) empirische Interpretation Bezug genommen werden muß. Will man auf den Ursachenbegriff nicht gänzlich verzichten, sondern einen wissenschaftlich brauchbaren Begriff der Ursache gewinnen, der von den in Abschn. 2 angeführten Mängeln frei ist, so muß man auf die bereits vorher zu explizierenden Begriffe des Kausalgesetzes und der kausalen Erklärung zurückgreifen. Sowohl auf der *empirischen* Stufe, auf der das Explanans nur empirische Gesetzmäßigkeiten enthält, als auch auf der *theoretischen* Stufe, auf der theoretische Begriffe enthaltende Gesetzmäßigkeiten für Erklärungszwecke verwendet werden, ist dieser Rückgriff unvermeidlich. „Ursache eines Ereignisses" wäre zu präzisieren als die Totalität der Antecedensbedingungen einer kausalen Erklärung dieses Ereignisses. Und was eine kausale Erklärung ist, könnte selbst unter der Voraussetzung, daß der Begriff der deduktiv-nomologischen Erklärung expliziert worden ist, erst gesagt werden, wenn die Merkmale jener Gesetzmäßigkeiten genauer angegeben sind, durch deren Verwendung sich kausale von nichtkausalen Erklärungen unterscheiden. Je nachdem, ob die Erklärung eine empirische oder eine theoretische ist, könnte man dann analog zwischen *Ursachen im empirischen Sinn* und *Ursachen im theoretischen Sinn* unterscheiden.

Diese Hinweise sind unvollständig. Es bleibt darin noch ein Aspekt vernachlässigt. In Abschn. 5 soll auch dieser Aspekt berücksichtigt werden.

4. Kausale Modalitäten

4.a Nach dieser historischen Abschweifung kehren wir wieder zur systematischen Fragestellung zurück. Der von HUME verworfene „metaphysische" Begriff der kausalen Notwendigkeit ist nicht der einzige Modalbegriff, der bei den Kausalitätsfragen zur Diskussion steht. *Prinzipiell läßt sich ein wissenschaftstheoretisch einwandfreier Begriff der kausalen Notwendigkeit einführen.* Um dies einzusehen, müssen wir zu der in V erörterten, im gegenwärtigen Zusammenhang aber bisher stets ausgeklammerten Frage nach dem Kriterium für den Unterschied von gesetzesartigen und akzidentellen Allaussagen zurückkommen. HUME selbst hat die Notwendigkeit für eine derartige Unterscheidung nicht gesehen, und dies ist zweifellos ein weiterer Mangel seiner Analyse. Denn die in einer singulären Kausalbehauptung implizit enthaltene Regularitätshypothese setzt voraus, daß es sich um *gesetzesartige* Aussagen handeln müsse, die außerdem noch einige weitere Merkmale besitzen, nämlich jene Merkmale, durch die sich kausale von nichtkausalen Gesetzen unterscheiden. Auch Kausalgesetze sind jedenfalls *Gesetze*. Daher sind die Kausalitätsfragen mit all den Schwierigkeiten belastet, die bisher einer befriedigenden Charakterisierung des Unterschiedes zwischen Gesetzen und akzidentellen Aussagen entgegenstanden.

R. CARNAP hat ein Verfahren zur Einführung kausaler Modalitäten unter der Voraussetzung skizziert, daß der Begriff der gesetzesartigen Aussage, oder genauer: der Begriff der Aussage von der Form eines Grundgesetzes, zur Verfügung steht[13]. Die Skizze erlaubt allerdings keine Unterscheidung zwischen dem Fall kausaler und dem Fall nichtkausaler Gesetze. Da eine solche Unterscheidung jedoch als zweckmäßig erscheint[14], soll eine entsprechende Differenzierung auch für den Fall der kausalen Modalitäten vorgenommen werden. Zur Erläuterung des Verfahrens seien die logischen Modalitäten als Modellfall herangezogen. Angenommen, wir haben eine interpretierte Sprache $\mathfrak{L}$, deren deskriptiven Ausdrücken sowohl Extensionen wie Intensionen zugeordnet wurden. Die Sätze dieser Sprache haben als Intensionen Propositionen; und zwar drücken logisch äquivalente Sätze identische Propositionen aus. Als logisch wahre oder L-wahre Sätze von $\mathfrak{L}$ sind jene Sätze ausgezeichnet, die schon allein auf Grund der für die Sprache geltenden semantischen Regeln wahr sind. Falls die Sprache außerdem noch Bedeutungspostulate enthält, gewinnt man den weiteren Begriff der analytisch wahren Sätze; dieser Begriff schließt den der L-wahren Sätze ein. Daß eine Proposition p *logisch notwendig* ist, kann nun so erklärt werden, daß der p ausdrückende Satz S — bzw. genauer: alle miteinander analytisch äquivalenten Sätze, deren Intension p ist — analytisch wahr sind.

Bei der Einführung der kausalen Modalitäten tritt an die Stelle der logischen bzw. der analytischen Wahrheiten der Begriff des Grundgesetzes. Ein Satz unserer Sprache $\mathfrak{L}$, der die Kriterien für gesetzesartige Aussagen erfüllt, werde *ein Satz von nomologischer Form* genannt. Unter einem *Grundgesetz* soll dann ein Satz von nomologischer Form verstanden werden, der außerdem wahr ist. Wir nehmen weiter an, daß nur gewisse Gesetze *kausal* genannt werden. Als Minimalforderung für den kausalen Charakter eines Gesetzes wird z. B. das Merkmal „deterministisch" zu gelten haben. Die *kausal wahren* (abgekürzt: die *K-wahren*) Aussagen sollen genau die logischen Folgerungen aus der Klasse der kausalen Grundgesetze sein. Analog wie im logischen Fall den logisch wahren bzw. analytischen Sätzen die durch sie ausgedrückten notwendigen Propositionen entsprechen, so soll jetzt der Begriff der kausalen Notwendigkeit auf Propositionen angewendet werden. Falls S ein Satz von $\mathfrak{L}$ ist und p die durch S ausgedrückte Proposition, so soll die Aussage: „p ist *kausal notwendig*" gleichwertig sein mit der Aussage: „S ist K-wahr".

---

[13] Vgl. [CARNAP], S. 955 ff., [Physics], S. 208 ff.
[14] Vgl. dazu den folgenden Abschnitt.

4.b Der Begriff der logischen bzw. der analytischen Wahrheit ist ein metasprachlicher Begriff, der sich auf die Sätze einer Objektsprache $\mathfrak{L}$ bezieht. Der Begriff der logischen Notwendigkeit braucht dagegen nicht als metasprachlicher Begriff eingeführt zu werden. Man kann die Modaloperatoren in Analogie zu den logischen Konstanten in die Objektsprache selbst einführen. Mit „N_L" als Operator für logische Notwendigkeit läßt sich die Aussage „p ist logisch notwendig" durch „$N_L(p)$" abkürzen. Wieder können wir auch hier für den kausalen Fall eine formale Parallele ziehen. „K-wahr" ist ein metasprachliches Prädikat, das sich auf Sätze der Objektsprache bezieht. Für die kausale Notwendigkeit kann dagegen ein eigener Modaloperator „N_K" eingeführt werden, der auf die durch Sätze der Objektsprache $\mathfrak{L}$ ausgedrückten Propositionen anwendbar ist. Für „p ist kausal notwendig" hätten wir somit die Abkürzung „$N_K(p)$".

Die Bedeutung aller dieser Bestimmungen hängt davon ab, wie eng der Begriff „kausal" gefaßt wird. Ist man nicht daran interessiert, eine gegenüber allen Gesetzen engere Klasse *kausaler* Gesetzmäßigkeiten auszuzeichnen, so lassen sich alle Bestimmungen des vorletzten Absatzes wiederholen mit dem einzigen Unterschied, daß das Merkmal „kausal" zu streichen ist: Wir beginnen also mit beliebigen wahren Sätzen von nomologischer Form und nicht mit den kausalen Grundgesetzen. An die Stelle von „K-wahr" tritt „G-wahr" (Abkürzung für „gesetzmäßig wahr"), und der Operator für kausale Notwendigkeit wird durch den Operator „N_G" für gesetzmäßige Notwendigkeit ersetzt. „$N_G(p)$" bedeutet also, daß p eine Proposition ist, die mit gesetzmäßiger Notwendigkeit gilt.

Sollte es einmal glücken, ein rein semantisches Kriterium der Gesetzesartigkeit zu finden, so würde sich allerdings auch für diesen allgemeineren Fall der Begriff des *Grundgesetzes* als fundamental erweisen. Auf abgeleitete und in ihrem Geltungsbereich eingeschränkte Gesetzmäßigkeiten könnte dieses Kriterium nämlich sicherlich *nicht unmittelbar* angewendet werden. Nehmen wir an, die folgenden beiden Aussagen seien wahr:

(a) „Wenn immer ich im vergangenen Dezember in der Frühe bei Minustemperaturen ein Gefäß mit Wasser ins Freie stellte, bildete sich oben eine Eisschicht";

(b) „Wenn immer ich im vergangenen Dezember in der Frühe bei Minustemperaturen ein Gefäß mit Wasser ins Freie stellte, kam am Nachmittag mein Freund Hans zu Besuch".

Der Satz (b) ist eine rein akzidentelle Aussage, (a) hingegen ist ein abgeleitetes Gesetz. Man kann sich nicht vorstellen, wie ein semantisches Kriterium, wenn es direkt auf (a) und (b) angewendet wird, zwischen diesen beiden Fällen differenzieren könnte. Auf indirektem Wege hingegen wäre dies ohne weiteres möglich, falls die oben erwähnte Voraussetzung erfüllt wäre; denn (a) ist eine Folgerung von Grundgesetzen, (b) hingegen nicht. Diese Feststellung deckt sich mit den in V angestellten Überlegungen. Sie bildete auch oben das Motiv dafür, bei der Definition der kausalen Notwendigkeit ausdrücklich auf die Grundgesetze zurückzugreifen.

4.c Wenn es im Einklang mit den vorangehenden Betrachtungen als sinnvoll angesehen wird, von kausaler Notwendigkeit und daher auch von kausaler Möglichkeit zu reden, so liegt der weitere Gedanke nahe, in Analogie zur Theorie der logischen Modalitäten *eine Logik der kausalen Modalitäten* aufzubauen. Tatsächlich sind verschiedene Versuche in dieser Richtung unternommen worden. Da alle diese Untersuchungen sehr technischer Natur sind, würde ihre Schilderung den Rahmen dieses Buches überschreiten. Wir müssen uns daher darauf beschränken, dazu einige prinzipielle Bemerkungen zu machen.

Zunächst sei vorausgeschickt, daß in der kausalen Modalitätenlogik der Begriff „kausal" nicht in dem früher vorgeschlagenen engeren Sinn, sondern in dem weiten Sinn verstanden wird, der alle Arten von Gesetzesartigkeit umfaßt. Der erste Versuch, eine Logik der kausalen Modalitäten aufzubauen, geht auf ARTHUR W. BURKS zurück[15]. Er gelangte zu seinem System auf der Grundlage einer großen Zahl von Plausibilitätsbetrachtungen, welche vor allem das Verhältnis zwischen vier Arten von Implikationen betreffen: gewöhnlicher *materialer* Implikation (zur Bildung wahrheitsfunktioneller Konditionalsätze benützt), *strenger* Implikation (objektsprachliche Deutung der logischen Folgebeziehung; benützt zur Bildung logisch notwendiger Konditionalsätze), *kausaler* Implikation und *irrealer* Implikation (zur Bildung irrealer Konditionalsätze im früheren Sinn benützt). Die letztere wurde von ihm definitorisch auf die kausale Implikation zurückgeführt[16]. Beim Aufbau des Axiomensystems konnte u. a. einerseits der Gedanke benützt werden, daß ein gewisser Parallelismus zwischen logischen und kausalen Modalitäten besteht, andererseits die Tatsache, daß die kausale Notwendigkeit eine Mittelstellung zwischen logischer Notwendigkeit und faktischer Wahrheit einnimmt. Daher wurde z. B. axiomatisch gefordert, daß alles, was mit logischer Notwendigkeit gilt, auch mit kausaler Notwendigkeit gilt, und daß alles, was kausal notwendig ist, auch wahr ist.

Eine solche Axiomatisierung der kausalen Notwendigkeit ist weit mehr als eine technische Spielerei. Man kann an sie zwei wissenschaftstheoretische Erwartungen knüpfen. Erstens sollte es möglich sein, auf diesem Wege *das Problem der Gesetzesartigkeit* wenn auch nicht einer vollständigen, so doch *einer partiellen Lösung zuzuführen*. Zweitens werden durch eine solche Untersuchung deutlich die Stellen aufgezeigt, an denen der übliche Sprachgebrauch vage ist und daher erst durch klare Entscheidungen scharfe begriffliche Beziehungen und Abgrenzungen hergestellt werden können. Dieser zweite Gesichtspunkt trat in der Arbeit von BURKS klar zutage. Was

---

[15] [Causal Propositions].
[16] a. a. O., S. 370, (P_{11}).

den ersten Aspekt betrifft, so kann hier ein Vergleich mit anderen Axiomatisierungen zur Illustration dienen. Das Axiomensystem der Arithmetik von PEANO liefert eine partielle, aber keine vollständige Charakterisierung der natürlichen Zahlenreihe. Ersteres deshalb, weil darin gewisse, für die Zahlenreihe wesentliche strukturelle Merkmale hervorgehoben werden; letzteres deshalb, weil dieses Axiomensystem außer den natürlichen Zahlen noch viele andere Modelle besitzt. In analoger Weise liefert die Logik der kausalen Modalitäten von BURKS eine gewisse axiomatische Umgrenzung der Gesetzesartigkeit.

Das von BURKS vorgeschlagene Axiomensystem war allerdings außerordentlich schwach. Trotzdem stellten sich bereits hier logische Schwierigkeiten ein, die jenen parallel sind, auf die man innerhalb der strengen Modalitätenlogik stößt. Wie W. V. QUINE hervorgehoben hat[17], muß man in der Theorie der logischen Modalitäten das Prinzip der wechselseitigen Substituierbarkeit preisgeben. Trotz der Wahrheit von:

(1) Die Zahl der Erdteile ist identisch mit der Zahl 5,

und

(2) Es ist logisch notwendig, daß 5 größer ist als 3,

ist die Aussage falsch:

(3) Es ist logisch notwendig, daß die Zahl der Erdteile größer ist als 3.

Eine weitere Schwierigkeit entsteht, wenn man von logischen Modalsätzen zu Existenz- oder Allsätzen übergeht, also in modalen Kontexten quantifiziert. Wenn man behauptet, man könne aus (2) logisch den Satz ableiten:

(4) $\vee x$ (es ist logisch notwendig, daß x größer ist als 3),

so gerät man in einen Widerspruch, wenn man angeben soll, was dieses x sei, von dem die Existenzbehauptung spricht. Ist es die Zahl 5, d. h. die Zahl der Erdteile? Dies wäre offenbar unverträglich mit der Falschheit von (3).

D. FØLLESDAL konnte zeigen, daß sich die Quineschen Argumente auf den Fall der kausalen Modalitäten übertragen lassen[18]. So wie im ersten Fall für die Schwierigkeiten die Tatsache verantwortlich ist, daß derselbe Gegenstand auf verschiedene Weisen beschrieben werden kann, die nicht logisch äquivalent sind, so gehen im vorliegenden Fall die Schwierigkeiten darauf zurück, daß man ein und denselben Gegenstand auf kausal nicht äquivalente Weisen charakterisieren kann. Es würde nichts nützen, alle Objekte auszuschalten, die sich nicht eindeutig auf kausal äquivalente Weise beschreiben lassen. Dies hätte, wie sich — wieder in Analogie zu einem

---

[17] Vgl. z. B. [View], S. 139 ff.
[18] D. FØLLESDAL, [Causal Contexts], insbesondere S. 264 und 265.

Argument QUINEs[19] — zeigen läßt, einen Zusammenbruch kausaler Unterscheidungen zur Folge: Alle Tatsachen wären kausal notwendig[20].

Diese auf Grund von semantischen Überlegungen erzeugten Schwierigkeiten finden im System von BURKS ihr syntaktisches Spiegelbild, wenn man dessen Axiomensystem durch die Theorie der Identität und der singulären Kennzeichnungen ergänzt. Es ergibt sich in diesem System für jeden Satz p: „wenn p (wahr ist), so ist p kausal notwendig"[21]. Die Schwierigkeit scheint allein so vermeidbar zu sein, daß man singuläre Kennzeichnungen nur unter stark einschränkenden Bedingungen, die selbst in der Sprache der kausalen Modalitäten formuliert sind, zuläßt. Weiter erscheint die für viele Logiker sehr bedenkliche Annahme eines kausalen Essentialismus als unvermeidlich, wonach gewisse Eigenschaften Objekten mit kausaler Notwendigkeit zukommen[22]. Überdies führt die Quantifikation in kausalen Kontexten zu der ebenfalls recht problematischen Konsequenz, daß alles mit kausaler Notwendigkeit existiert[23].

FØLLESDAL versuchte, die Probleme auf semantische Weise zu lösen, d. h. eine Interpretation der quantorenlogischen Theorie der kausalen Modalitäten zu finden, welche die intuitiv unbefriedigenden Konsequenzen vermeidet. Dabei kann wieder von Konstruktionen Gebrauch gemacht werden, die zu denen innerhalb der Semantik der logischen Modalitäten analog sind. Dabei erweist es sich jedoch als notwendig, einen relativierten Begriff der „physikalisch möglichen Welt" (genauer: ein Explikat zu diesem Begriff) zu verwenden, der so erklärt ist: Eine Welt W_2 ist physikalisch möglich in bezug auf eine Welt W_1 genau dann, wenn W_2 *mit den physikalischen Gesetzen von W_1 verträglich* ist. Darin aber zeigt sich nun deutlich, daß der Begriff der Gesetzesartigkeit hierbei nicht expliziert, sondern vorausgesetzt wird.

Damit ist man auf diesem verschlungenen Pfad wieder zum Ausgangsproblem zurückgekehrt. Daher können wir auch nur die frühere Feststellung nochmals wiederholen: Wie immer die semantischen Überlegungen aussehen mögen, mit denen ein axiomatischer Aufbau der Logik kausaler Modalitäten gerechtfertigt werden soll — das Axiomensystem als solches liefert bestenfalls (d. h. im Fall seiner Adäquatheit) eine partielle Charakterisierung der Gesetzesartigkeit. Um die dazu gehörige Semantik in vollständiger und verständlicher Weise formulieren zu können, wird dagegen ein *unabhängiges* semantisches Kriterium dafür benötigt, was nomologisch möglich bzw. nomologisch notwendig ist.

---

[19] W. V. QUINE, [Words], S. 197f.
[20] D. FØLLESDAL, a. a. O. S. 265.
[21] a. a. O. S. 266—267.
[22] a. a. O., S. 270—272.
[23] D. FØLLESDAL, [Approach], S. 4.

5. Kausalgesetze und kausale Erklärungen

5.a Wir setzen hier voraus, daß uns ein präziser und adäquater Begriff der deduktiv-nomologischen Erklärung zur Verfügung steht, und zwar in dem engeren Sinn, daß keine der Antecedensbedingungen zeitlich später ist als das Explanandumereignis. Es liegt dann nahe, den engeren Begriff der *kausalen Erklärung* so zu bestimmen, daß es sich dabei um eine Erklärung handle, bei welcher sämtliche im Explanans vorkommenden Gesetze Kausalgesetze sind. Ob diese Bestimmung zweckmäßig oder überhaupt sinnvoll ist, hängt davon ab, wie der Begriff des Kausalgesetzes eingeführt wird. Nehmen wir aber an, daß ein derartiger Begriff gewonnen wurde, dann kann er dazu dienen, den Hauptmangel der Humeschen Analyse auszubügeln, der darin bestand, daß an die alltägliche Ursache-Wirkungs-Sprechweise mit all ihren Ungenauigkeiten und Mehrdeutigkeiten angeknüpft wurde. Die singulären Kausalsätze, um deren Explikation es Hume ging, bilden ja, wie bereits erwähnt, rudimentäre Vorformen kausaler wissenschaftlicher Erklärungen. An die letzteren muß daher angeknüpft werden, wenn man erfahren will, was gemeint sei, wenn in einem speziellen Fall behauptet wird, daß eine kausale Relation zwischen zwei Vorgängen bestehe.

H. Feigl hat versucht, eine möglichst vollständige Klassifikation von Gesetzen nach den verschiedensten Gesichtspunkten zu liefern, um am Ende jene Merkmalskombination angeben zu können, durch die sich kausale von nichtkausalen Gesetzen unterscheiden[24]. Es stellt sich dabei heraus, daß noch weitere, nicht direkt die Gesetze, sondern z. B. die Raum-Zeit-Struktur des Universums betreffende Merkmale mit herangezogen werden müssen, um alle jene Bedeutungskomponenten zu umfassen, die mit der klassischen Vorstellung von der Kausalität verbunden sind. Wir knüpfen im folgenden teilweise an Feigls Untersuchungen an.

(1) Die grundlegendste Unterscheidung betrifft den *Typus* der Gesetze. Es kann sich entweder um *deterministische* oder um *statistische* Gesetzmäßigkeiten handeln. Diese Differenzierung ist invariant gegenüber der späteren Unterscheidung in qualitative und quantitative Gesetze. Auch ein in nichtquantitativer Sprechweise formuliertes Gesetz ist deterministisch, vorausgesetzt, daß es eine Regularität, die keine Ausnahmen gestattet, etwa von der Art ausdrückt: „wenn immer P realisiert ist, so auch Q". Ein statistisches Gesetz dagegen behauptet nur eine — sei es quantitativ genau bestimmte, sei es vage formulierte, hohe oder niedrige — Wahrscheinlichkeit des Eintretens eines Ereignisses bei Verwirklichung eines anderen.

Strenggenommen kann der Ausdruck „deterministisch" auf *dreierlei* bezogen werden: auf *Gesetze* bzw. Gesetzesaussagen, auf *Theorien* und auf *physikalische Systeme*. Die zweckmäßigste Reihenfolge der Begriffsbestimmungen dürfte die folgende sein: Zunächst wird der Begriff des determini-

---
[24] H. Feigl, [Causality].

stischen Gesetzes (bzw. genauer: der *deterministischen Gesetzesaussage*) eingeführt. Unter einer *deterministischen Theorie* soll dann eine solche verstanden werden, aus der nur deterministische Gesetzesaussagen gefolgert werden können. Schließlich wird ein physikalisches oder sonstiges (z. B. biologisches, ökonomisches) *System deterministisch* genannt, wenn die das gesetzmäßige Verhalten dieses Systems beschreibende wahre und vollständige Theorie *T* eine deterministische Theorie ist. Für ein deterministisches System ist es also möglich, aus der genauen Kenntnis eines Zustandes zu einer Zeit sowie der in *T* ausgedrückten Gesetze einen beliebigen späteren Zustand mit Genauigkeit vorauszusagen. Daß es aus praktischen oder vielleicht sogar aus prinzipiellen Gründen unmöglich sein kann, den Ausgangszustand genau zu beschreiben, und daher auch unmöglich, eine genaue Voraussage vorzunehmen, ändert nichts am deterministischen Charakter des Systems.

Bei der Explikation des Determinismusbegriffs ist darauf zu achten, daß auch statistischen Regularitäten *durch die Art der Formulierung* ein deterministischer Anstrich gegeben werden kann. Häufig ist es nämlich möglich, statistische Gesetzmäßigkeiten in der Weise auszudrücken, daß deterministische Gesetze formuliert werden, welche statistische Häufigkeitsverteilungen zu einem Zeitpunkt mit statistischen Verteilungen zu einem anderen verknüpfen. Dieses Verfahren wird dadurch ermöglicht, daß man neben den eigentlich interessierenden Zustandsgrößen, deren Werte für einen gegebenen Zeitpunkt einen Systemzustand charakterisieren, zusätzlich einen abstrakten Zustandsbegriff „höherer Ordnung" einführt, der die beiden folgenden Merkmale aufweist: (a) die Änderungen der Zustände höherer Ordnung unterliegen deterministischen Gesetzen; (b) gegebene Zustände dieser Art sind bloß durch probabilistische Gesetze mit den Zustandsgrößen der ersten Art verbunden. Dieses Verfahren wird z. B. in der Quantenphysik benützt, und es wird dadurch die statistische Wahrscheinlichkeit von den Gesetzen auf die Zustände „abgeschoben". Es wäre unzweckmäßig, auch diesen Fall in den Determinismusbegriff mit einzubeziehen. Generell ist zu sagen: Um eine Präzisierung zu erreichen, müssen die Eigenschaften bzw. die Zustandsgrößen, in bezug auf welche deterministische Voraussagbarkeit behauptet wird, genau angegeben werden. Wir kommen auf dieses spezielle Problem nochmals in Abschnitt 9 zurück.

Die eben angedeutete Präzisierung vorausgesetzt, wird man das Merkmal „deterministisch" als Grundmerkmal in den Begriff des Kausalgesetzes aufnehmen. Dieser Begriff des Kausalgesetzes würde uninteressant und farblos werden, wollte man statistische Gesetze in die Klasse kausaler Gesetzmäßigkeiten mit einbeziehen. Auch die Rede vom kausalen Charakter der klassischen und vom nichtkausalen Charakter der modernen Physik würde ja dann z. B. gegenstandslos werden.

(2) Eine andere Einteilung betrifft die *Begriffsform*, in der die Gesetze ausgedrückt sind. Je nachdem, ob es sich dabei um qualitative (klassifikatorische), um komparative (topologische) oder um quantitative (metrische) Begriffe handelt, kann man entsprechend unterscheiden zwischen *qualitativen, komparativen* und *quantitativen Gesetzmäßigkeiten.* Qualitative Gesetzesaussagen bildeten die ursprüngliche und primitivste Form, Gesetze zu formulieren. Sie finden sich auch heute noch in den verschiedensten Wissenschaften. Viele davon sind mittlerweile in den außerwissenschaftlichen Alltag eingedrungen und gehören zum Standardwissen eines Durchschnittsgebildeten. Beispiele für qualitative Gesetzeshypothesen sind etwa: „Eisen dehnt sich bei Erwärmung aus"; „Reibung erzeugt Hitze"; „Kupfer leitet Elektrizität"; „Kork schwimmt auf dem Wasser"; „Lungenkrebs wird durch übermäßiges Rauchen verursacht"; „Wirtschaftskrisen entstehen durch Fehlleitung von Geldkapital"; „Röntgenstrahlen durchdringen nicht dicke Bleiplatten"; „Wasserstoff und Chlor ergeben zusammen Salzsäure"; „Alle Protonen haben dieselbe positive Ladung"; „Alle Elektronen haben dieselbe Masse". Die Verwendung komparativer oder topologischer Begriffe ermöglicht nicht nur singuläre Vergleichsfeststellungen („Gegenstand *a* ist wärmer als Gegenstand *b*"), sondern gestattet häufig auch eine Verschärfung qualitativer Gesetze zu komparativen Gesetzmäßigkeiten: „Je stärker die Reibung, desto größer die erzeugte Hitze"; „je größer der Abstand zwischen zwei Massen, desto geringer ihre wechselseitige Anziehung". In vielen modernen Wissenschaften, insbesondere in der Physik, werden die *meisten*, in der Physik sogar *alle* Eigenschaften durch metrische Begriffe charakterisiert, also etwa durch Begriffe wie den der Temperatur, des Volumens, der Länge, der Zeitdauer, der Geschwindigkeit, der Beschleunigung, der elektrischen Ladung usw. Solche quantitativen Begriffe gestatten nicht nur viel präzisere Beschreibungen als qualitative und komparative, sondern sie ermöglichen auch für die formulierten Gesetze ein Höchstmaß an erzielbarer Genauigkeit. So etwa lautet, um hierfür ein Beispiel zu geben, das allgemeine Newtonsche Gravitationsgesetz:

$$K = f \cdot \frac{m_1 \cdot m_2}{r^2},$$

wobei m_1 und m_2 die Massen zweier Massenpunkte, r deren Abstand voneinander, f eine Konstante und K die Größe der wechselseitigen Anziehungskraft darstellt. Da quantitative Begriffe als mathemathische Funktionen einzuführen sind, werden in quantitativen Gesetzen funktionelle Relationen zwischen derartigen Größen ausgedrückt. Von prognostischer Relevanz sind hier im kontinuierlichen Fall die zeitabhängigen Differentialgleichungen, welche die mathematische Form der Darstellung deterministischer Gesetzmäßigkeiten bilden; denn die durch ihre Integration gewonnennen zeitabhängigen Funktionen gestatten bei Kenntnis geeigneter Anfangs- und Randbedingungen die präzise Voraussage von Zustandsgrößen für spätere Zeitpunkte.

Es erscheint als sinnvoll, auch das Merkmal „quantitativ" in den Begriff des Kausalgesetzes mit einzubeziehen, sofern die relevanten Eigenschaften überhaupt in quantitativer Sprache beschreibbar sind. Dies läßt sich durch ein Gedankenmodell von der folgenden Art stützen: Nehmen wir an, wir lebten in einer Welt, in der exakte quantitative Temperatur- und Abstandsmessungen möglich sind. Außerdem gelte in dieser Welt das *qualitative* Gesetz, daß Quecksilber sich bei Erwärmung ausdehnt. Es sei jedoch ausgeschlossen, dieses Gesetz zu einem quantitativen zu verschärfen, trotz der Tatsache, daß die entsprechenden physikalischen Begriffe zur Verfügung stünden. Die Verschärfung sei deshalb unmöglich, weil sich, vom quantitativen Gesichtspunkt aus betrachtet, in dieser Welt merkwürdige Irregularitäten zeigen. Bei genau gleicher Erwärmung und sonst vollkommen gleichen Bedingungen steigt die Quecksilbersäule einmal um 1 mm, das anderemal um mehrere cm. Trotz des Geltens des erwähnten qualitativen Gesetzes würden wir unter diesen Umständen von akausalen Vorgängen sprechen, u. U. sogar von einem partiell gesetzlosen Geschehen, dann nämlich, wenn es nicht einmal möglich wäre, mittels statistischer Gesetze in diese Irregularitäten eine Ordnung hineinzubringen.

(3) Eine dritte Unterscheidung könnte man die der Gesetze in bezug auf ihre *Zeitgestalt* nennen. Sofern die Gesetze die zeitlichen Änderungen von Systemen betreffen, spricht man von *Ablauf-* oder von *Sukzessionsgesetzen*. Demgegenüber wird in *Zustandsgesetzen* oder *Gesetzen der Koexistenz* eine Aussage über das gleichzeitige Vorkommen bestimmter qualitativ oder quantitativ charakterisierbarer Eigenschaften gemacht. Zu den letzteren Gesetzen gehören z. B. die Gasgesetze, in denen Aussagen über die gleichzeitig vorkommenden Werte von Druck, Volumen und Temperatur eines Gases gemacht werden, oder etwa das Gesetz, wonach die elektrische Leitfähigkeit von Metallen der Wärmeleitfähigkeit dieser Metalle proportional ist. Ebenso läuft die Zusammenstellung chemischer und physikalischer Eigenschaften von Substanzen darauf hinaus, Zustandsgesetze zu formulieren. Aber auch das Gesetz, wonach ein mathematisch beschreibbarer funktioneller Zusammenhang zwischen Länge und Periode eines Pendels besteht, wäre von dieser zweiten Art.

Da mit dem Ausdruck „kausal" der Gedanke an Prozesse fest assoziiert ist, würde man sofort geneigt sein, *unter kausalen Gesetzen nur Sukzessionsgesetze zu verstehen*. Es ist aber verschiedentlich die Frage aufgeworfen worden, ob eine saubere Klassifikation der Gesetze nach diesem dritten Gesichtspunkt überhaupt möglich sei. Eine Gesetzeshypothese z. B., die einer Dingart eine dispositionelle Eigenschaft zuschreibt (z. B. die Löslichkeit in Wasser), würde man zunächst zur Klasse der Zustandsgesetze rechnen.

Zieht man jedoch die Definition der fraglichen Disposition heran, so ändert sich die Sachlage. Wir wissen zwar, daß man „x ist löslich in Wasser" nicht durch die materiale Implikation definieren kann „wenn immer x ins Wasser gegeben wird, dann löst sich x darin auf"[25]. Doch falls wir voraussetzen, daß das Problem der irrealen Konditionalsätze befriedigend gelöst wäre, könnten wir die Löslichkeit in Wasser durch eine entsprechende, alltagssprachlich im grammatikalischen Konjunktiv formulierte Aussage definieren. Darin wird aber ein zeitlicher Vorgang beschrieben, so daß man jetzt, bei Berücksichtigung des Definiens der dispositionellen Eigenschaft, von einem Ablaufgesetz sprechen müßte. Die Zuordenbarkeit zu den beiden Gesetzesklassen scheint also vorläufig noch nicht eindeutig zu sein.

Wie das eben gebrachte Beispiel zeigt, wird sich eine scharfe Grenzlinie nur *relativ auf die Struktur der akzeptierten Theorien* ziehen lassen. Insbesondere muß Klarheit über den Aufbau des Begriffsgerüstes bestehen, bevor man diese Begriffe als scharfe und eindeutige Begriffe einführen kann, also über die verwendeten Grundbegriffe und abgeleiteten Begriffe, über Beobachtungsterme und theoretische Terme, über die für Definitionen und Interpretationen zulässigen logischen Apparaturen etc. Zudem ist, wie HEMPEL hervorhebt[26], zu beachten, daß bei der Berücksichtigung von logischen Folgebeziehungen Gesetze der einen Art aus solchen der anderen herleitbar sind. Aus dem erwähnten Pendelgesetz z. B. läßt sich ein Sukzessionsgesetz ableiten, welches eine Aussage darüber macht, daß die Änderung der Periode in jedem Augenblick eine so und so große ist, wenn die augenblickliche Längenänderung eine solche und solche ist.

(4) In bezug auf die *Realitätsstufe* unterscheidet man je nachdem, ob die Gesetze Makroereignisse oder Mikroereignisse betreffen, zwischen *Makrogesetzen* und *Mikrogesetzen*. Auch diese Unterscheidung ist nicht scharf. Vor allem ist sie, da für sie methodologische Gründe maßgebend sind, eine relative Unterscheidung. Es könnte sich z. B. in gewissen Bereichen als zweckmäßig erweisen, mehr als zwei Ereignisschichten zu unterscheiden.

Die Abgrenzung zwischen Makro- und Mikroereignissen wurde ursprünglich in der Physik vorgenommen. Sie hängt eng mit dem Unterschied zwischen dem direkt Meßbaren und dem nicht direkt Meßbaren zusammen, weshalb sich darin eine Relativität auf die verfügbaren Meßapparaturen äußert. Sofern eine physikalische Größe während hinreichend langer Zeit und für ein hinreichend großes räumliches Gebiet unverändert bleibt, so daß man den Wert dieser Größe mittels eines Meßgerätes bestimmen kann, so wird von einem *Makroereignis* gesprochen. Ändert sich die

---

[25] Denn nach dieser Definition wären alle während ihrer Existenzdauer nie ins Wasser gegebenen Objekte entgegen der Intention als in Wasser löslich zu bezeichnen.

[26] [Versus], S. 108, Fußnote 10.

Größe hingegen in kleinsten Raumintervallen (z. B. Millionsteln von Millimetern) oder außerordentlich rasch (z. B. mehrere Milliarden Male pro Sekunde), so daß eine Direktmessung ausgeschlossen ist, dann handelt es sich um ein *Mikroereignis*.

Die klassische Thermodynamik z. B. ist eine Makrotheorie. Sie arbeitet mit direkt meßbaren Größen wie „Druck", „Temperatur", „Volumen", „Energie" und formuliert ihre Gesetzmäßigkeiten in dieser Begriffssprache als Makrogesetze. Die kinetische Wärmelehre oder statistische Thermodynamik hingegen enthält Gesetzmäßigkeiten, die sich auf das molekulare Mikrogeschehen beziehen. Die Makrobegriffe (z. B. der Begriff der Temperatur eines Gases) werden auf Mikrobegriffe (z. B. die mittlere kinetische Energie der Moleküle des Gases) zurückgeführt, und die Makrogesetze werden aus den Mikrogesetzen hergeleitet.

Auch in den Sozialwissenschaften, z. B. in der theoretischen Nationalökonomie, trifft man heute auf eine analoge Unterscheidung zwischen Makro- und Mikrotheorien. Hier zeigt sich dann die Relativität dieser Unterscheidung besonders deutlich; denn was z. B. vom nationalökonomischen Standpunkt aus als ein Mikrogeschehen erscheint: das ökonomische Verhalten einzelner Wirtschaftssubjekte, gehört vom physikalischen und sogar vom neurophysiologischen Standpunkt aus noch durchaus der Makrowelt an.

Wenn es zulässig wäre, eine „absolute" Mikrostufe anzunehmen, in der Gesetze gelten, auf die sich alle übrigen zurückführen lassen, so könnte man diese Gesetze als die fundamentalen Gesetze der Welt bezeichnen. Falls man sich dann weiter entschließen wollte, den Ausdruck „Kausalgesetz" für solche fundamentalen Gesetzmäßigkeiten zu reservieren, so würde der Begriff des *Mikrogesetzes* als weiteres Definitionsmerkmal in den des Kausalgesetzes eingehen.

Die Unterscheidung in eine Makro- und in eine Mikrostufe ist auch für die Ursache-Wirkungs-Terminologie von negativer Relevanz. Wir haben früher gesehen, daß diese Terminologie bereits auf der Makrostufe höchst problematisch ist. Diese Problematik erhöht sich, wenn wir in die physikalische Mikrowelt hinabsteigen und damit den Bereich des Alltäglichen und anschaulich Vorstellbaren ganz verlassen.

(5) Während die bisher angeführten Kausalitätsmerkmale auf einer Klassifikation der *Gesetze* beruhen, dürfte es eine Reihe weiterer, auf *anderen* Einteilungen beruhender Merkmale geben, die in den Begriff des Kausalgesetzes mit einbezogen werden sollten. Einige davon werden meist als so selbstverständlich vorausgesetzt, daß man sie gar nicht ausdrücklich erwähnt. Dazu gehören etwa *die Homogenität und Isotropie des Raumes* sowie *die Homogenität der Zeit*. Die Homogenität besagt, daß der Ort sowie der Zeitpunkt eines Ereignisses keinen „kausalen Einfluß" auf das Ereignis haben. Für alle Philosophen und Naturforscher von LEIBNIZ bis zu EINSTEIN, die den rein relationalen Charakter von Raum und Zeit betonten, war dies eine

Selbstverständlichkeit. Eine andersartige Auffassung könnte nur vertreten werden auf der Grundlage des Gedankens eines absoluten Raumes und einer absoluten Zeit. Der Begriff des absoluten Raumes wäre z. B. so zu präzisieren, daß unter allen denkbaren räumlichen Koordinatensystemen *ein* bestimmtes auszuzeichnen sei, welches für die Formulierung aller Naturgesetze zugrundegelegt werden müsse, um eine korrekte Fassung dieser Gesetze zu erhalten[27]. Für eine Theorie, die einen solchen Begriff des absoluten Raumes zugrundelegt, wäre es immerhin denkmöglich, daß physikalische wie nichtphysikalische Prozeßabläufe neben anderen bestimmenden Faktoren auch vom Ort abhängen, an dem sie stattfinden. Analoges würde von der Zeit gelten, wenn sich ein Begriff des absoluten Zeitpunktes auszeichnen ließe. Die Isotropie des Raumes besagt darüber hinaus, daß für die kausale Erklärung vor Vorgängen die räumliche Richtung irrelevant ist: Keine Raumrichtung ist vor einer anderen ausgezeichnet.

Dieser Gedanke der Neutralität der beiden Medien Raum und Zeit ist implizit in der intuitiven Fassung des Determinismus-Prinzips: „*gleiche Ursachen, gleiche Wirkungen*", enthalten. Der Satz würde gehaltleer werden, wenn das Raum-Zeit-Gebiet, in dem die Antecedensbedingungen realisiert sind, selbst als eine zusätzliche Bedingung (eine zusätzliche „Teilursache") aufgefaßt werden müßte. Er setzt voraus, daß zwei Vorgänge, die sich durch keine weiteren Merkmale außer der raum-zeitlichen Lage unterscheiden, als *gleich* zu betrachten sind.

Trotz dieser scheinbaren Selbstverständlichkeit darf nicht übersehen werden, daß es sich hierbei um keine logische Notwendigkeit handelt. Eine Welt ist widerspruchslos denkbar, in der das, was für uns universelle Konstante sind, als Funktionen des Raumes und der Zeit einzuführen wären und in der Raum- und Zeitvariable explizit in die Naturgesetze eingingen. In einer solchen „möglichen Welt" würde z. B. die Größe des elektrischen Elementarquantums vom Ort abhängen, die Ausbreitungsgeschwindigkeit des Lichtes von der Raumrichtung, in der es sich ausbreitet etc. Da auch in einer solchen seltsamen Welt das Determinismusprinzip nicht ungültig zu sein braucht, erscheint es nicht als unvernünftig, den Begriff des Kausalgesetzes so zu fassen, daß dabei die Frage der Homogenität und Isotropie offengelassen wird.

(6) Auch Stetigkeitsannahmen scheinen in den Begriff des Kausalgesetzes einzugehen, sofern dieser in einem quantitativen Sinn verstanden wird. Berücksichtigt man die Form, in der Naturgesetze angeschrieben werden, so wäre dieser Gedanke so zu präzisieren: Die für die Formulierung von Naturgesetzen verwendeten Funktionen sowie ihre ersten und zweiten Differentialquotienten müssen *stetige* Funktionen sein. Dies könnte, wie

---

[27] Es ist daran zu erinnern, daß sich bereits für die Newtonsche Theorie der Begriff des absoluten Raumes in die abstrakte unendliche Totalität der Inertialsysteme auflöste.

H. FEIGL hervorhebt, als die moderne Version des alten Prinzips „natura non facit saltus" sowie des Leibnizschen metaphysischen Kontinuitätsprinzips („lex continui") betrachtet werden. Selbstverständlich handelt es sich auch hier um keine logische Forderung. Ein heutiger Naturforscher, der um die „ruckartigen" und diskontinuierlichen Vorgänge im subatomaren Geschehen weiß, wird dies bereitwillig zugestehen. Aber auch in der klassischen Zeit waren es nur Gesichtspunkte der *Zweckmäßigkeit* und der *Eleganz der Darstellung*, welche dazu führten, daß man auf die mathematische Theorie der reellen Zahlen und der reellen Funktionen zurückgriff. Es erwies sich eben als möglich, viele Naturgesetze durch Funktionen darzustellen, die zusammen mit ihren ersten und zweiten Ableitungen im Sinn dieser Theorie stetig waren. Bei all dem ist zu beachten, daß nach der klassischen Vorstellung durch diese Funktionen Größen repräsentiert werden, welche die „realen" Eigenschaften eines physikalischen Systems charakterisieren. An die ganz andere Deutungsmöglichkeit solcher Funktionen, wonach von deren Werten erst ein indirekter probabilistischer Rückschluß zu den tatsächlichen physikalischen Größen führt, wie dies in der Quantenphysik geschieht, hatte man in der klassischen Zeit nicht gedacht.

(7) Mit der Preisgabe des Gedankens einer unmittelbaren Fernwirkung sowie mit der zunehmenden Bedeutung der Feldtheorien wurde die Vorstellung von kausalen Prozessen immer stärker mit dem Begriff der Nahwirkung assoziiert. Nur *Nahwirkungsgesetze* wären demgemäß als Kausalgesetze anzusprechen. Auch dies ist kein scharf umrissener Begriff. FEIGL bemerkt, daß der empirische Gehalt dieses Begriffs sich vermutlich auf drei Merkmale reduziert: (a) die Existenz einer festen oberen Höchstgeschwindigkeit der durch Kausalgesetze beherrschten Vorgänge (z. B. die Lichtgeschwindigkeit im Vakuum nach der Speziellen Relativitätstheorie); (b) räumliche und zeitliche Stetigkeit der Ausbreitung von Kausalprozessen in dem Sinn, daß diese Ausbreitung keine räumlichen oder zeitlichen „Sprünge" aufweist; (c) Abnahme der Wirkung kausaler Prozesse mit zunehmender Entfernung.

(8) Angesichts der Wichtigkeit von *Erhaltungssätzen* könnte man die Frage aufwerfen, ob man nicht nur dann davon sprechen sollte, daß in einem Universum Kausalgesetze gelten, wenn dieses Universum von bestimmten Erhaltungsprinzipien beherrscht wird. Räumt man dabei mit überholten Vorstellungen auf, wie z. B. mit dem Begriff der „Identität der Substanz im Zeitablauf", so bleibt als abstrakte moderne Variante dieses Gedankens der der Unveränderlichkeit der Gesetze selbst und gewisser numerischer universeller Konstanten übrig.

5.b Diese Liste potentieller Merkmale des Begriffs des Kausalgesetzes ließe sich vermutlich verlängern. Da die meisten wichtigen Charakteristika aber angegeben worden sein dürften, erscheint es als zweckmäßig, auf eine Fortsetzung zu verzichten und einige prinzipielle Feststellungen zu treffen, bevor wir auf den Begriff der kausalen Erklärung zurückkommen. Erstens weist der Begriff des Kausalgesetzes *stark konventionelle Züge* auf; denn in einer Reihe von Fällen ist es nicht klar, ob ein bestimmtes Merkmal zur Charakterisierung dieses Begriffs verwendet werden soll oder nicht. Es ist dabei wichtig, nicht zu übersehen, daß sich diese konventionellen Züge im Begriff des Kausalgesetzes *auf die anderen Kausalbegriffe* übertragen: auf den der kausalen Erklärung, auf den der Ursache sowie auf den des Kausalprinzips (letzteres zumindest in einer naheliegenden Fassung dieses Prinzips; vgl. dazu Abschn. 6). Zweitens darf bei dieser ganzen Erörterung nicht vergessen werden, daß es uns einerseits um eine *Entwirrung*, andererseits um eine *Explikation* der verschiedenen Kausalbegriffe geht und nicht etwa darum, einen Begriff des Naturgesetzes einzuführen, der mit *heutigen* naturwissenschaftlichen Konzeptionen konform geht. Verschiedene der obigen Merkmale gelten nach gegenwärtiger physikalischer Auffassung für fundamentale Naturgesetze nicht mehr (z. B. Determinismus), verschiedene (z. B. (6) und (7)) sind zumindest recht fragwürdig geworden. Drittens ist nochmals ausdrücklich hervorzuheben, daß verschiedene dieser Begriffsmerkmale *nicht scharf definiert*, sondern nur ungefähr gekennzeichnet werden konnten. Neben dem konventionellen Charakter überträgt sich somit auch diese begriffliche Unschärfe auf die übrigen Kausalbegriffe. Viertens müssen wir daran erinnern, daß bislang kein präzises hinreichendes Kriterium für einen adäquaten Begriff der Gesetzesartigkeit bekannt ist. Auch kausale Gesetze müssen aber vor allem *Gesetze* und keine akzidentellen Aussagen sein. Wie immer die Merkmalskombination aussehen mag, durch die das Gesetzesprädikat „kausal" definiert wird, diese Merkmalsverknüpfung ersetzt natürlich in keiner Weise ein Kriterium der Gesetzesartigkeit, das vielmehr unabhängig davon zu finden ist. Fünftens ist zu beachten, daß die Aufnahme *aller* obigen Bestimmungen in den Begriff des Kausalgesetzes zu einem *außerordentlich engen Gesetzesbegriff* führen würde. Kausalgesetze wären nicht einfach *deterministische* Gesetze. Sie müßten außerdem *in quantitativer Begriffssprache* und zwar genauer *mittels stetiger mathematischer Funktionen*, deren erste und zweite Differentialquotienten gegebenenfalls auch stetig zu sein hätten, darstellbar sein. In bezug auf die Zeitgestalt würde es sich um *Ablaufgesetze* und bezüglich der Realitätsstufe um („absolute") *Mikrogesetze* handeln. Kausalgesetze hätten weiterhin die charakteristischen Merkmale von *Nahwirkungsgesetzen* zu erfüllen. Die Raum-Zeit-Welt, für die sie gelten, müßte in bezug auf den Raum *homogen* und *isotrop* sowie in bezug auf die Zeit *homogen* sein. Außerdem müßte diese Welt von den angedeuteten *Erhaltungsprinzipien* beherrscht sein. Diese Überfülle an begrifflichen Bestimmungen mag es sechstens als *unzweckmäßig* erscheinen lassen, einen so engen Begriff des kausalen Gesetzes zu benützen. Dies zeigt sich sofort, wenn wir wieder zu unserem Ausgangsproblem zurückkehren, nämlich zu der Frage: Wodurch unterscheiden sich kausale Erklärungen von nichtkausalen?

5.c Wir stehen hier prinzipiell vor einer dreifachen Alternative. Entweder wir bestimmen den Begriff der kausalen Erklärung so wie zu Beginn dieses Abschnittes und legen dabei einen sehr engen Begriff des Kausalgesetzes zugrunde. Dann wird auch der Begriff der kausalen Erklärung ein entsprechend spezieller Begriff, der bereits für die klassische Zeit der Physik kaum und unter Zugrundelegung heutiger Theorien vermutlich niemals anwendbar ist. Oder wir erweitern den Begriff des kausalen Gesetzes so, daß wir einen als adäquat oder als vernünftig empfundenen Begriff der kausalen Erklärung erhalten. Schließlich bleibt noch eine dritte Möglichkeit: Wir behalten einen engen Begriff des Kausalgesetzes bei, bestimmen den Begriff der kausalen Erklärung aber mittels eines davon verschiedenen *umfassenderen* Gesetzesbegriffs. Nur die beiden letzten Alternativen erscheinen als sinnvoll. Wir lassen die Entscheidung zwischen ihnen offen und beschränken uns darauf, eine minimale Menge von Merkmalen anzugeben, die zumindest einige der in einer kausalen Erklärung verwendeten Gesetze zu erfüllen haben. Dabei müssen wir voraussetzen, daß ungeachtet der oben ausgesprochenen Bedenken die fraglichen Merkmale scharf bestimmbar sind.

Deterministisch zu sein, ist sicherlich eine conditio sine qua non kausaler Gesetze. Statistische Regularitäten werden wir nicht als Kausalgesetze bezeichnen wollen. Die Verwendung statistischer Prinzipien würde sogar aus dem Bereich deduktiv-nomologischer Systematisierungen herausführen, während kausale Erklärungen ja spezielle Fälle solcher Systematisierungen sein sollen. Ein früheres Gedankenmodell legt es außerdem nahe, auch das Merkmal „*quantitativ*" mit einzubeziehen, sofern es überhaupt möglich ist, die Eigenschaften der Systeme, für deren Verhalten Gesetzmäßigkeiten formuliert werden sollen, durch metrische Begriffe zu charakterisieren. Unter dieser Einschränkung fordern wir daher, daß die für kausale Erklärungen verwendbaren Gesetze auch dieses Merkmal haben. Schließlich soll noch die Forderung erfüllt sein, daß es sich um Ablaufgesetze handelt. Die Motivation dafür liegt in folgendem: Der Begriff der kausalen Erklärung sollte es gestatten, einen adäquaten und eindeutigen Begriff der Ursache einzuführen. Diese Bedingung wäre aber sicherlich nicht erfüllt, wenn man Zustandsgesetze mit einbeziehen wollte. Dies läßt sich an einem einfachen physikalischen Beispiel illustrieren:[28] Es gilt das Gesetz, daß die Periode eines mathematischen Pendels der Quadratwurzel seiner Länge proportional ist. Dies ist offenbar ein Zustandsgesetz; denn es drückt eine mathematische Relation zwischen der Länge und der Periode des Pendels *für ein und dieselbe Zeit* aus. (Dabei ist zu beachten, daß die Schwingungsperiode eine dispositionelle Eigenschaft des Pendels darstellt.) Mit Hilfe dieses Gesetzes kann man die Periode des Pendels erklären, sofern seine Länge bekannt ist. Diese Erklärung wird man aber nicht als eine kausale Erklärung betrachten, da wir nicht sagen würden, die Tatsache, daß das Pendel zu einer Zeit eine

---

[28] Dieses Beispiel wird von C. G. HEMPEL in [Versus], S. 108, gegeben.

solche und solche Länge habe, *bewirke*, daß es eine solche und solche Periode habe. Eine derartige Sprechweise erschiene um so weniger adäquat, als ja auch der umgekehrte Schluß von der Periode auf die Länge möglich ist.

Die Aufnahme weiterer Bestimmungen dagegen wird man schwer rechtfertigen können. Es wäre z. B. durchaus sinnvoll, von der Determiniertheit alles Geschehens in einer Welt zu sprechen, in der die Ausbreitung von Vorgängen von der Raumrichtung abhinge oder in der gewisse Prozesse sprunghaft erfolgten. Dementsprechend wären wir berechtigt zu sagen, daß wir die Vorgänge dieser Welt mit den dort geltenden deterministischen Ablaufgesetzen kausal zu erklären vermöchten.

Wir gelangen so zu der folgenden versuchsweisen Explikation des Begriffs der kausalen Erklärung: Eine *kausale Erklärung* ist eine deduktiv-nomologische Erklärung, für die mindestens ein deterministisches, quantitatives Ablaufgesetz benötigt wird und deren Antecedensereignis nicht später ist als das Explanandumereignis. Es ist strenggenommen überflüssig hervorzuheben, daß es sich um ein deterministisches Gesetz handeln müsse, da eine deduktiv-nomologische Erklärung keine statistischen Gesetzesprämissen wesentlich enthalten kann. Wir fordern nicht, daß *alle* in den Prämissen auftretenden Gesetze die drei angeführten Merkmale aufweisen. In einer komplexen kausalen Erklärung mögen z. B. sowohl Sukzessions- wie Koexistenzgesetze beteiligt sein. Hierbei stoßen wir allerdings wieder auf das formale Problem, wie die einzelnen Gesetzesprämissen voneinander zu unterscheiden sind; denn sie können ja stets durch Konjunktion zu einer einzigen Aussage vereinigt werden.

5.d Über den Begriff der kausalen Erklärung können wir jetzt den Ursachenbegriff durch eine metatheoretische Bestimmung einführen: Unter einer *Ursache* eines Ereignisses E soll *die Totalität der Antecedensbedingungen* einer adäquaten kausalen Erklärung von E verstanden werden. Diese Bestimmung ist als metatheoretisch zu bezeichnen, weil sie explizit auf den Begriff der kausalen Erklärung Bezug nimmt (und nicht z. B. nur auf Tatsachen, Dinge, Ereignisse und dgl.). Ontologisch gesprochen sind Ursachen gewisse *akzidentelle Tatsachen*. Nach der formalen Charakterisierung sind ja die Antecedensbedingungen einer Erklärung von E genau die im Explanans vorkommenden nichtgesetzesartigen, d. h. akzidentellen Prämissen. Da diese stets endlich viele sind, können sie zu der Konjunktion A zusammengefaßt werden. Unter der potentiellen (wirklichen) Ursache von E ist dann der durch A beschriebene Sachverhalt (die durch A geschilderte Tatsache) zu verstehen.

Der Begriff der Erklärung ist bei dieser Bestimmung *nicht* im effektiven Sinn zu verstehen. Dafür, daß man heute mit Recht die Tatsache A als Ursache für die Tatsache E bezeichnet, ist es nicht erforderlich, daß heute auch die Gesetze bekannt sind, die zusammen mit A als Prämissen die Ableitung von E gestatten. Wie bereits an früherer Stelle betont, muß der *Sinn* der Behauptung, daß etwas Ursache von etwas anderem sei, unabhängig davon expliziert werden, wie die Behauptung zu *begründen* wäre. Dem *Sinn* nach ist ein singulärer Kausalsatz eine *Erklärbarkeitsaussage*, in der die Existenz geeigneter Gesetze vorausgesetzt wird. Die *Begründung* einer solchen Aussage kann allerdings nur auf dem Wege der *effektiven Angabe* dieser Gesetze erfolgen.

Obwohl es naheliegt, den Ursachenbegriff in der soeben geschilderten Weise in Anlehnung an den Begriff der kausalen Erklärung und damit indirekt unter Zugrundelegung eines fest umrissenen Begriffs des Kausalgesetzes zu bestimmen, steht prinzipiell nichts im Wege, einen allgemeineren theoretischen Ursachenbegriff einzuführen, so daß darunter die Totalität der Antecedensbedingungen einer beliebigen deduktiv-nomologischen oder sogar einer statistischen Erklärung zu verstehen wäre. Bei dieser allgemeinen Fassung könnte dann zwischen Ursachen im *nomologischen* und Ursachen im *statistischen* Sinn unterschieden werden. Ob es allerdings ratsam und zweckmäßig sei, den Ursachenbegriff auch im statistischen Fall zu benützen, darüber dürften die Meinungen auseinandergehen.

Verschiedene bereits in Abschn. 2 hervorgehobene Punkte sind hier zu beachten, vor allem der, daß auch für diesen „theoretisch bereinigten" Ursachenbegriff die Verwendung des bestimmten Artikels, also die Rede von *der* Ursache eines Ereignisses, unzulässig ist. Dies folgt einfach daraus, daß es zu einem und demselben Explanandum E zahllose verschiedene (genauer sogar: potentiell unendlich viele verschiedene) Gesamtheiten von Antecedensdaten gibt, aus denen E erklärbar ist. Die alltägliche Rede von den „*näheren*" und „*ferneren*" Ursachen ließe sich auf dieser Basis für jene Fälle präzisieren, in denen ein einfaches zeitliches Abstandsverhältnis zwischen der Totalität der Antecedensbedingungen (dem Antecedensereignis) einerseits und E andererseits besteht. Diese Voraussetzung wird aber häufig nicht erfüllt sein. So z. B. ist kein zeitlicher Vergleich zwischen zwei verschiedenen Ursachen A_1 und A_2 von E möglich, wenn gewisse Komponenten von A_1 zeitlich früher sind als Komponenten von A_2, während andere Komponenten von A_2 früher sind als solche von A_1. Die Rede von der „*unmittelbaren Ursache*" ergibt im stetigen Fall überhaupt keinen klaren Sinn.

Die von D. HUME erstmals deutlich erkannte Einzigartigkeit der Kausalrelation (vgl. Abschn. 3) ist in der obigen Begriffsbestimmung berücksichtigt, da die Prämissen der fraglichen Erklärung mindestens eine Gesetzesaussage wesentlich enthalten müssen. In einer bestimmten Hinsicht könnte die gegebene Ursachendefinition als unvollständig empfunden werden. Bereits in II sind wir auf den Unterschied zwischen *Erkenntnisgründen* oder Vernunftgründen und *Realgründen* oder Seinsgründen gestoßen. Diese Unterscheidung vorausgesetzt, haben wir dort gesehen, daß es keinesfalls adäquat wäre, für *alle* Arten von wissenschaftlichen Systematisierungen zu verlangen, daß die akzidentellen Prämissen (Antecedensbedingungen) Realgründe zu liefern hätten; denn z. B. für rationale Prognosen ist der Schluß aus Symptomen (vom Barometerfall auf den kommenden Regen) oder anderen bloßen Vernunftgründen, die keine Realgründe sind, durchaus zulässig.

Dagegen trat die Frage auf, ob man die Forderung nach dem Vorliegen von Realgründen nicht wenigstens für wissenschaftliche *Erklärungen* aufstellen sollte. Der Schluß auf die Höhe eines Mastes auf Grund einer Kenntnis der Entfernung sowie des Winkels zur Mastspitze hat formal die Struktur einer deduktiv-nomologischen Systematisierung. Doch sind wir nicht geneigt zu sagen, daß in diesen Argumenten eine Erklärung für die Höhe des Mastes gegeben werde. HEMPEL meint zwar, daß solche Abweichungen des präzisierten Erklärungsbegriffs vom alltäglichen nur im nichtkausalen Fall vorkämen. Verhielte es sich tatsächlich so, dann würde der Aussonderung kausaler Erklärungen aus nichtkausalen eine zusätzliche erkenntnistheoretische Funktion zukommen. Einige in II gegebene Beispiele zeigen jedoch, daß prinzipiell auch bei Verwendung von Sukzessionsgesetzen und daher auch bei kausalen „Erklärungen" ähnliche Schwierigkeiten bzw. paradoxe Situationen eintreten können. Stünde uns ein präzisierter Begriff des Realgrundes zur Verfügung, so könnten die ungewünschten Fälle vermutlich alle eliminiert werden. Falls man die Forderung nach Angabe von Realgründen nicht generell für *sämtliche* wissenschaftlichen Erklärungen aufstellen wollte — und daher scheinbar paradoxe Erklärungsfälle wie den soeben beispielhaft angeführten einzubeziehen bereit wäre —, müßte sie zumindest für kausale Erklärungen aufgestellt werden. *Nur Realgründe liefernde Erklärungen sind als kausale Erklärungen zulässig.* Per definitionem würden dann bloße Erkenntnisgründe, die keine Realgründe sind, wie z. B. Symptome, aus der Klasse der Ursachen ausgeschlossen.

Wenn man von der Annahme ausgehen darf, daß es gelingen wird, ein scharfes Kriterium für den Unterschied zwischen Real- und Erkenntnisgründen zu formulieren, so kann man daher R. CARNAP *nicht* darin beipflichten, *daß Kausalität soviel bedeute wie Voraussagbarkeit*[29]. Denn im Prinzip sind nicht nur probabilistische, sondern auch deterministische Prognosen aus bloßen Symptomen möglich. Bei entsprechender Änderung der pragmatischen Zeitumstände (also „im nachhinein") würden wir in solchen Fällen weder davon sprechen, daß kausale Erklärungen gegeben wurden, noch davon, daß man die Ursache eines Geschehens angegeben habe (vgl. dazu die entsprechenden Ausführungen in II).

Der oben eingeführte Begriff der Ursache ließe sich als *semantischer* Ursachenbegriff bezeichnen. Man könnte vielleicht einen weniger farblosen Begriff erhalten, wenn man ihn zu einem *pragmatischen* Begriff zu verschärfen

---

[29] R. CARNAP, [Physics], S. 192: „*Causal relation means predictability*".

versuchte, wie dies z. B. von H. FEIGL und in ähnlicher Weise auch von anderen Autoren vorgeschlagen worden ist[30]. Pragmatische Gesichtspunkte sind es auch, welche zu den in Abschn. 2 erörterten, voneinander stark abweichenden alltäglichen Verwendungen des Ursachebegriffs führen. Der jetzige Vorschlag würde dahin gehen, nur solche dem Explanandumereignis entweder zeitlich vorangehende oder auch mit ihm gleichzeitig stattfindende Antecedensbedingungen als Ursachen zu bezeichnen, die nicht nur in einem mathematischen, sondern auch in dem *praktischen* Sinn „unabhängige Veränderliche" darstellen[31], daß sie aktiver menschlicher Beeinflussung zugänglich sind, sei es unmittelbar, sei es mittelbar über technische Vorrichtungen. So z. B. können wir bei einem chemischen Prozeß den Druck, die Temperatur und die Konzentration beeinflussen und dadurch das Tempo des Prozesses regulieren, während wir keinen davon unabhängigen direkten Einfluß auf die Geschwindigkeit des Vorganges nehmen können.

So plausibel dieser Gedanke auf den ersten Blick erscheinen mag, so problematisch wird er, wenn man dazu übergeht, ihn genauer zu präzisieren. HEMPEL hat die Schwierigkeit an dem nichtkausalen Fall des Pendelbeispiels erläutert[32]. Man ist zunächst viel eher geneigt zu sagen, die Länge des Pendels erkläre im Verein mit dem erwähnten Gesetz die Periode des Pendels (und bilde also nach dem jetzigen Vorschlag eine Ursache der letzteren), als umgekehrt zu behaupten, daß die Periode des Pendels zusammen mit dem Gesetz dessen Länge erkläre. Was ist der Grund für diese Präferenz in der Sprechweise, da doch *beide* Fälle in die Form eines deduktiv-nomologischen Erklärungsargumentes gebracht werden können? Es scheint nur eine Antwort zu geben: Wir können die Länge des Pendels willkürlich verändern und dadurch eine Änderung der Periode bewirken; die Länge des Pendels bildet also *die im pragmatischen Sinn „unabhängige Veränderliche"*, während die Periode die pragmatisch „abhängige Veränderliche" darstellt. Dieses Argument ist jedoch nicht überzeugend: Wir können, wie HEMPEL bemerkt, auch die Periode des Pendels willkürlich ändern, nämlich einfach dadurch, daß wir seine Länge verändern! Der Einwand, daß nur im ersten Fall eine *unabhängige* Veränderung (nämlich der Länge gegenüber der Periode) erfolge, im zweiten Fall hingegen eine abhängige, würde nichts taugen. Denn wenn

---

[30] Vgl. z. B. H. FEIGL, [Causality], S. 417.

[31] Der mathematische Sinn *allein* reicht sicherlich nicht aus. Wenn z. B. eine Funktion umkehrbar eindeutig ist, so existiert zu ihr die eindeutige inverse Funktion, und der Begriff der unabhängigen Veränderlichen wird zu einem relativen Begriff, dessen Bedeutung davon abhängt, ob man die ursprüngliche Funktion oder ihre Inverse betrachtet.

[32] a. a. O., S. 108. Dieses Beispiel bezieht sich zwar auf den Fall der Anwendung eines Zustandsgesetzes, doch kann die prinzipielle Schwierigkeit gerade hier am besten erläutert werden. Nach dem obigen Vorschlag sollen ja auch gleichzeitig stattfindende Antecedensbedingungen, welche die pragmatische Voraussetzung erfüllen, Ursachen genannt werden.

die übrigen Umstände gleich bleiben, wie z. B. die auf das Pendel einwirkende Gravitationskraft, so kann man auch die Länge nicht ändern, ohne die Periode zu verändern.

Der Einführung eines pragmatischen Ursachenbegriffs unter Benützung eines vom entsprechenden mathematischen Begriff verschiedenen praktischen Begriffs der unabhängigen Veränderlichen stehen also begriffliche Schwierigkeiten entgegen. Sollten sie überwindbar sein, so wäre dadurch kaum eine Lösung des zentralen Problems der Unterscheidung zwischen Real- und Erkenntnisgründen mitgeliefert. Das letztere Problem müßte, wenn überhaupt, auf einer „rein theoretischen Ebene" lösbar sein. Welche Geschehnisse im Universum wir als Realgründe von anderen ansehen, ist offenbar unabhängig davon, ob sie durch uns beeinflußbar sind oder ob sie sich der aktiven menschlichen Kontrollierbarkeit entziehen.

6. Das Determinismusprinzip: Metasprachliche Charakterisierung

6.a Wenn wir voraussetzen, daß der Begriff der adäquaten kausalen Erklärung zur Verfügung steht, so können wir das Prinzip des universellen Determinismus (Kausalprinzip) so formulieren, daß wir von dem (auch nach dem Präzisierungsversuch problematischen) Begriff der Ursache keinen Gebrauch machen. An die Stelle von „jedes Ereignis hat eine Ursache" tritt die präzisere Behauptung: „zu jedem Ereignis existiert eine adäquate kausale Erklärung". Wir setzen hierfür voraus, daß der Begriff „ist ein Explanans von" im Einklang mit einem in IV gemachten Vorschlag als eine zweistellige Relation E zwischen Aussagen konstruiert wurde. Dementsprechend wäre dann der Begriff des *kausalen* Explanans durch eine engere zweistellige Relation E' einzuführen. Ferner soll sich das Kausalprinzip nur auf Einzelereignisse, nicht jedoch auf Gesetze beziehen. Nennen wir eine nicht gesetzesartige Aussage so wie an früherer Stelle eine akzidentelle Aussage, so erhalten wir die folgende wortsprachliche Formulierung des Kausalprinzips:

(K) „Für jedes y, für welches gilt: y ist synthetisch und akzidentell, existiert ein wahres x, so daß $xE'y$".

Wir nennen einen Satz von dieser Art eine *metasprachliche* Formulierung des Determinismusprinzips, weil die gebundenen Variablen „x" und „y" sich auf *Aussagen* beziehen und E' eine Relation zwischen Aussagen darstellt. Das dabei verwendete Prädikat „synthetisch" wird überflüssig, wenn man den Begriff des Gesetzes so einführt, daß alle logisch wahren Aussagen Gesetze darstellen. Definiert man den Begriff des adäquaten Explanans auf solche Weise, daß er bereits das Merkmal der Wahrheit enthält, so wird auch die obige Einfügung des Prädikates „wahr" in (K) überflüssig.

6.b Der genaue Gehalt von (K) hängt davon ab, wie die Relation E' definiert wird. Hier können wir auf die Diskussion des vorigen Abschnittes verweisen. Z. B. erscheint es nicht als sinnvoll, den Begriff E' in dem scharfen Sinn zu definieren, daß die im Explanans vorkommenden Gesetze ausnahmslos die früher angeführten Merkmale von Kausalgesetzen im engsten Sinn dieses Wortes haben. Dann käme man nämlich zu einer so engen Fassung des Kausalprinzips, daß seine Nichtgültigkeit auf der Hand läge und auch von solchen Philosophen nicht geleugnet werden könnte, welche an die Gültigkeit irgendeiner Form dieses Prinzips glauben. Hier zeigt sich eine Divergenz im Sprachgebrauch. Es ist daher, ganz analog zum Fall der kausalen Erklärung, nicht zweckmäßig, die Formulierung des Kausalprinzips auf die des Kausalgesetzes i. e. S. zu stützen. Das, worauf es bei der Formulierung des Kausalprinzips vor allem ankommt, ist offenbar dies, daß die dabei benützten Gesetzmäßigkeiten keine statistischen, sondern deterministische Gesetze bilden. Beschränkt man sich für die im Explanans verwendeten Gesetze auf diese Bestimmung, so ist damit nicht nur die Anknüpfung des Kausalprinzips an den Begriff des Kausalgesetzes fallengelassen worden, sondern es wurde außerdem der Relation E' eine allgemeinere Deutung gegeben als dem Begriff der kausalen Erklärung des vorigen Abschnittes. Es erschiene dann allerdings sinnvoller, überhaupt nicht mehr den Ausdruck „*Kausalprinzip*", sondern nur die Bezeichnung „*Prinzip des universellen Determinismus*" zu wählen. Denn mit dem Begriff des kausalen Vorganges verbindet sich die Vorstellung von einer Sukzession von Ereignissen, so daß zumindest von einigen der benützten Gesetzmäßigkeiten gefordert werden müßte, daß es sich um Ablaufgesetze handle. Am zweckmäßigsten dürfte es sein, (K) nicht als eine eindeutig bestimmte Aussage, sondern als ein Aussagen*schema* zu betrachten, das je nach der Interpretation von E' zu einer bestimmten, aber von Deutung zu Deutung variierenden Aussage wird.

Falls man z. B. aus demselben Motiv, das im vorigen Abschnitt benützt worden ist, beschließen sollte, daß Explanans und Explanandum in quantitativer Sprache beschreibbar sein müssen, so würde das Determinismusprinzip, inhaltlich gesprochen, auf die Behauptung hinauslaufen, daß alle akzidentellen Ereignisse in der Welt erstens in quantitativer Sprache, z. B. mittels physikalischer Zustandsgrößen, charakterisierbar und zweitens mit Hilfe von quantitativen deterministischen Gesetzen, unter denen sich einige Ablaufgesetze befinden, adäquat erklärbar sind. In der ersten Hälfte dieser Behauptung liegt eine Unklarheit, auf die wir in 6.f zurückkommen werden. Aber auch abgesehen davon ließe sich dagegen einwenden, man dürfe nicht a priori voraussetzen, daß auch nichtphysikalische Phänomene stets in quantitativer Weise beschreibbar seien. Dieses Denkmotiv würde dann in Konflikt stehen mit dem anderen, welches für die Aufnahme des Merkmales

„quantitativ" spricht. Die Entscheidung darüber, ob man sich auf die allgemeinere oder auf die speziellere Fassung festlegen solle, wird auch von anderen philosophischen Annahmen abhängen, die hier nicht erörtert werden können, z. B. von der Frage, ob eine „physikalistische" Beschreibbarkeit alles Realen möglich sei oder nicht. Letztlich kann die Entscheidung zugunsten der weiteren oder engeren Fassung nur durch Festsetzung erfolgen.

6.c Einige Leser werden vielleicht durch die im Anschluß an den Satz bzw. das Satzschema (K) angestellten Überlegungen verwirrt sein und darin teils überflüssige Wiederholungen von bereits früher Gesagtem, teils mit früheren Äußerungen unverträgliche Bemerkungen erblicken. Ein solcher Eindruck ist verständlich; dennoch beruht er auf einem Irrtum. *Die drei Begriffe des Kausalgesetzes, der kausalen Erklärung und des Kausal- bzw. Determinismusprinzips können in relativer Unabhängigkeit voneinander bestimmt werden.* Im vorigen Abschnitt wurde gezeigt, daß es nicht vernünftig wäre, für kausale Erklärungen die ausschließliche Verwendung von Kausalgesetzen zu verlangen, falls man sich dazu entschließt, einen sehr engen Begriff des Kausalgesetzes zu verwenden. „Kausale Erklärung" ist in gewissem Sinn ein liberalerer Begriff als der Begriff des Kausalgesetzes. Eine analoge Situation ergibt sich jetzt von neuem für die metasprachliche Formulierung des Determinismusprinzips. Dürfte man nur dann von der Gültigkeit dieses Prinzips sprechen, wenn alles kausal erklärbar ist? Eine mögliche konsistente Antwort darauf würde lauten: „Nein". Diese negative Antwort würde ihr positives Gegenstück in dem Beschluß finden, die Relation E' von (K) nicht so zu konstruieren, daß sie den in Abschn. 5 explizierten Begriff der kausalen Erklärung widerspiegelt, sondern als etwas, das *zwischen* dieser engeren Relation und der obigen Relation E („ist ein Explanans für") liegt. Unsere Wahlfreiheit ist also eine doppelte: Haben wir den Begriff des Kausalgesetzes scharf bestimmt, so können wir noch immer zwischen verschiedenen Möglichkeiten wählen, „kausale Erklärung" zu definieren. Und haben wir uns für einen Begriff der kausalen Erklärung entschieden, so sind wir darum nicht gezwungen, diesen Begriff statt eines etwas weiteren für die Formulierung des Determinismusprinzips zu benützen.

6.d Eine bestimmte Art von Verschärfung muß dagegen noch ins Auge gefaßt werden. In der vorliegenden Fassung werden die vagen Ausdrücke „Ursache" bzw. „Wirkung" nicht benützt. Wir können aber, wie wir gesehen haben, die Totalität der Antecedensbedingungen als eine Präzisierung des Ursachenbegriffs auffassen, so daß das Explanandumereignis gerade die Wirkung dieser Ursachen darstellt. Nun verbindet sich gewöhnlich mit der Ursache-Wirkungs-Relation die Vorstellung von einem zeitlichen Verhältnis. Danach muß die Ursache der Wirkung zeitlich vorangehen oder darf ihr zumindest nicht zeitlich folgen. Dieser Gedanke wurde bisher nicht zum Ausdruck gebracht; denn der Begriff des Explanans wird ja von uns in dem weiten Sinn der Prämissen einer adäquaten wissenschaftlichen Systematisierung interpretiert, der z. B. auch Retrodiktionen einschließt. Es müßte also in (K) ausdrücklich verlangt werden, daß das Antecedensereignis nicht später sein darf als das Explanandumereignis.

6.e Abstrahiert man von *allen* in Betracht gezogenen Verschärfungen der Relation E zu einer engeren Relation E' und verlangt man nicht einmal, daß die im Explanans verwendeten Gesetze deterministisch sein müßten, so erhält man eine gegenüber dem Determinismusprinzip schwächere Behauptung, nämlich daß alle Ereignisse erklärbar seien. Diese Aussage könnte man *das allgemeine Gesetzesprinzip* nennen, da sie in präziserer Form den Gedanken wiedergibt, daß die Ereignisse der Welt ausnahmslos *unter irgendwelche Gesetze subsumierbar* sind. Nur das Auftreten „völlig gesetzloser Phänomene" würde damit geleugnet, nicht jedoch die Determiniertheit aller Phänomene behauptet werden, da die fraglichen Naturgesetze auch statistische Regularitäten sein könnten.

6.f In einer wesentlichen Hinsicht sind verschiedene der bisherigen Formulierungen unzulänglich und anfechtbar, insbesondere jene, die statt in formaler in inhaltlicher Sprechweise ausgedrückt sind. Es war darin nämlich stets von zu erklärenden Ereignissen die Rede. Von den Diskussionen in IV wissen wir, daß dies nur als eine ungenaue façon de parler aufgefaßt werden kann. Es sind *Sachverhalte* bzw. *Tatsachen*, die erklärt werden. Nun ist zwar in der Philosophie die Neigung weit verbreitet, von Tatsachen in einem sozusagen absoluten, d. h. sprachunabhängigen Sinn zu reden. Doch ist dies eine Fiktion. Der Begriff des Sachverhaltes bzw. der Tatsache *ist stets relativ auf eine Sprache*. Welche Sachverhalte überhaupt möglich sind, hängt davon ab, welche konsistenten Beschreibungen in der zur Verfügung stehenden Sprache (des Alltags oder der Wissenschaft) möglich sind.

Auch diese These von der Sprachabhängigkeit des Sachverhaltsbegriffs läßt sich am besten anhand des Gegensatzpaares „Qualität – Quantität" illustrieren. Dieser Gegensatz ist *kein ontologischer*, der in der Natur der Dinge begründet läge. Es gibt nicht Phänomene, die *ihrem Wesen nach* qualitativ sind, und solche, die *ihrem Wesen nach* quantitativen Charakter tragen. Ob ein Übergang von der Qualität zur Quantität erfolgt, hängt vielmehr davon ab, ob es gelingt, die ursprünglich rein qualitative Sprache durch eine quantitative Sprache zu ersetzen. Die Einführung quantitativer Begriffe, wie des Begriffs der Länge, der Zeitdauer, der Temperatur etc. erfolgt auf der Grundlage bestimmter Regeln, die sich zum Teil auf empirische Befunde stützen, zum Teil rein konventionell sind, zum Teil schließlich durch Einfachheitsüberlegungen motiviert werden. *Erst wenn solche quantitativen Begriffe in die Sprache eingeführt sind*, kann man von den entsprechenden *quantitativen Sachverhalten reden*. Die Frage, ob es eine Tatsache sei, daß der Gegenstand x zur Zeit t die Temperatur r habe, kann erst dann sinnvoll gestellt werden, wenn der quantitative Begriff der Temperatur in die Wissenschaftssprache eingeführt worden ist, etwa in der Gestalt eines Temperaturfunktors „temp". Die eben formulierte Frage ist dann äquivalent mit: „ist der Satz ‚temp $(x, t) = r$' wahr?". Sollte die verfügbare Sprache von primitiverer Struktur sein und nur Klasseneinteilungen gestatten, also im Fall der Temperatur etwa nur die dreifache qualitative Unterscheidung zwischen *kalt, warm* und *heiß* ermöglichen, so kann diese Frage überhaupt nicht formuliert werden. Es gäbe dann nur die drei x betreffenden „möglichen Sachverhalte", nämlich daß x kalt ist oder daß x warm ist oder daß x heiß ist.

Die Relativierung des Sachverhaltsbegriffs auf eine zugrundeliegende Sprache impliziert unmittelbar *eine Relativierung der obigen Fassung des Kausalprinzips auf eine bestimmte Sprache S*. Damit wird dieses Prinzip strenggenommen *unendlich vieldeutig*. Es wäre z. B. durchaus denkbar, daß es auf einer gewissen qualitativen Stufe gilt, daß also sämtliche in einer bestimmten qualitativen (d. h. weder quantitative noch komparative Begriffe enthaltenden) Sprache beschreibbaren Tatsachen mittels qualitativer deterministischer Prinzipien erklärbar wären, daß es jedoch auf der quantitativen Stufe seine Gültigkeit verlöre, weil zumindest einige quantitative Sachverhalte überhaupt nicht oder nur statistisch erklärt werden könnten. Es erscheint zwar als sinnvoll, die Vieldeutigkeit dadurch zu verringern, daß man nur möglichst umfassende Wissenschaftssprachen zugrundelegt, etwa die Sprache, welche in den heutigen Naturwissenschaften benützt wird. Doch kann die Vieldeutigkeit schon aus dem prinzipiellen Grunde nicht beseitigt werden, daß wir nicht a priori voraussagen können, welche Weiterentwicklung die Wissenschaftssprache in der Zukunft nehmen wird. So gehört z. B. zu der heute benützten Wissenschaftssprache die begriffliche Apparatur der höheren Mathematik. Es ist nicht logisch ausgeschlossen, daß sich gewisse Teile dieser Mathematik, z. B. jene, in denen die klassische Theorie der reellen Zahlen und Funktionen formuliert wird, in der Zukunft als inadäquate Beschreibungsmittel physikalischer Phänomene erweisen werden. Die Wissenschaftssprache S müßte dann umgebaut werden und erhielte eine zum Teil völlig andere Struktur als die heute benützte.

Die implizite Relativierung des Kausalprinzips auf eine Sprache S wird dadurch explizit gemacht, daß man — wie dies bereits bei der Fassung von (K) geschah — den formalen Standpunkt einnimmt und unter dem Explanandum einen singulären synthetischen Satz versteht, der natürlich zu einer bestimmten, genau zu charakterisierenden Sprache S gehören muß. Das Prinzip besteht dann in der Behauptung, daß zu jedem singulären synthetischen Satz der Sprache S ein adäquates deduktiv-nomologisches Explanans (bzw. ein Explanans in dem in der Relation E' implizit enthaltenen schärferen Sinn) existiere.

In den objektsprachlichen Fassungen wird die entsprechende Relativierung des Kausalprinzips in anderer Weise zur Geltung kommen.

7. Ist das Kausalprinzip eine „Bedingung der Möglichkeit empirischer Erkenntnis"?

7.a Ältere Diskussionen über das Kausalprinzip knüpften gewöhnlich an solche Formulierungen dieses Prinzips an wie: „Jedes Ereignis hat eine Ursache" (a) oder: „Jedes Ereignis hat eine Ursache, auf die es mit Notwendigkeit folgt" (b). Es war dann unausbleiblich, daß sich die Auseinandersetzungen auf zwei ganz verschiedenen Ebenen abspielten: Einmal wurde darüber gestritten, welchen *Sinn* diese Behauptung habe, zum anderen wurde unter der Voraussetzung, daß die Sinnfrage geklärt sei, nach der *Geltung* dieses Prinzips gefragt. Was den ersten Punkt betrifft, so können wir (a), (b) und ähnliche Wendungen als Kurzfassungen für korrektere Formulierungen des Kausalprinzips ansehen, für welches im vorigen Abschnitt eine metasprachliche Fassung gegeben wurde und welches im nächsten Abschnitt objektsprachlich präzisiert werden wird. Beide Fassungen sind in verschiedener Hinsicht mehrdeutig. Es muß daher, bevor man die Geltungsfrage überhaupt aufwirft, vorausgesetzt werden, daß diese Mehrdeutigkeiten durch entsprechende Festsetzungen behoben wurden. Die Formulierung (a) ist zum Unterschied von (b) so allgemein gehalten, daß sie sogar als Kurzformel für das gedeutet werden könnte, was wir das allgemeine Gesetzesprinzip nannten, also für die Behauptung, daß alle Ereignisse unter *irgendwelche* Naturgesetze fallen, seien dies deterministische oder seien dies statistische (vgl. dazu die entsprechende Bemerkung über den Ursachenbegriff in Abschn. 5). Gewöhnlich ist jedoch das Kausalprinzip in dem schärferen Sinn eines Determinismusprinzips verstanden worden.

Nehmen wir also an, wir hätten uns für die eine oder für die andere präzisere Fassung des Kausalprinzips entschieden. Relativ auf diese Entscheidung verwenden wir den bestimmten Artikel und sprechen von *dem* Kausalprinzip. Die Frage nach der Richtigkeit dieses Prinzips (Frage 11 von Abschn. 1) ist nicht das einzige Geltungsproblem bzw. nicht die einzige Klasse von Geltungsproblemen[33], die sich im Rahmen der Kausalitätsdiskussion formulieren lassen. Daneben kann man fragen, ob es überhaupt kausale Gesetze gibt, d. h. ob einige Naturgesetze kausale Gesetze sind (Frage 9) und ob alle Gesetzmäßigkeiten kausalen Charakter haben (Frage 10). Auch in diesen beiden Fragen kann man das „kausal" in verschiedener Bedeutung verwenden. Von der früher geschilderten schärfsten Fassung bis zur schwächsten Fassung, nach welcher „kausal" mit „deterministisch" zusammenfällt, gibt es ein weites Spektrum von Möglichkeiten. Die Fragen 10 und 11 sind aber in keinem Fall miteinander identisch, auch dann nicht, wenn man die in

---

[33] Um eine Problem*klasse* handelt es sich, wenn man die verschiedenen schwächeren oder schärferen Formulierungsmöglichkeiten dieses Prinzips berücksichtigt.

diesen beiden Fragen verwendeten Gesetzesbegriffe miteinander zur Deckung bringt (z. B. durch Abschwächung in Frage 10 oder durch Verschärfung in Frage 11). Denn die Antwort darauf, ob alle Gesetze kausaler Natur (oder ob alle Gesetze deterministischer Natur) seien, könnte auch dann bejahend ausfallen, wenn es „absolut zufällige" Ereignisse in der Welt gäbe, die sich nicht unter Gesetze subsumieren lassen. Das Kausalprinzip dagegen würde in einer solchen Welt natürlich nicht gelten, sondern auf die Ereignisfolgen, die überhaupt unter Gesetze fallen, beschränkt sein.

7.b Dabei ist allerdings bereits die stillschweigende Voraussetzung gemacht worden, daß das Kausalprinzip als eine theoretische Behauptung aufzufassen sei. Tatsächlich hat jedoch dieses Prinzip eine dreifache Interpretation erfahren: erstens als *Deklarativsatz*, der entweder wahr oder falsch ist; zweitens als eine *Verhaltensmaxime*; und drittens als eine *pragmatische Voraussetzung wissenschaftlicher Tätigkeit*. Betrachten wir nochmals die erste Interpretation. Behauptet man die Wahrheit dieser Aussage, so kann dies wieder etwas Dreifaches bedeuten: (a) *logische* Wahrheit; (b) *notwendige, aber nicht logische* Wahrheit; (c) *empirische* Wahrheit. Die Deutung (a) setzt voraus, daß man das Prinzip durch geeignete Modifikationen *tautologisiert*. So etwas ist natürlich möglich. Doch wird das Prinzip damit uninteressant, da es dann keine Aussage über die reale Welt mehr beinhaltet. Der Satz „jede Wirkung hat eine Ursache" ist von dieser Art, wenn unter Wirkung etwas verstanden wird, das eine Ursache besitzt. Auch andere „Tautologisierungen" des Prinzips sind denkbar. Falls z. B. die Aussage zum allgemeinen Gesetzesprinzip abgeschwächt wird, so kann man die folgende logisch wahre Aussage gewinnen, in der *über* dieses Prinzip gesprochen wird: „Geltung des Prinzips ist eine notwendige Bedingung dafür, um für alle Ereignisse in der Welt eine Erklärung finden zu können". Behauptet man die nichtlogische Notwendigkeit, so landet man in einem *synthetischen Apriorismus*. Das Kausalprinzip wird jetzt zu einer metaphysischen These, für die bis heute keine Begründung gegeben werden konnte. Schließlich bleibt noch die Möglichkeit, das Prinzip als eine *empirische Hypothese* zu deuten. Dies dürfte etwa der Standpunkt der klassischen Physiker gewesen sein, wenn man das Prinzip so faßt, daß darin die Erklärbarkeit mittels deterministischer Gesetze verlangt wird. Da es sich um einen kombinierten All- und Existenzsatz handelt, würde das Prinzip eine Hypothese „höherer Ordnung" bilden, die sich auf Grund von Beobachtungen weder verifizieren noch falsifizieren läßt und daher bestenfalls auf eine indirekte Weise bestätigt werden könnte. (Weiter unten soll dafür eine bildhafte Illustration gegeben werden.) Die „empirische Unwiderlegbarkeit wie empirische Unbeweisbarkeit" bringt das Prinzip in eine gewisse Nähe zu einer Tautologie. Das mag auch das psychologische Motiv dafür gewesen sein, daß das Prinzip irrtümlich immer wieder für unanfechtbar gehalten worden ist. Es bleibt aber *hypothetischer* Natur, wenn man die Möglichkeit von Grundgesetzen, welche statistischen Charakter haben, oder die Möglichkeit eines vollkommen gesetzlosen Geschehens nicht von vornherein ausschließt. Und es konnte, um dies nochmals zu betonen, bis heute nicht zur Einsicht gebracht werden, daß solche Möglichkeiten a priori auszuschließen seien.

Gegen die Wahrheit des Prinzips sind zum Teil *theoretische* Argumente vorgebracht worden, die auf der eben angedeuteten Möglichkeit beruhen, welche in der modernen Physik zur Wirklichkeit geworden ist: *statistische Fundamentalgesetze*. Zum Teil wurden nichttheoretische, nämlich *ethische* Argumente dagegen ins Feld geführt: Es gäbe doch verantwortungsvolles menschliches Handeln; unter der Voraussetzung der Geltung des Prinzips könnte es solches nicht geben; also sei das Prinzip falsch. Wir können in die gegenwärtigen Erörterungen die Diskussion über die Willensfreiheit nicht einbeziehen. Es genügt, auf zweierlei hinzuweisen: Erstens ist die Behauptung von der Unvereinbarkeit des Determinismus mit dem freien Willen äußerst problematisch[34]. Zweitens wäre ein derartiges Argument, selbst wenn die Unvereinbarkeit bestünde, sicherlich wissenschaftlich nicht zu stützen, da die Prämisse, auf die es sich gründet, eine metaphysische Annahme beinhaltet.

7.c Nicht immer ist das Prinzip als Deklarativsatz gedeutet worden. Eine andere Deutung würde darin bestehen, dieses Prinzip als eine *Maxime*, als ein *„logisches Postulat der Vernunft"* aufzufassen[35], welche, grob gesprochen, den Naturforscher auffordert, *in der Suche nach Ursachen nie zu erlahmen und nach immer umfassenderen Naturgesetzen Umschau zu halten*. WARNOCK hat darauf hingewiesen, daß eine solche Deutung als Maxime problematisch ist. Erstens unterscheidet sie sich in einer wesentlichen Hinsicht von allen jenen Maximen, von denen man sagen kann, daß sich der Naturforscher von ihrer Befolgung einen Erfolg oder die Verhütung eines Mißerfolges verspricht. Solche Maximen würden etwa lauten: „Setze dich nicht über Beobachtungen hinweg, die deiner Hypothese zu widersprechen scheinen!"; „arbeite nicht mit Meßinstrumenten, die sich als fehlerhaft erwiesen haben!"; „sage nicht, deine Hypothese sei in sehr hohem Grade bestätigt, wenn du erst *eine* Beobachtung zum Zweck ihrer Überprüfung angestellt hast!" u. dgl. Solche Ermahnungen erscheinen als sinnvoll, angesichts der menschlichen Neigung, gegen sie zu verstoßen.

Was dagegen die Suche nach immer umfassenderen Naturgesetzen betrifft, so ist eine entsprechende Ermahnung überflüssig. Man braucht nicht jemanden zu einer Tätigkeit anzuhalten, die er ohnedies schon verrichtet hat. Die ständige Suche nach immer umfassenderen Gesetzen gehört ja zu den charakteristischen Zügen des tatsächlichen Wissenschaftsbetriebes. Nehmen wir aber zweitens an, ein Naturforscher benütze den Satz nur dazu, um sich oder andere zu ermutigen, in der darin ausgedrückten bestimmten

---

[34] Vgl. dazu etwa R. CARNAP, [Physics], S. 218ff.
[35] Vgl. dazu G. J. WARNOCK, [Cause].

Forschungstätigkeit fortzufahren. Dann kann man eine *Rechtfertigung* für diese Maxime verlangen. Und eine solche Rechtfertigung kann durch Berufung auf die Überzeugung gegeben werden, daß die Befolgung der Maxime sicher oder mit großer Wahrscheinlichkeit zum Erfolg führen werde. Wiederum kann man fragen, warum dem so sei. Die Antwort müßte lauten, daß in allen Bereichen systematischer Forschertätigkeit Naturgesetze zu finden seien. Dies zeigt: Selbst wenn man die ohnedies recht problematische Interpretation des Kausalprinzips als einer Verhaltensmaxime akzeptiert, liegt der Grund für die Annahme dieser Maxime in der Überzeugung, daß das als Deklarativsatz gedeutete Kausalprinzip eine wahre Behauptung darstellt. Damit sind wir aber auf die erste Interpretation zurückgekommen. Deshalb überträgt sich auch die Mehrdeutigkeit des Prinzips als einer theoretischen Annahme auf seine Formulierung als Maxime. So wie die Maxime oben ausgedrückt wurde, entspricht sie z. B. gar nicht den verschiedenen Varianten des Prinzips (K), sondern dem allgemeinen Gesetzesprinzip; denn die fraglichen Gesetze könnten auch statistische Gesetze sein. Um eine (K) entsprechende Maxime zu erhalten, müßte daher z. B. ausdrücklich verlangt werden, daß nach immer umfassenderen *deterministischen* Gesetzen gesucht werden solle. Und die Rechtfertigung für diese Forderung würde abermals in der theoretischen Behauptung zu suchen sein, daß solche Gesetze prinzipiell stets zu finden seien. Hierin zeigt sich deutlich, *daß das als Verhaltensmaxime gedeutete Kausalprinzip nur dann sinnvoll ist, wenn ein entsprechender Deklarativsatz als wahr vorausgesetzt wird.*

Sofern man sich für die Rechtfertigung der Maxime mit einer vageren Erfolgsaussicht begnügen wollte, würde es genügen, die schwächere theoretische Annahme zugrunde zu legen, daß *die meisten* Weltereignisse unter Gesetze subsumierbar sind: Die Suche nach Gesetzen (oder nach deterministischen Gesetzen) wird nicht sinnlos, wenn sie bisweilen nicht zum Erfolg führt. Umgekehrt ausgedrückt: Kann eine Methode bisweilen nicht zum Erfolg führen, so wäre es voreilig, daraus den Schluß zu ziehen, daß sie niemals zum Erfolg führen wird.

7.d Es bleibt noch die Interpretation zu betrachten, wonach das Kausalprinzip *eine Voraussetzung* für jede wissenschaftliche Tätigkeit darstellt. Was kann dies bedeuten? Bisweilen ist diese Formulierung benützt worden, um auszudrücken, daß dieses Prinzip ein synthetisches Urteil a priori darstelle, auf welches sich die einzelwissenschaftliche Forschung zu stützen habe. So etwa wurde argumentiert, daß alles induktive Räsonieren gegenstandslos werde, wenn man nicht die Gültigkeit dieses Prinzips voraussetze. Die dabei zugrundeliegende, etwas undeutliche Vorstellung ist die, *daß das Kausalprinzip jene Uniformität des Weltablaufs garantiere, ohne die es keine Extrapolation vergangener Regelmäßigkeiten in die Zukunft geben könne.* Mit der Frage der Voraussetzung des induktiven Schließens beschäftigen wir uns hier nicht; daher können wir auch in eine Diskussion dieser Auffassung nicht eintreten. Es genüge der Hinweis darauf, daß eine derartige Auffassung mit der gesamten Problematik des synthetischen Apriorismus belastet bleibt. Wie A. PAP hervorhebt[36], kann die erwähnte These aber auch noch anders interpretiert werden. PAP bringt den folgenden anschaulichen Vergleich: Wenn jemand in einem Teich Fische zu fangen versucht, so ist sein Glaube daran, daß es in diesem Teich auch tatsächlich Fische gibt, eine Voraussetzung dieses seines Handelns. Und jeder gefangene Fisch bildet eine nachträgliche Bestätigung für seine Überzeugung. Analog läßt sich behaupten, daß der Glaube an die Gültigkeit des Kausalprinzips eine *pragmatische Voraussetzung* für die Forschertätigkeit jener Wissenschafter sei, die nach Naturgesetzen suchen, und daß jedes gefundene Gesetz eine nachträgliche *empirische Bestätigung* dieser Überzeugung enthalte. Bei dieser Deutung würden nach PAP die beiden Aussagen „das Kausalprinzip ist eine Voraussetzung systematischer Wissenschaften" und „das Kausalprinzip ist eine Aussage von empirischem Gehalt" vereinbar werden.

Während der Grundgedanke PAPs zwar richtig sein dürfte, müßten einige qualifizierende Bemerkungen hinzugefügt werden, da sein Analogiebild in gewissen Hinsichten doch recht irreführend ist. Erstens ist der Sinn dieser Behauptung über die Voraussetzung der Forschungstätigkeit abhängig davon, wonach eigentlich gesucht wird. Sofern es sich nur um die Suche nach *irgendwelchen* Naturgesetzen handelt, ist es nicht eine Version des Kausalprinzips, sondern höchstens des allgemeinen Gesetzesprinzips, welches eine solche pragmatische Voraussetzung bildet. Die entsprechende schärfere Behauptung könnte man erst dann aufstellen, wenn Naturforscher die Entdeckung statistischer Gesetzmäßigkeiten prinzipiell als ein bloßes Provisorium auffaßten, bei dem man sich nicht beruhigen dürfe, sondern die Suche fortzusetzen hätte, bis deterministische Prinzipien gefunden worden seien. Zweitens ist aus dem früher angedeuteten Grund sogar die Behauptung anfechtbar, daß das eine oder das andere Prinzip eine pragmatische Voraussetzung von der angegebenen Art darstelle: Dafür, daß das Suchen nach Gesetzen (oder nach deterministischen Gesetzen) „pragmatisch sinnvoll" ist, genügt es, daß der Forscher immer wieder auf Gesetze (oder deterministische Gesetze) stößt. Es ist dazu nicht erforderlich, daß alles unter Gesetze (bzw. unter deterministische Gesetze) subsumiert werden kann, wie dies vom allgemeinen Gesetzesprinzip (bzw. vom Kausalprinzip) verlangt wird. Um dies deutlich zu sehen, muß man drittens beachten, daß die Analogie in einer logischen Hinsicht mangelhaft ist. Der Glaube des Fischers kann durch eine einfache Existenzbehauptung ausgedrückt werden: „In diesem Teich gibt es Fische". Ein tatsächlich gefangener Fisch verifiziert diese Behauptung. Der Glaube an das allgemeine Gesetzesprinzip oder

---

[36] [Erkenntnistheorie], S. 138.

an das Kausalprinzip läßt sich hingegen nicht in einer einfachen Existenzaussage ausdrücken. Es wird darin nicht behauptet, daß es Gesetze oder deterministische Gesetze gibt, sondern daß es zu *jedem* Ereignis Gesetze *gibt*, mit deren Hilfe sich diese Ereignisse erklären lassen. Es handelt sich also um eine kombinierte All- und Existenzbehauptung, wobei sich weder der All- noch der Existenzquantor auf einen beschränkten Bereich bezieht. Diese logisch komplexe Struktur kommt auch in der metasprachlichen Fassung (*K*) sowie in der alltagssprachlichen Kurzformel „zu *jedem* Ereignis *gibt es* eine Ursache" zur Geltung. Wegen des „alle" ist im Gegensatz zum Fischerbeispiel eine Verifikation ausgeschlossen, wegen des „es gibt" kommt eine Falsifikation nicht in Frage: Wir können nicht für sämtliche Ereignisse des Universums in seiner ganzen raum-zeitlichen Erstreckung effektiv eine Erklärung angeben. Und wenn uns von Ereignissen berichtet wird, die sich nicht durch bekannte Naturgesetze erklären lassen, so braucht dies nicht darauf zu beruhen, daß solche Gesetze nicht existieren, sondern kann seinen Grund vielmehr darin haben, daß die fraglichen Gesetze bisher noch nicht gefunden worden sind. Um auch bezüglich dieser logischen Komplexität die Analogie vollkommen zu machen, müßte man das Fischerbeispiel entsprechend modifizieren[37]: Der Fischer müßte in eine „metaphysische Region" versetzt werden, in der seine Lebensdauer unbegrenzt ist. Das Bild von dem einen Teich wäre durch das Bild einer unbegrenzten Folge immer neuer Teiche zu ersetzen. Die Analogie zum Kausalprinzip wäre dann durch den Satz auszudrücken: „in *jedem* Teich dieser Folge *gibt es* Fische". Diesen Satz könnte der Fischer nicht verifizieren, da er nicht in allen unendlich vielen Teichen sein Glück zu versuchen vermöchte. Er könnte ihn auch nicht falsifizieren, da noch so lange erfolglose Versuche, in einem der Teiche Fische zu fangen, keine Garantie dafür bilden, daß es darin keine Fische gibt[38]. Wenn unser metaphysischer Fischer nun bis in alle Ewigkeit von Teich zu Teich zieht und Fische zu fangen versucht, so braucht er, damit ihm sein Tun nicht selbst von vornherein als aussichtslos erscheint, nicht von der Überzeugung beherrscht zu sein, daß es in allen diesen Teichen Fische gebe. Es genügt die schwächere Annahme, daß er *immer wieder* auf Teiche mit Fischen stoßen werde. Hiermit haben wir auch eine anschauliche Analogie zu der früheren kritischen Behauptung gewonnen, daß nicht der Glaube an das Gesetzes- bzw. an das Kausalprinzip eine pragmatische Voraussetzung für den gesetzesuchenden Naturforscher bildet, sondern daß der Glaube an eine schwächere Proposition genügt.

---

[37] Vgl. dazu W. STEGMÜLLER [Kausalität], S. 188.

[38] Wenn die Teiche alle eine bestimmte endliche Größe haben, so ist diese Behauptung natürlich anfechtbar. Zur Vervollständigung der Analogie wäre es daher notwendig vorauszusetzen, daß die Teiche jener metayphysischen Welt ein nichtendliches Ausmaß besitzen. Denn Existenzbehauptungen, die sich auf beschränkte Raum-Zeit-Gebiete beziehen, — wie etwa der Satz „in diesem Haus wohnt ein Mann, der über 90 Jahre alt ist" —, sind empirisch falsifizierbar.

8*. Das Determinismusprinzip: Objektsprachliche Charakterisierung. Die Formulierung von R. Carnap

8.a CARNAP hat verschiedene Versionen des klassischen Prinzips des Determinismus oder der Kausalität gegeben[39], die zwar gegenüber den Fassungen, welche den Erklärungsbegriff benützen, eingeschränkter sind, dafür aber andere Vorteile besitzen: Erstens werden die Carnapschen Formulierungen in der Objekt- und nicht in der Metasprache vorgenommen; zweitens geht darin der Gesetzesbegriff nicht explizit ein, so daß diese Fassungen auch mit der Problematik des Gesetzesbegriffs nicht belastet sind; drittens sind diese Versionen von den meisten übrigen dem Erklärungsbegriff anhaftenden Schwierigkeiten frei. Den intuitiven Hintergrund bildet der Gedanke einer präzisen Formalisierung des Prinzips: „gleiche Ursachen – gleiche Wirkungen", ohne daß dabei der Ursachen- oder der Wirkungsbegriff benützt wird. Die späteren Fassungen bilden relativistische Verschärfungen dieses mehr allgemein gehaltenen Prinzips. Im folgenden soll CARNAPs Verfahren geschildert werden. Die dabei verwendeten Hilfsbegriffe werden entweder scharf definiert oder, wenn dies als ausreichend erscheint, zumindest so weit erläutert, daß ihre korrekte Einführung keine Schwierigkeiten mehr bereitet. Wie sich zeigen wird, stellen auch diese Carnapschen Fassungen kombinierte All- und Existenzsätze dar, so daß die frühere erkenntnistheoretische Bemerkung, daß es sich bei dem Determinismus-Prinzip um eine weder verifizierbare noch falsifizierbare Aussage handelt, auch hier zutrifft.

Zunächst führen wir einige Hilfsbegriffe ein. Es sei T eine zweistellige Relation. Unter dem *Vorbereich* von T versteht man die Klasse der Erstglieder von T, d. h. die durch $\{x | \vee y Txy\}$ darstellbare Klasse. Den *Nachbereich* von T bildet die Klasse der Zweitglieder von T. Für den Vorbereich schreiben wir abkürzend $D_I(T)$, für den Nachbereich $D_{II}(T)$. Die Vereinigung dieser beiden Bereiche wird das *Feld von* T genannt, was wir durch $\mathfrak{F}(T)$ abkürzen. Diese Begriffe lassen sich auch auf den Fall anwenden, daß T eine n-stellige Relation ist. Man kann hier zwischen dem ersten, zweiten, ..., n-ten Bereich von T unterscheiden. Analog zum zweistelligen Fall wird die Vereinigung aller dieser Bereiche als das Feld von T bezeichnet. Eine zweistellige Relation R werde umkehrbar eindeutig genannt, abgekürzt: $\overset{\leftrightarrow}{R}$, wenn es zu jedem Erstglied von R nur ein Zweitglied von R gibt und umgekehrt zu jedem Zweitglied nur ein Erstglied. Dafür, daß R umkehrbar eindeutig ist, sind also die beiden folgenden Aussagen notwendig und hinreichend: $\wedge x \wedge y \wedge z (Rxy \wedge Rxz \rightarrow y=z)$ sowie $\wedge x \wedge y \wedge z (Ryx \wedge Rzx \rightarrow y=z)$.

---

[39] R. CARNAP, [Einführung], S. 198ff. und S. 211ff. Vgl. auch W. K. ESSLER, [Einführung], S. 173ff.

Das Determinismusprinzip: Objektsprachliche Charakterisierung 551

Für viele logische Untersuchungen erweist sich der Begriff der *Isomorphie* zwischen Relationen als wichtig. Es handelt sich dabei um die Präzisierung des inhaltlichen Begriffs der *Strukturgleichheit* zweier n-stelliger Relationen T_1 und T_2. Diese Strukturgleichheit wird durch eine zweistellige Relation R, genannt Isomorphiekorrelator in bezug auf T_1 und T_2, ausgedrückt. Ein solcher Korrelator hat vier Bedingungen zu erfüllen: (1) R muß umkehrbar eindeutig sein; (2) der Vorbereich von R, d. h. $D_I(R)$, muß $\mathfrak{F}(T_1)$, das Feld von T_1, einschließen; (3) der Nachbereich von R, d. h. $D_{II}(R)$, muß $\mathfrak{F}(T_2)$ einschließen; (4) falls zwischen n Objekten $a_1, \ldots, a_n$ die Relation T_1 besteht, so muß die Relation T_2 zwischen den $a_1, \ldots, a_n$ auf Grund von R zugeordneten Objekten bestehen (und umgekehrt) und zwar in derselben Reihenfolge. Mit „$x \in A$" als Abkürzung für „x ist ein Element der Klasse A" erhalten wir somit das folgende Definitionsschema für „$IKorr_n(R, T_1, T_2)$" oder „R ist ein Isomorphiekorrelator zwischen den beiden n-stelligen Relationen T_1 und T_2":

D$_1$ $IKorr_n(R, T_1, T_2) \leftrightarrow \overset{\leftrightarrow}{R} \wedge \wedge x\,(x \in \mathfrak{F}(T_1) \to x \in D_I(R)) \wedge \wedge x\,(x \in \mathfrak{F}(T_2) \to x \in D_{II}(R)) \wedge \wedge x_1 \ldots \wedge x_n \wedge y_1 \ldots \wedge y_n\,[Rx_1y_1 \wedge Rx_2y_2 \wedge \ldots \wedge Rx_ny_n \to (T_1x_1x_2 \ldots x_n \leftrightarrow T_2y_1y_2 \ldots y_n)]$

D$_1$ ist ein Definitionsschema, welches nach Einsetzung einer bestimmten Zahl für n den Begriff eines festen Isomorphiekorrelators liefert. Zwei Relationen S_1 und S_2 werden *n-stellig isomorph* genannt, wenn es ein R gibt, so daß $IKorr_n(R, S_1, S_2)$ gilt.

Für die Einführung des allgemeinen Begriffs der Determination werden zwei undefinierte Grundbegriffe benötigt: der Begriff der *Zustandsgröße* sowie der Begriff der *Lagerelation*. Diese Begriffe seien kurz erläutert. Als Individuenbereich werde die Klasse der Raum-Zeit-Punkte, auch Stellen genannt, zugrundegelegt. Eine *physikalische Zustandsgröße*, wie Masse, Energie, Temperatur usw., ist charakterisierbar als eine Funktion, die einem bestimmten Raum-Zeit-Gebiet, z. B. dem von einem Ding oder einem augenblicklichen Zustand des Dinges eingenommenen Gebiet, einen reellen Zahlenwert zuschreibt. Werden Stellen als Individuen genommen, so sind die Zustandsgrößen als sogenannte Punktfunktionen einzuführen. Der für ein Raum-Zeit-Gebiet geltende Zahlenwert errechnet sich dann aus den Zahlenwerten, die sich für die zu diesem Gebiet gehörenden Stellen ergeben. Soll z. B. dem ganzen Gebiet ein fester Temperatur- oder Energiewert zugeschrieben werden, so drückt sich dies darin aus, daß die fragliche Punktfunktion für alle Punkte dieses Gebietes einen konstanten Wert annimmt. Formal wird die Punktfunktion durch einen Funktor bezeichnet. Wenn „f" ein derartiger Funktor, ist, so werde in üblicher Weise unter $f(x)$ der Funktionswert (die reelle Zahl) verstanden, den die durch „f" bezeichnete Funktion der Stelle x zuordnet. Für das Folgende werde auch der allgemeinere Fall einbezogen, in dem der fraglichen Raum-Zeit-Stelle nicht eine einzige reelle Zahl, sondern ein n-tupel solcher Zahlen zugeordnet wird. Für „f ist eine Zustandsgröße" verwenden wir die Abkürzung „$Zg(f)$".

Unter einer *Lagerelation* R soll eine zweistellige Beziehung verstanden werden, durch welche die gegenseitigen Lageverhältnisse der Stellen, also die Ordnung der Stellen, festgelegt wird. Über die diesen Stellen zukommenden Merkmale ist damit nichts ausgesagt. Der Begriff der Lagerelation werde als zweiter undefinierter Grundbegriff verwendet. „$Lr(Q)$" sei eine Abkürzung für „Q ist eine Lagerelation zwischen Raum-Zeit-Punkten". Das Feld einer Lagerelation ist die Klasse aller Raum-Zeit-Punkte.

Mit Hilfe des Begriffs des Isomorphiekorrelators läßt sich der des Lagekorrelators zwischen Raum-Zeit-Gebieten, d. h. also zwischen Klassen von Stellen, einführen. A_1 und A_2 seien Klassen von Raum-Zeit-Punkten. Q sei eine beliebige Lagerelation. Die auf A_1 bzw. auf A_2 beschränkten Teilrelationen von Q seien Q_1 und Q_2. Unter dieser Beschränkung ist z. B. im ersten Fall zu verstehen, daß die Elemente des Vorbereiches wie des Nachbereiches von Q nur aus Elementen von A_1 gebildet werden. Wenn R ein Lagekorrelator zwischen A_1 und A_2 ist, so soll nun gelten, daß R relativ auf die willkürlich gewählte Lagerelation Q ein Isomorphiekorrelator zwischen Q_1 und Q_2 im Sinn der Definition $\mathbf{D_1}$ ist. Für „R ist ein Lagekorrelator zwischen den Klassen A_1 und A_2" werde die Abkürzung „$LrKorr(R,A_1,A_2)$" benützt. Die genaue Definition lautet:

$\mathbf{D_2}$ $LrKorr(R,A_1,A_2) \leftrightarrow \wedge Q \wedge Q_1 \wedge Q_2 \{[Lr(Q) \wedge \wedge x \wedge y \, (Q_1xy \leftrightarrow Qxy \wedge x \in A_1 \wedge y \in A_1) \wedge \wedge x \wedge y \, (Q_2xy \leftrightarrow Qxy \wedge x \in A_2 \wedge y \in A_2)] \rightarrow IKorr_2(R,Q_1,Q_2)\}$

Man beachte den folgenden logischen Unterschied zwischen der Rolle von R als Lage- und als Isomorphiekorrelator: Während R in der letzteren Funktion dazu dient, eine Aussage über die Strukturgleichheit von Relationen zu machen, stellt R als Lagekorrelator eine Beziehung zwischen Stellenklassen her. Und zwar besagt das Definiendum von $\mathbf{D_2}$, daß R für eine *beliebige* Lagerelation Q zum Isomorphiekorrelator wird, wenn man das Feld von Q einerseits auf A_1, andererseits auf A_2 beschränkt.

Im folgenden Schritt gehen wir aus von einer Klasse K von Zustandsgrößen, also von Funktionen im oben beschriebenen Sinn. Ein Lagekorrelator R zwischen A_1 und A_2 wird zu einem *Korrelator der Zustandsgrößen zwischen A_1 und A_2 bezüglich der Klasse K*, wenn jede Zustandsgröße aus K für jede Stelle von A_1 denselben Wert liefert wie für die entsprechende, d. h. R zugeordnete Stelle von A_2. Diese Redeweise ist dadurch gerechtfertigt, daß mittels R A_1 und A_2 umkehrbar eindeutig aufeinander abgebildet werden. Unter Verwendung der obigen Abkürzung „Zg" lautet die genaue Definition:

D₃ $ZgKorr(R,A_1,A_2,K) \leftrightarrow LrKorr(R,A_1,A_2) \wedge \wedge f \wedge x \wedge y\, [(f \in K \wedge x \in A_1 \wedge y \in A_2 \wedge Rxy) \rightarrow Zg(f) \wedge (f(x) = f(y))]$

Im folgenden soll der Gedanke ausgedrückt werden, daß sämtliche Werte der zu einer Klasse K gehörenden Zustandsgrößen für den Raum-Zeit-Punkt x bestimmt oder „determiniert" sind durch die Werte dieser Zustandsgrößen an den Stellen einer Klasse von Raum-Zeit-Punkten (also eines Raum-Zeit-Gebietes) A. Als Abkürzung diene das Symbol „$Det(A, x, K)$", zu lesen etwa als: „A ist ein determinierendes Gebiet der Stelle x bezüglich der Klasse von Zustandsgrößen K". Dieser Begriff der Determination wird von CARNAP in der folgenden Weise präzisiert: Angenommen, für eine von x verschiedene Stelle y und eine von A verschiedene Stellenklasse B sowie für eine zweistellige Relation R möge gelten: Falls erstens R ein Lagekorrelator zwischen der um die Stelle x erweiterten Klasse A und der um die Stelle y erweiterten Klasse B ist, zweitens x auf Grund von R zur Klasse A dieselben Lagebeziehungen hat wie y zur Klasse B und drittens R außerdem ein Korrelator der Zustandsgrößen zwischen A und B bezüglich der Klasse K ist, so haben alle Zustandsgrößen aus K an der Stelle y genau dieselben Werte, die sie an der Stelle x haben. Die formale Definition lautet:

D₄ $Det(A,x,K) \leftrightarrow \wedge f\, (f \in K \rightarrow Zg(f)) \wedge \wedge A_2 \wedge B_1 \wedge B_2 \wedge R \wedge y \wedge f\, \{[\wedge v(v \in A_2 \leftrightarrow v \in A \vee v = x) \wedge \wedge v(v \in B_2 \leftrightarrow v \in B_1 \vee v = y) \wedge Rxy \wedge LrKorr(R,A_2,B_2) \wedge ZgKorr(R,A,B_1,K) \wedge f \in K] \rightarrow f(x) = f(y)\}$

Es seien noch einige kurze Erläuterungen eingefügt: Die Stellenklasse A wird in dieser Definition durch Einbeziehung von x zur Klasse A_2 erweitert. Der Klasse A entspricht die andere Stellenklasse B_1 und der durch Hinzufügung von x erweiterten ersten Klasse die um y erweiterte Stellenklasse B_2. Zwischen den beiden erweiterten Klassen A_2 und B_2 wird R als Lagekorrelator vorausgesetzt. Das Konjunktionsglied „Rxy" muß eingeschoben werden, um zu gewährleisten, daß bei der durch R erzeugten umkehrbar eindeutigen Abbildung die beiden Stellen x und y einander entsprechen. Soweit R dann überdies ein Zustandsgrößenkorrelator ist, darf dies nur bezüglich der ursprünglichen („determinierenden") Stellenklasse A und der ihr entsprechenden Klasse B_1 vorausgesetzt werden. Die Gleichheit der Werte der Zustandsgrößen (aus K) für x und y soll dann erst eine Folgerung davon sein, und zwar soll dies gerade der Sinn der Behauptung sein, daß die betreffenden Werte in x durch die Werte an den Stellen von A determiniert sind. Die inhaltliche Analyse zeigt, wie hier die vage Idee „gleiche Ursachen, gleiche Wirkungen" – d. h. der Gedanke, daß bestimmte Umstände nur dann einen gewissen Effekt haben, wenn andere Umstände von genau derselben Art auch denselben Effekt haben würden – in abstrakter und präziser Form unter völliger Vermeidung des Ursachen-

und Wirkungsbegriffs ausgedrückt wird. Man kann, wenn man will, diese Begriffe im nachhinein einführen und für jede Zustandsgröße aus K die Gesamtheit ihrer Werte in A als *Ursache* ihres Wertes in x bezeichnen.

Für die erste Fassung des Kausalprinzips oder des Prinzips des universellen Determinismus wird noch der Begriff der *endlichen Klasse* benötigt. Es gibt verschiedene Möglichkeiten, diesen Begriff zu präzisieren. Wir wollen uns darauf beschränken, die naheliegendste Definition anzudeuten: Für eine unendliche Klasse ist es charakteristisch, daß sie umkehrbar eindeutig auf eine *echte* Teilklasse von sich selbst abgebildet werden kann. Für eine endliche Klasse ist dies ausgeschlossen. In üblicher mathematischer Ausdrucksweise formuliert: Eine Klasse ist genau dann endlich, wenn jede umkehrbar eindeutige Abbildung der Klasse in sich eine Abbildung der Klasse auf sich ist[40]. „K ist endlich", abgekürzt „$Endl(K)$", kann daher so definiert werden:

D$_5$ $Endl(K) \leftrightarrow \wedge N \wedge R\, (N {\subseteq} K \wedge IKorr_1(R,N,K) \rightarrow N=K)$

„$\subseteq$" bezeichnet dabei die (echte oder unechte) Einschlußrelation zwischen Klassen. Die Behauptung des Bestehens einer Isomorphie zwischen N und K degeneriert in diesem einstelligen Fall zu der Aussage, daß die Elemente der beiden Klassen N und K einander umkehrbar eindeutig zugeordnet werden können, so daß sie also genau dieselbe Anzahl von Elementen enthalten.

8.b Die erste Carnapsche Fassung des *Prinzips des universellen Determinismus* lautet nun:

UD$_1$ $\vee K \wedge x \vee A\, \{Endl(K) \wedge \vee y(y \in K) \wedge \neg(x \in A) \wedge Det(A,x,K)\}$

Erläuterung: Zunächst wird die Existenz einer endlichen nichtleeren Klasse K von Zustandsgrößen gefordert. Relativ auf die Elemente dieser Klasse wird eine universelle, d. h. für jeden Raum-Zeit-Punkt x geltende Determiniertheit behauptet. Daß es sich um Zustandsgrößen handelt, geht aus der Definition von „$Det(A,x,K)$" hervor. Das zweite Konjunktionsglied der Aussageform hinter dem Quantorenpräfix, nämlich „$\vee y(y\, K)$", gewährleistet, daß diese Klasse nicht leer ist. Die weitere Behauptung geht dann dahin, daß für jeden Raum-Zeit-Punkt x der Wert der Zustandsgröße aus K bestimmt ist durch deren Werte an den Stellen eines geeigneten Gebietes A. Nichttrivial wird das Determinismus-Prinzip erst durch die zusätzliche Forderung, daß die Stelle x, an der die Werte bestimmt sein sollen, nicht selbst schon zu der „determinierenden" Stellenklasse A gehört. Die ganze Aussage könnte also wortsprachlich etwa so wiedergegeben werden: „Es existiert eine endliche nichtleere Klasse K von Zustandsgrößen, so daß

---

[40] „Abbildung in" besagt, daß nicht alle Elemente der Klasse als Bilder aufzutreten brauchen; „Abbildung auf" besagt, daß sämtliche Elemente der Klasse Bilder sind.

gilt: Für jede Stelle x gibt es eine Klasse A von Stellen, zu denen x nicht gehört, so daß der Zustand in x bezüglich K determiniert ist durch den Zustand (bzw. durch die Zustände) in der Klasse der Raum-Zeit-Punkte A".

Statt die Existenz der Klasse K zu fordern, kann man eine konstante nichtleere Klasse C solcher Zustandsgrößen vorgeben und das Prinzip relativ auf die Elemente von C formulieren. Es fallen dann der erste Existenzquantor sowie die beiden ersten Konjunktionsglieder fort, so daß man als zweite Fassung erhält:

UD$_2$ $\land x \lor A \{ \neg (x \in A) \land Det(A,x,C) \}$ (wortsprachlich: „für jeden Raum-Zeit-Punkt x existiert eine Stellenklasse A, zu der x nicht gehört, so daß der Zustand in x bezüglich C determiniert ist durch den Zustand im Gebiete A bezüglich C")

Die Relativierung auf eine Klasse von Zustandsgrößen, entweder auf eine effektiv vorgegebene oder auf eine, deren Existenz explizit gefordert wird, ist für die erste wie für die zweite Fassung wesentlich. Die im Zusammenhang mit der metasprachlichen Formulierung des Kausalprinzips diskutierte Frage, ob man sich für dieses Prinzip auf das quantitativ Erfaßbare beschränken solle, ist bei den jetzigen Fassungen sowie den noch folgenden von vornherein im positiven Sinn entschieden.

Beide obigen Fassungen lassen sich *relativistisch verschärfen*. Dies sei kurz skizziert. Eine derartige Skizze ist auch von prinzipiellem philosophischem Interesse, weil sie zeigt, wie in das Kausalprinzip nachträglich spezielle hypothetische Annahmen der Naturwissenschaft eingebaut werden können. Für die grundlegende neue Relation, die nun benötigt wird, geben wir nur eine inhaltliche Charakterisierung und verzichten darauf, die genaue formale Definition bzw. genaue formale Charakterisierung zu liefern, da diese zu viele Schritte erfordern würde. Die fragliche Relation ist die sogenannte *Wirkungsrelation*, eine zweistellige Beziehung W. In der Aussage, daß zwischen x und y die Relation W besteht, wird dabei von der üblichen Vorstellung einer Ursachen-Wirkungs-Kette nur mehr der Gedanke verwendet, daß x mit y durch ein Signal verknüpft ist.

Eine Möglichkeit, diesen Begriff in präziser Weise einzuführen, besteht darin, als Individuen *Weltpunkte*, d. h. momentane physikalische Teilchen, zu wählen. Jeder Weltpunkt ist genau einer Stelle, also genau einem Punkt des Raum-Zeit-Kontinuums, zugeordnet. Die Weltlinie eines Teilchens wird mit der Klasse seiner Weltpunkte identifiziert. Zwei zum selben Teilchen gehörende Weltpunkte heißen (nach einem Vorschlag von K. Lewin) *genidentisch*. Doch werden diese Begriffe erst an späterer Stelle mit Hilfe der beiden Grundrelationen K und Z formal definiert. Die erste dieser beiden Relationen symbolisiert die *Koinzidenz* zwischen Weltpunkten; die zweite Relation Z repräsentiert die Beziehung „früher als" für genidentische Weltpunkte. Die letztere ist eine lokale Zeitordnung, die dem entspricht, was in der Relativitätstheorie *Eigenzeit* genannt wird. Die formalen Merkmale von K und Z kann man axiomatisch charakterisieren. So wird z. B. verlangt, daß K symmetrisch und transitiv ist und daß Z transitiv, asymmetrisch und dicht ist (letzteres besagt, daß für zwei Glieder x und y, für die Zxy gilt, ein von beiden verschiedenes Glied v existiert, so daß Zxv und Zvy gelten). Außerdem schließen Z und K einander aus und jedes Individuum (d. h. jedes Moment eines Teilchens) ist Erst- sowie Zweitglied von Z. Die beiden oben inhaltlich erläuterten Begriffe der Genidentität und der Weltlinie lassen sich dann ohne Mühe einführen: Die Relation der *Genidentität* besteht zwischen den Weltpunkten x und y genau dann, wenn diese identisch sind oder wenn die Relation Z zwischen ihnen in der einen oder in der anderen Richtung besteht. Und eine *Weltlinie* ist nichts anderes als die Klasse der mit einem Weltpunkt genidentischen Punkte.

Die intuitive Vorstellung, welche der Einführung der Relation W zugrunde liegt, ist die folgende: Daß x durch ein Signal mit y verbunden ist, heißt, daß es eine endliche Kette von Teilstrecken von Weltlinien gibt, so daß die erste mit x beginnt, die letzte mit y endet und im übrigen das Ende jeder dieser Teilstrecken mit dem Anfang der nächsten durch die Koinzidenzrelation verknüpft ist. Unter Verwendung des Fregeschen Begriffs der endlichen Relationskette[41] läßt sich dieser Gedanke präzise ausdrücken und ergibt dann die gewünschte Relation W[42]. Gewisse formale Eigenschaften wie die Transitivität und Asymmetrie von W folgen unmittelbar aus der Definition des Begriffs. Gewisse weitere Merkmale müssen axiomatisch gefordert werden. Dazu gehört insbesondere *das Prinzip der endlichen Grenzgeschwindigkeit*. Zwar ergibt sich bereits aus der Asymmetrie von W, daß keine unendlichen Signalgeschwindigkeiten existieren. Dagegen wäre dies noch mit der Aussage verträglich, daß es Signalgeschwindigkeiten von jedem beliebigen endlichen Betrag gibt. In dem genannten Prinzip muß daher ausdrücklich *ausgeschlossen* werden, daß für eine Weltlinie, auf welcher der Punkt x liegt, und eine davon verschiedene Weltlinie, auf der y liegt, sowohl von *jedem* vor x liegenden Punkt auf der ersten Weltlinie ein Signal nach y gehen könne als auch von y ein Signal zu *jedem* Punkt später als x auf der Weltlinie von x führen könne.

Die Klasse $\{y \mid Wyx\}$, d. h. also die Klasse der Weltpunkte y, von denen eine Signalkette nach x führt, wird nach MINKOWSKI als *der Vorkegel von x* bezeichnet. Umgekehrt wird die Klasse $\{z \mid Wxz\}$ *der Nachkegel von x* genannt. Wegen der Endlichkeit der Grenzgeschwindigkeit existiert zwischen beiden *das Zwischengebiet von x*. Dies ist die Klasse der Punkte z, so daß weder Wxz noch Wzx gilt. Da sich für diese Punkte auf empirischem Wege keine

---

[41] Vgl. CARNAP, a. a. O., S. 149, **D 36-2** und **D 36-3**.

[42] CARNAP, a. a. O., S. 203, **D 4**. In ESSLER, a. a. O. S. 177, wird diese Relation gemäß einer anderen von CARNAP angedeuteten Möglichkeit unmittelbar axiomatisch charakterisiert.

zeitliche Relation zu x konstruieren läßt, wird gesagt, daß diese Punkte *zeitfolgeunbestimmt zu x* sind oder kürzer: daß sie *mit x gleichzeitig* sind (abgekürzt: $Gl(x,y)$).

Wenn wir jetzt zum Determinismus-Prinzip zurückkehren, so läßt sich dieses durch die Forderung verschärfen, daß die Klasse A der „determinierenden Punkte" zum Vorkegel von x gehören muß. Falls wir dabei der Einfachheit halber gleich an $\mathbf{UD_2}$ anknüpfen, so erhalten wir:

$\mathbf{UD_3}$ $\wedge x \vee A\, [\{z\mid z \in A\} \subseteq \{z \mid Wzx\} \wedge Det(A,x,C)]$ (wortsprachlich: „für jede Stelle x gibt es eine Stellenklasse A, *welche zur Gänze im Vorkegel von x liegt*, so daß der Zustand in x bezüglich C determiniert ist durch den Zustand im Gebiet A bezüglich C")

Die Einfügung der Teilformel „$\neg(x \in A)$" von $\mathbf{UD_2}$ ist hier wegen der Irreflexivität von W überflüssig.

Die geschilderte Einführung der Wirkungsrelation ist nicht die einzig mögliche. Wie CARNAP zeigte, gibt es verschiedene Alternativverfahren. So kann z. B. W selbst als Grundrelation genommen und axiomatisch charakterisiert werden, z. B. durch solche Bestimmungen, wie daß diese Relation transitiv, asymmetrisch und dicht ist, daß sie weder ein Anfangs- noch ein Endglied hat usw. Der Begriff der Weltlinie steht bei diesem letzteren Verfahren nicht zur Verfügung. Gewisse Prinzipien müssen dann anders formuliert werden als beim ersten Vorgehen. Das Prinzip der endlichen Grenzgeschwindigkeit ist jetzt z. B. so auszudrücken, daß es zu zwei beliebigen gleichzeitigen, also in der Relation Gl zueinander stehenden Raum-Zeit-Punkten x und y einen Punkt z gibt, der zwar zu x, nicht jedoch zu y in der Wirkungsrelation W steht.

Eine nochmalige Verschärfung des Determinismus-Prinzips erhält man, wenn man von der Klasse der determinierenden Raum-Zeit-Punkte A verlangt, daß sie einen *räumlichen* Querschnitt durch den Vorkegel von x bilden. Dazu muß zunächst der Begriff des Raumes eingeführt werden. Legt man als Individuenbereich die Klasse der Raum-Zeit-Punkte zugrunde, so gibt es nicht nur *einen* Raum. Vielmehr sind alle „quer zur Zeitrichtung" verlaufenden Querschnitte durch die vierdimensionale Raum-Zeit-Welt Räume. Das „quer zur Zeitrichtung verlaufend" läßt sich innerhalb der ersten der oben angeführten Axiomatisierungen mit den Grundrelationen K und Z durch die Forderung ausdrücken, daß ein solcher Querschnitt alle Weltlinien schneidet. „G ist ein Raum" (abgekürzt: „$Rm(G)$") läßt sich daher durch die Bestimmung definieren, daß G eine Klasse von untereinander gleichzeitigen Weltpunkten bildet, die mit jeder Weltlinie mindestens einen Weltpunkt gemeinsam hat (vgl. CARNAP, a. a. O. S. 205, $\mathbf{D6}$).

Die vierte Fassung des Determinismus-Prinzips $\mathbf{UD_4}$ formulieren wir nur umgangssprachlich. Es wird darin behauptet, *daß für eine beliebige Stelle x der Zustand bezüglich C bestimmt (determiniert) ist durch den Zustand bezüglich C*

in einem beliebigen räumlichen Querschnitt A durch den Vorkegel von x. Daß A ein solcher räumlicher Querschnitt ist, kann so ausgedrückt werden, daß A identisch ist mit einem Durchschnitt $G \cap \{z \mid Wzx\}$, wobei $Rm(G)$. Eine nochmalige Verstärkung erhielte man, wenn die kausale Determination außerdem auch in der umgekehrten zeitlichen Richtung behauptet würde, so daß also die Zustände in x ebenso durch beliebige räumliche Querschnitte durch den *Nachkegel* von x determiniert wären. In der vorigen Fassung ist dann A einfach zu ersetzen durch den komplexeren Durchschnitt $G \cap (\{z \mid Wzx\} \cup \{z \mid Wxz\})$.

Diese zuletzt gegebene Formulierung des Kausalprinzips entspricht am ehesten jener Fassung des Gedankens von der durchgängigen kausalen Determiniertheit des Weltgeschehens, die LAPLACE durch das Bild von einem Weltgeist zu illustrieren versuchte, der die ganze Zukunft sowie die ganze Vergangenheit des Universums in allen Einzelheiten kennt, sofern ihm der Zustand des Universums für einen einzigen Zeitpunkt gegeben ist. Was bei der Carnapschen Formulierung hinzutritt, ist die relativistische Verschärfung dieses Gedankens, welche in der Verwendung des Begriffs der Wirkungsrelation sowie der beiden sich darauf stützenden Begriffe des Vor- und Nachkegels und des allgemeineren Raumbegriffs zum Ausdruck kommt.

Philosophen haben in der Regel eine abstraktere Version des Determinismus-Prinzips als die beiden zuletzt gegebenen im Auge gehabt: Das Prinzip sollte danach frei sein von *speziellen* theoretischen Annahmen hypothetischer Natur, wie z. B. der Annahme einer endlichen Grenzgeschwindigkeit. Zu solchen Philosophen würden sicherlich all jene gehören, für welche das Kausalprinzip *ein Satz a priori* ist; denn sonst wäre mit dieser Auffassung der nicht zu leugnende hypothetische Charakter der speziellen Relativitätstheorie unverträglich. Dieser Aspekt ist jedoch mehr von historischem als von systematischem Interesse, da sich auch für die allgemeineren Formen nach der in der Analytischen Philosophie vorherrschenden Auffassung keine apriorische Begründung geben läßt. Gleichgültig, auf welcher Stufe der Allgemeinheit das Kausal- oder Determinismus-Prinzip formuliert wird, sei es metasprachlich, sei es objektsprachlich – es ist und bleibt in allen diesen Fassungen eine hypothetische Annahme, die falsch sein kann. Und es *ist* sogar sicherlich eine falsche Annahme, wenn man davon ausgehen kann, daß die Quantenphysik im Prinzip die physikalische Realität zutreffend beschreibt, es sei denn, das Kausalprinzip wird nochmals zu dem, was in der metasprachlichen Fassung das allgemeine Gesetzesprinzip genannt worden ist, verallgemeinert und damit praktisch vollkommen verwässert. (Auf die Frage, ob die moderne Physik mit dem Determinismus verträglich ist, kommen wir im nächsten Abschnitt zurück.) Wer dies leugnet, müßte imstande sein, die These vom apriorischen Charakter von Tatsachenerkenntnissen für diesen speziellen Fall überzeugend nachzuweisen. Bislang ist es nicht einmal geglückt, die These plausibel zu machen. Infolge des hypothetischen Charakters aller physikalischen Theorien ist es natürlich nicht ausgeschlossen, daß auch in Zukunft „physikalische Revolutionen" ähnlich denen, die wir in der Vergangenheit beobachten konnten, stattfinden werden, und daß für eine zu einem solchen künftigen Zeitpunkt akzeptierte Theorie die eine oder die andere Variante des Determinismus-Prinzips gelten wird.

Auch auf der objektsprachlichen Ebene hat sich die frühere Behauptung bestätigt, daß die Verwendung des bestimmten Artikels unberechtigt ist und daß man nicht schlechthin von *dem* Prinzip der Kausalität reden kann. Auf der intuitiven Stufe mag dieser Gedanke, es könne, wenn überhaupt, nur *ein* solches Prinzip formuliert werden, als ganz plausibel erscheinen. Wie sich jedoch gezeigt hat, gibt es zahlreiche voneinander divergierende Präzisierungen dieser Idee des universellen Determinismus. Der Apriorist wäre daher mit der zusätzlichen Aufgabe belastet, sich für eine dieser exakten Formulierungen zu entscheiden und diese Entscheidung zu motivieren.

9. Determinismus und Indeterminismus

9.a Die philosophischen Diskussionen über den indeterministischen Charakter der modernen Physik werden häufig für sehr wichtig gehalten. Außerdem wird meist angenommen, es handle sich um ein äußerst schwieriges Thema. Beides kann bezweifelt werden. Soweit die Auseinandersetzungen nicht metaphysischen Charakter haben, liegt, so könnte man sagen, nur ein Wortstreit vor. Auch eine solche Einsicht kann aber natürlich von philosophischer Bedeutung sein.

Es ist unmöglich, in einem kurzen Abschnitt über alle wesentlichen Aspekte des Determinismus- und Indeterminismusproblems in der heutigen Physik zu sprechen. Die folgenden Betrachtungen beanspruchen weder absolute Präzision noch Vollständigkeit. In stärkerem Maße als die bisherigen und folgenden Ausführungen sind sie als *Diskussionsgrundlage* für detailliertere und genauere naturphilosophische Untersuchungen gedacht.

Zunächst einige Worte zum metaphysischen Aspekt der Diskussion. Im Einklang mit der Terminologie von III nennen wir vorläufig ein System *deterministisch*, wenn alle in ihm geltenden (d. h. durch die das System charakterisierende wahre Theorie beschriebenen) Gesetzmäßigkeiten deterministische Gesetze sind. Ansonsten, d. h. wenn mindestens ein Gesetz statistischen Charakter hat, soll es *indeterministisch* genannt werden. Der Ausdruck „Indeterminismus" wird zwar bisweilen auch auf den Fall des gänzlichen Fehlens von Gesetzen angewendet. Doch wäre ein solcher Sprachgebrauch im gegenwärtigen Zusammenhang unzweckmäßig, da es sich nicht um die Alternative „Gesetze oder keine Gesetze" handelt, sondern um die andere Alternative „deterministische oder statistische Gesetze". Weiter unterscheiden wir so wie früher zwischen *Fundamentalgesetzen* und *abgeleiteten Gesetzen*. Zu den ersteren gehören alle jene, die innerhalb einer Theorie T nicht aus noch allgemeineren Prinzipien herleitbar sind. Wie bereits an früherer Stelle hervorgehoben wurde, darf man sich das Verhältnis zwischen diesen beiden Arten von Gesetzmäßigkeiten nicht als eine einfache logische Deduktion vorstellen, sofern die ersteren zur *theoretischen Stufe* gehören, die abgeleiteten Gesetze dagegen *empirische Gesetzmäßigkeiten* beinhalten.

Die oben gegebene Charakterisierung des Prädikates „deterministisch" ist noch recht ungenau. Zunächst ist hervorzuheben, daß man diesen Ausdruck auf dreierlei Verschiedenes anwendet: Erstens werden bestimmte *Gesetze* als deterministisch bezeichnet. Das Komplementärprädikat zu „deterministisch" ist dann nicht „indeterministisch", sondern „statistisch". Zweitens spricht man von deterministischen *Systemen* und unterscheidet sie von indeterministischen Systemen. Eine Voraussetzung für diese Unterscheidung ist die, daß es möglich ist, für die fraglichen Systeme den Begriff des Zustandes so zu definieren, daß die Zustände sprachlich durch Zustandsbeschreibungen charakterisierbar sind. Die dabei verwendete Sprache kann entweder die des Alltags sein, evtl. ergänzt durch einige zusätzliche Begriffe bzw. Symbole, oder eine in hohem Maße „technische" Sprache, die von starken mathematischen Hilfsmitteln Gebrauch macht. Wichtiger ist jedoch eine zweite, meist stillschweigend gemachte Voraussetzung, die in den Begriff des deterministischen Systems eingeht: Es ist offenbar unmöglich, die Zustände eines Systems in allen überhaupt denkbaren Hinsichten zu beschreiben. Eine derartige Beschreibung würde prinzipiell nie ans Ende kommen, da ja z. B. darin die räumlichen und zeitlichen Relationen zu sämtlichen übrigen Systemen im Universum und ihren Zuständen angegeben werden müßten. Um zu einem klaren Begriff des deterministischen Systems zu gelangen, *muß man ihn auf eine Klasse K von Eigenschaften bzw. von quantitativen Zustandsgrößen*, die mathematisch als Funktionen ausdrückbar sind, *relativieren*. (Bei der Formulierung des Kausalprinzips sind wir bereits auf eine derartige explizite Relativierung gestoßen[43].) Ein Zustand Z zur Zeit t eines Systems S ist bezüglich K dann gegeben, wenn für alle Eigenschaften aus K (für sämtliche zu K gehörenden Funktionen) bekannt ist, ob sie zur Zeit t zutreffen oder nicht (bzw. welche Werte sie zu dieser Zeit haben). So etwa ist der mechanische Zustand eines Systems von n Massenpunkten im Sinne der klassischen Mechanik zur Zeit t_0 bekannt, wenn die Werte der $6n$ „Zustandsvariablen", d. h. der drei Ortskomponenten und der drei Geschwindigkeitskomponenten für jeden der n Massenpunkte, bekannt sind. Ein abgeschlossenes System S ist dann bezüglich K als deterministisch

---
[43] Vgl. dazu E. NAGEL, [Science], S. 280f.

zu bezeichnen, wenn aus einem für einen Zeitpunkt bezüglich K gegebenen Zustand ein späterer Zustand bezüglich K auf Grund der für S geltenden Gesetze deterministisch voraussagbar, d. h. aus einer Beschreibung des ersteren Zustandes logisch deduzierbar ist. (Man beachte den impliziten Gebrauch einer Erklärbarkeitsbehauptung!). So ist z. B. die klassische Mechanik nicht schlechthin deterministisch, sondern deterministisch *in bezug auf die mechanischen Merkmale von Systemen*. Die letzteren Eigenschaften bilden also in diesem Fall zusammen die Klasse K. Mit dem mechanischen Determinismus ist durchaus die Auffassung verträglich, daß die Systeme *in bezug auf ihre nichtmechanischen Eigenschaften nicht deterministisch sind*. Die Relativierung bezüglich einer Klasse K ist im folgenden also stets im Auge zu behalten. Im Fall der früher erörterten diskreten Zustandssysteme war eine entsprechende Voraussetzung implizit enthalten in der Verwendung der Zustandssymbole $S_1, S_2, \ldots$. Daß sich ein System in einem bestimmten Zustand S_i befindet, bedeutet danach, daß es sich in dem durch die Beschreibungsmethoden der Theorie des Systems charakterisierbaren Zustand befindet, der als i-ter Zustand ausgezeichnet worden ist.

Der Ausdruck „deterministisch" ist drittens auf Theorien anwendbar. Unter einer Theorie T ist dabei natürlich nicht ein Kalkül, sondern eine *interpretierte* Theorie zu verstehen. Alle aus einer deterministischen Theorie herleitbaren Gesetze sind deterministische Gesetze. Die in T wesentlich erwähnten Eigenschaften bzw. Zustandsgrößen bilden die Klasse K, relativ auf welche von einer deterministischen Theorie gesprochen werden kann. Ein durch eine deterministische Theorie T beschreibbares System S ist dann ein deterministisches System bezüglich K: Sind also etwa im quantitativen Fall die Werte der Zustandsvariablen von K für t bekannt (m. a. W. ist der Zustand Z von S bezüglich K für t gegeben), so gestattet die Theorie T die Bestimmung der genauen Werte dieser Zustandsgrößen für einen späteren Zeitpunkt.

Es ist übrigens nicht wesentlich, daß die Zustandsbeschreibungen durch Eigenschaften oder durch Funktionswerte für Zeit*punkte* definiert sind. Sie können stattdessen durch die Werte der Zustandsvariablen innerhalb gewisser Zeit*intervalle* gegeben sein. Auch relativ auf diesen anderen Begriff des Zustandes bzw. der Zustandsbeschreibung kann die Theorie deterministisch sein.[44] Ferner braucht der Zustandsbegriff nicht in bezug auf *sämtliche* zu K gehörende Größen *definiert* zu sein, obzwar die Theorie die deterministische Voraussagbarkeit für alle Werte dieser Klasse gestattet. Es genügt, wenn deterministische Gesetze für die zu einer Teilklasse K^* von K gehörenden Größen zur Verfügung stehen, vorausgesetzt, daß die zur Differenzklasse $K-K^*$ gehörenden Größen mittels der zu K^* gehörenden definierbar sind. Eine solche Situation treffen wir z. B. gerade im Fall der klassischen Mechanik an.

---
[44] Für Beispiele hierfür vgl. E. NAGEL, a. a. O., S. 289.

Schließlich ist noch auf ein häufig anzutreffendes Mißverständnis hinzuweisen. Obzwar man gewöhnlich den Determinismusbegriff am Beispiel der Mechanik illustriert, *darf Determinismus nicht mit Mechanismus gleichgesetzt werden*. Auch sogenannte Feldtheorien, wie etwa MAXWELLs elektromagnetische Theorie, können deterministisch sein. In logischer Hinsicht unterscheiden sich diese Theorientypen durch die andersartige Struktur der *Zustandsbeschreibungen*. Für jenen Theorientypus, der durch die Mechanik repräsentiert wird, ist ein Zustand durch Kenntnis *endlich vieler Werte* von Zustandsgrößen gegeben. Der Zustand eines elektromagnetischen Feldes hingegen ist erst bestimmt, wenn die Werte zweier Zustandsvariablen (nämlich zweier bestimmter Vektoren) für sämtliche Punkte des Bereiches festliegen. Ein Systemzustand ist somit erst durch *unendlich viele Werte* von (endlich vielen) Zustandsvariablen bestimmt. Dieser logische Unterschied hat selbstverständlich auch erkenntnistheoretische Konsequenzen. Eine Annahme über das Vorliegen eines Zustandes ist stärker hypothetisch, wenn der Zustand erst durch unendlich viele Werte fixiert ist, da wir effektiv nur endlich viele Messungen vornehmen können, aus denen der Rest hypothetisch zu erschließen ist. Am deterministischen Charakter der Theorie als solcher ändert sich auf Grund dieser erkenntnistheoretischen Situation aber nichts: Sind die Werte der Feldvektoren für einen Zeitpunkt bekannt und bleiben die Randbedingungen gleich, so sind die Werte auf Grund der Theorie MAXWELLs für jeden späteren Zeitpunkt bestimmt[45].

9.b Nach der klassischen Denkweise waren die Funtamentalgesetze der Physik ausnahmslos deterministische Gesetze. Das Universum wurde als ein deterministisches System konzipiert. Demgegenüber setzte sich mit der Quantenphysik die Auffassung durch, daß physikalische Fundamentalgesetze einen irreduziblen statistischen Charakter tragen. Das physikalische Universum wäre nach dieser Auffassung ein indeterministisches System. Vom „irreduziblen" statistischen Charakter der Grundgesetze der Quantenmechanik zu sprechen ist deshalb erforderlich, weil auch in der klassischen Ära vielfach statistische Gesetze benützt wurden. Damals gab man ihnen jedoch eine solche Deutung, die mit einer deterministischen Gesamtkonzeption verträglich war.

Für die Verwendung bloß statistischer Regularitäten oder Häufigkeitsfeststellungen gab es verschiedene Motive. Das wohl älteste und verbreitetste Motiv ist das der *Zweckmäßigkeit* und *Übersichtlichkeit*. Wenn eine große Fülle von Einzeldaten verfügbar ist, in welchen für zahlreiche Individuen einer bestimmten Art genau angegeben wird, ob ihnen die Merkmale einer vorgegebenen Liste von Eigenschaften $Q_1, \ldots, Q_n$ zukommen oder nicht, so kann es u. U. als sehr zweckmäßig erscheinen, diese Angaben nicht für

---

[45] Für eine eingehendere Schilderung dieser beiden Typen deterministischer Theorien und ihres Unterschieds vgl. E. NAGEL, a. a. O., S. 285 ff.

alle Einzelindividuen zu machen, sondern nur die Prozentsätze bezüglich der einzelnen Merkmale Q_i anzugeben. Dieses Verfahren wird seit alters her z. B. in der Sozial- und Bevölkerungsstatistik befolgt. Statt in einer vollkommen unübersichtlichen Riesentabelle sämtliche Einwohner eines Staates samt den ihnen auf Grund einer Erhebung zukommenden Merkmalen anzuführen, wird eine statistische Tabelle aufgestellt, in welcher die Prozentsätze der Jugendlichen, der Einwohner über 70 Jahre, der verschiedenen Berufe, der unter einer bestimmten Krankheit Leidenden etc. angeführt sind. Bisweilen sind es *Bequemlichkeits-* oder *Kostenrücksichten*, die dazu führen, daß man auf die Gewinnung der an sich verfügbaren Einzeldaten verzichtet. Dieser Fall liegt z. B. dann vor, wenn man nicht sämtliche Elemente einer gegebenen Gesamtheit (z. B. wieder: Einwohner eines Staates) untersuchen möchte, sondern sich mit den entsprechenden Ermittlungen bezüglich einer Stichprobe begnügt, die für die Gesamtheit als repräsentativ gilt. Die statistischen Aussagen, welche die Grundgesamtheit betreffen, sind in einem solchen Falle keine gesicherten Tatsachen mehr, sondern hypothetische Annahmen, da der „Schluß von der Stichprobe auf die Gesamtheit" kein logisches Ableitungsverfahren bildet, sondern ein Beispiel einer empirischen Hypothesenbildung ist.

In der Physik, aber auch in anderen Wissenschaften, wie z. B. in der Biologie und in der Meteorologie, bildete die große *Schwierigkeit* oder die *praktische Unmöglichkeit*, die *benötigten* Einzeldaten zu erhalten, sowie die *vorläufige Unkenntnis* der tiefer liegenden wahren Gesetze das Motiv dafür, sich mit statistischen Gesetzmäßigkeiten zu begnügen. Wenn z. B. in der kinetischen Gastheorie die Mikrogesetze als *statistische* Gesetze formuliert wurden, so deshalb, weil es aus praktisch-technischen Gründen als vollkommen ausgeschlossen erscheinen mußte, erstens die erforderlichen Daten (Ort, Impuls) über Milliarden von Molekülen eines Gasgemenges zu erhalten und zweitens unter Benützung solcher Daten deterministische Prognosen über die genaue künftige Konstellation des Gases zu machen. Auch die aufgestellten statistischen Gesetze, wie das Verteilungsgesetz von MAXWELL-BOLTZMANN, konnten keiner direkten, sondern nur einer sehr indirekten Überprüfung über die daraus ableitbaren Folgerungen unterzogen werden. Jedenfalls war man der Überzeugung, daß die genauen Daten *im Prinzip verfügbar wären* und die das Geschehen beherrschenden Gesetze *deterministisch seien*, so daß unter Benützung dieser beiden Klassen von Informationen *an sich* genaue Voraussagen gemacht werden *könnten*. Nur die *menschliche Unzulänglichkeit* schien einen zu zwingen, zu statistischen Gesetzen Zuflucht zu nehmen.

Keine so grundsätzliche Beschränkung, die erforderlichen Informationen zu erhalten, wenn auch eine in gewissem Sinne analoge Situation, scheint bei bestimmten Makrovorgängen vorzuliegen, bei denen wir uns mit statistischen Gesetzen begnügen müssen. So z. B. stellen wir eine statistische

Hypothese in bezug auf eine „regulär gebaute" Münze auf, wonach die Münzwürfe dem Gesetz der sogenannten Binomialverteilung mit dem Parameter 1/2 genügen, d. h. daß die einzelnen Würfe voneinander unabhängige Ereignisse sind und die relativen Häufigkeiten der Resultate „Kopf" sowie „Schrift" auf lange Sicht approximativ gleich 1/2 sein werden. Prinzipiell ist es denkbar, daß für jeden einzelnen Münzwurf die genauen Ausgangsdaten bestimmt werden könnten, so daß eine geeignete Rechenmaschine genau vorherzusagen vermöchte, in welcher Lage die Münze zur Ruhe kommen wird.

Ebenso war man sich auch in der klassischen Zeit dessen bewußt, *daß absolut präzise quantitative Beobachtungsresultate unerreichbar sind* und daß daher auch aus diesem Grunde alle quantitativen wissenschaftlichen Gesetzmäßigkeiten in einem gewissen Sinn nur statistische Hypothesen bilden. Was mit diesem „gewissen Sinn" gemeint ist, muß noch etwas genauer angegeben werden, damit der prinzipielle Unterschied zur Situation in der Quantenphysik deutlicher zutage tritt. Die in den Gesetzen der klassischen Physik verwendeten Größen bilden *theoretische Idealisierungen,* welche durch experimentelle Begriffe bestenfalls approximativ, und das heißt: bloß statistisch, erfaßbar sind. So werden etwa die theoretischen Begriffe des Ortes und der Geschwindigkeit eines Massenpunktes zu einem bestimmten Zeitpunkt verwendet. Nun ist aber die Augenblicksgeschwindigkeit zu t, die durch den Differentialquotienten der Bewegungsfunktion für diesen Zeitpunkt t gegeben ist, keine empirisch meßbare Größe. Was man allein messen kann, ist die Weglänge, die der untersuchte Körper während eines kleinen Zeitintervalls – z. B. während einer Sekunde oder während des Bruchteils einer Sekunde – zurückgelegt hat. Auf diese Weise gelangt man dazu, einem Zeit*intervall,* aber nicht einem Zeit*punkt,* eine Geschwindigkeit empirisch zuzuschreiben. Vom Standpunkt der Theorie aus ist dagegen der für das Zeitintervall gewonnene Geschwindigkeitswert ein *statistischer Mittelwert* aus den Geschwindigkeiten des Körpers zu den (unendlich vielen) verschiedenen Zeitpunkten innerhalb des Zeitintervalls. Durch Verbesserung der Meßverfahren können die Zeitintervalle, für welche die Weglängen empirisch bestimmt werden, kleiner und kleiner gemacht werden[46]. Sie lassen sich aber prinzipiell niemals zu einem Punkt reduzieren, so daß die empirisch gewonnenen Meßresultate vom theoretischen Standpunkt aus stets den Charakter statistischer Durchschnittswerte beibehalten werden.

Aus diesem Grunde liefert die Theorie auch kein Verfahren, um von den zu einem Zeitpunkt *tatsächlich gemessenen Werten* einen streng deterministischen Schluß auf *tatsächlich zu messende spätere Werte* zu erhalten. Der Schluß von den faktischen gegenwärtigen zu faktischen künftigen Messungen

---

[46] Das Gesagte gilt im Prinzip für *alle* quantitativen Größen; denn es ist unmöglich, den Wert einer solchen Größe für beliebig viele Dezimalstellen in der Dezimalnotation zu bestimmen.

bleibt strenggenommen stets ein bloßer Wahrscheinlichkeitsschluß. Hierbei ist allerdings zweierlei zu beachten: Erstens betrifft diese Art von „Indeterminismus" nicht die Theorie als solche, sondern nur deren *Anwendung* auf konkrete Wissenssituationen. Die Theorie ist in dem Sinn streng deterministisch, als sie es gestattet, aus den Werten der *theoretischen* Zustandsvariablen eines abgeschlossenen Systems für einen Zeitpunkt die Werte dieser Variablen für einen künftigen Zeitpunkt *logisch* zu erschließen. Wegen der Tatsache, daß diese theoretischen Größen gedankliche Idealisierungen darstellen, kann von der Theorie aber bloß eine *approximative Anwendung* gemacht werden. Dies findet sein Gegenstück darin, daß auch die *Überprüfung* der Theorie keine absolut genaue, sondern prinzipiell eine bloß *approximative* sein kann: Tatsächlich gewonnene Meßresultate bestätigen bzw. widerlegen die mit Hilfe der Theorie gemachten Voraussagen nur innerhalb eines statistisch charakterisierbaren Spielraums. Zweitens gab es nach der klassischen Theorie keine fest vorgegebene endliche Grenze der gleichzeitigen Meßgenauigkeit, die nicht unterschritten werden könnte. Obwohl daher der theoretische Idealzustand aus dem angeführten Grund *prinzipiell* empirisch nicht feststellbar war, bestand doch zugleich die *prinzipielle* Möglichkeit, einen beliebigen Präzisionsgrad auf empirischem Wege zu erreichen, also den experimentell verifizierbaren Zustand dem theoretischen Zustand beliebig zu approximieren.

Was auch immer das Motiv für die Benützung statistischer Gesetze bildete — Gesichtspunkte der Zweckmäßigkeit und Bequemlichkeit, der Kosten, der gegenwärtig vorliegenden technischen Schranken oder der prinzipiellen menschlichen Unzulänglichkeit —, die Überzeugung blieb unangefochten bestehen, daß die Grundgesetze der Physik deterministischen Charakter haben müßten. Zwischen der Benützung statistischer Hilfsmittel und dem Glauben an die Gültigkeit eines Determinismus-Prinzips (z. B. des Prinzips in der allgemeinen Fassung **UD**$_1$ von Abschn. 8) bestand kein Konflikt.

9.c Mit der Quantenphysik kam es zu einem grundsätzlichen Wandel in den Anschauungen. Es ist bekannt, daß die Einsicht in den indeterministischen Charakter der modernen Physik gewonnen wurde, sobald die Heisenbergsche Unschärfe- oder Unbestimmtheitsrelation akzeptiert war. Danach ist es unmöglich, eine gleichzeitige Messung konjugierter Größen vorzunehmen, wie z. B. eine gleichzeitige genaue Messung von Ort und Impuls eines Elementarteilchens. Das „unmöglich" besagt diesmal Unmöglichkeit *im Prinzip* und nicht eine vorläufige praktisch-technische Unmöglichkeit, die bloß eine menschliche Unzulänglichkeit widerspiegelt. Wird z. B. Impuls und Ort eines Teilchens gemessen und dabei herausgefunden, daß der Impuls innerhalb eines Bereiches $\triangle p$ liegt und der Ort innerhalb eines Bereiches $\triangle q$, so kann das Produkt $\triangle p \times \triangle q$ nicht kleiner sein als eine feste

Konstante (nämlich: $h/4\pi$). Diese Unschärferelation ist eines der grundlegenden Gesetze der Quantenphysik. Dabei spielt es natürlich keine Rolle, daß dieses Gesetz innerhalb eines präzisen axiomatischen Aufbaues dieser physikalischen Theorie nicht ein Axiom, sondern einen Lehrsatz darstellt, der aus den Grundgleichungen der Theorie deduzierbar ist. Jedenfalls würde seine Preisgabe auf eine Preisgabe der heutigen Physik hinauslaufen.

Mit der Annahme dieses Prinzips mußte der Glaube an die genaue Voraussagbarkeit physikalischer Zustandsgrößen und damit der Glaube daran, daß das Universum ein deterministisches System bilde, fallen gelassen werden. Erstmals wurden jetzt physikalische Grundgesetze als *statistische Gesetze* formuliert[47]. Da dies einen radikalen Bruch mit traditionellen physikalischen sowie philosophischen Anschauungen bildet, ist es nicht verwunderlich, daß es zu Diskussionen kam, die wir zu Beginn dieses Abschnittes als metaphysisch bezeichneten. Hier muß allerdings eine klare Grenzlinie gezogen werden: Wenn ein Physiker behauptet, ein deterministisches Modell der Quantenphysik liefern zu können oder die durch diese Theorie erklärten Phänomene mit Hilfe einer Theorie erklären zu können, deren Grundgesetze deterministisch sind, so ist dies eine „innerphysikalische Angelegenheit", die mit Hilfe von empirisch-physikalischen Kriterien zu entscheiden ist. Wenn dagegen a priori die Behauptung aufgestellt wird, es müsse sich ein solches Modell finden lassen oder die Theorie könne nur ein Provisorium bilden, das später einmal mit Sicherheit durch eine deterministische Theorie abgelöst werde, so stellt dies eine metaphysische These dar. Sie ist metaphysisch in dem Sinn, als sie sich darauf stützen muß, daß das Kausalprinzip oder das Prinzip des universellen Determinismus in der einen oder anderen Fassung eine Wahrheit a priori ist, mit der jede zulässige physikalische Theorie im Einklang zu stehen habe. Da es sich bei diesem Prinzip zweifellos um eine synthetische Aussage handelt, müßte der Verfechter einer solchen These in der Kausalitätsfrage einen synthetischen Apriorismus akzeptieren, für den, wie wir im vorigen Abschnitt bereits hervorgehoben haben, bisher nicht einmal Plausibilitätsgründe vorgebracht worden sind. Vom logischen Standpunkt aus sind deterministische und statistische Gesetzmäßigkeiten völlig gleichberechtigte Gesetzestypen, und daher sind auch Determinismus und Indeterminismus gleichberechtigte mögliche Eigenschaften physikalischer Systeme. Dies ist eine zeitlose Feststellung, die daher auch für die klassische Ära Geltung besaß. Die Entstehung der Quantenphysik hat diesen Sachverhalt nur erstmals deutlich zum Bewußtsein gebracht.

---

[47] Diese Äußerung gilt nur cum grano salis. Es wird demgegenüber häufig die Ansicht vertreten, daß sich am Gesetzesbegriff überhaupt nichts geändert habe, sondern daß nur der klassische Begriff des physikalischen Zustandes einer Revision unterzogen worden sei. Auf eine Erörterung dieser Ansicht kommen wir weiter unten zurück.

9.d Zu Beginn dieses Abschnittes ist angedeutet worden, daß die Diskussion um das Problem „Determinismus oder Indeterminismus", soweit sie nicht metaphysischen Charakter hat, in einen Wortstreit abzugleiten droht. Dies ist noch zu erklären. Einige Autoren, Philosophen wie namhafte Physiker, weisen nämlich darauf hin, daß man ja gar nicht mit Recht behaupten könne, die Quantenphysik sei eine indeterministische Theorie, die mit statistischen Grundgesetzen operiere. Ein Blick auf den mathematischen Formalismus dieser Theorie lehre, daß die darin vorkommenden Gesetze *deterministische Gesetze* seien. Was sich allein geändert habe, sei *der Begriff des physikalischen Zustandes*.

Tatsächlich ist der quantenphysikalische Zustandsbegriff ein anderer als der der klassischen Physik. Eine solche Änderung war durch die Unschärferelation motiviert worden. Gegeben sei etwa ein physikalisches System, das aus einer endlichen Anzahl n von Partikeln bestehe. Das System sei abgeschlossen, d. h. keiner Störung von außen unterworfen. Nach der *klassischen* Physik ist der mechanische Zustand dieses Systems zur Zeit t vollkommen bestimmt, wenn für jede der n Partikeln die drei Ortskoordinaten sowie die drei Impulskoordinaten bekannt sind. Mittels der Gesetze der Mechanik könnte der entsprechende Zustand für jeden künftigen Zeitpunkt berechnet werden. Vom quantenphysikalischen Gesichtspunkt aus wäre es fiktiv, mit einem solchen Zustandsbegriff zu arbeiten, da die gleichzeitigen Messungen der genannten Größen unmöglich sind. In der Quantenmechanik wird eine Menge von Zustandsgrößen eine *vollständige* Menge genannt, wenn es möglich ist, die Größen alle gleichzeitig zu messen, und wenn die Werte aller übrigen mit den Elementen dieser Menge zugleich meßbaren Größen aus den Werten dieser Menge berechnet werden können. Im obigen Beispiel würde eine solche vollständige Menge z. B. für gewisse Partikel die drei Impulskoordinaten (und sonst nichts) enthalten, für andere genau die drei Ortskoordinaten, für andere wieder z. B. die drei Werte q_x, p_y, p_z (den x-Wert des Ortes sowie die y- und z-Werte des Impulses) usw. Nach quantenmechanischer Auffassung wird durch Angabe einer solchen Menge ein Systemzustand vollständig beschrieben. Vom klassischen Standpunkt wäre eine solche Beschreibung natürlich unvollständig.

Die eben geschilderte Möglichkeit bildet allerdings auch in der Quantenphysik nur einen speziellen Fall. Die Zustände eines physikalischen Systems werden entweder (in der Wellenmechanik) durch eine sogenannte Ψ-Funktion beschrieben oder (in der Matrizenmechanik) durch einen Zustandsvektor im unendlich-dimensionalen Hilbertraum. Stellen wir für den Augenblick die Charakterisierung dieser Zustände zurück und richten wir unsere Aufmerksamkeit nur auf die Gesetze, welche die Zustandsänderungen beherrschen. Dann ist die Feststellung unvermeidlich, *daß diese Änderungen sich nach deterministischen Gesetzen vollziehen*. Die Ψ-Funktion verändert sich gemäß einer Differentialgleichung erster Ordnung nach der Zeit, der sogenannten zeitabhängigen Schrödinger-Gleichung. Differentialgleichungen von dieser Gestalt bilden in der mathematischen Physik das Mittel, um *deterministische* Sukzessionsgesetze zu formulieren. Mittels der Schrödinger-Gleichung kann daher der Wert der Ψ-Funktion für eine beliebige Zeit t aus ihren Werten für einen bestimmten Zeitpunkt t_0 berechnet werden. Analog bewegt sich der Zustandsvektor in der Matrizenmechanik nach einem deterministischen Prinzip.

Nun aber kommt der entscheidende Unterschied zur klassischen Physik: *Die Werte der uns interessierenden Zustandsgrößen* (wie Energie, Ort, Impuls etc.) *sind durch diesen neuen Zustandsbegriff nur „bis auf Wahrscheinlichkeiten bestimmt"*. Gemeint ist damit folgendes: Ist der Wert der Ψ-Funktion bzw. der Zustandsvektor für einen bestimmten Zeitpunkt gegeben, so kann daraus für die üblichen physikalischen Zustandsgrößen die *Wahrscheinlichkeitsverteilung* der möglichen Meßwerte dieser Größen errechnet werden, aber nicht mehr. Die Klasse dieser möglichen Meßwerte bildet für gewisse Größen, wie z. B. für die Energie, eine diskrete Gesamtheit, in anderen Fällen, wie z. B. beim Ort, eine kontinuierliche Menge. Das Verfahren, welches zur Berechnung dieser Wahrscheinlichkeitsverteilung führt, stellt eine ziemlich komplizierte Prozedur dar, auf die wir hier nicht einzugehen brauchen.

Anmerkung. Für den Fall der Matrizenmechanik werde wenigstens eine ungefähre inhaltliche Andeutung gegeben. Der Zustand eines abgeschlossenen physikalischen Systems wird beschrieben durch einen Einheitsvektor (d. h. durch einen Vektor von der Länge 1) in einem unendlich-dimensionalen Raum von bestimmter Art, dem sogenannten Hilbertraum. Jeder physikalischen Zustandsgröße (z. B. Ort, Impuls, Energie) wird eine Transformation zugeordnet, formal repräsentiert durch einen Operator von der Gestalt einer Matrix A. Es werden zunächst die *Eigenvektoren* dieser Matrix gesucht, d. h. jene Vektoren, die durch die Matrix A in ein Vielfaches, etwa das α-fache, ihrer selbst verwandelt werden. Der Wert α wird ein *Eigenwert* von A der fraglichen Zustandsgröße genannt. Die Richtung eines Eigenvektors legt eine sogenannte *Hauptachse* der Transformation fest. Die Gesamtheit dieser Hauptachsen spannt im unendlich-dimensionalen Hilbertraum ein *Koordinatensystem* auf. Zu jeder Koordinatenachse gehört also ein ganz bestimmter Eigenwert α. Dieser Wert stellt einen möglichen Meßwert der betreffenden Zustandsgröße dar. Zu beachten ist also, daß die den verschiedenen Stellen einer Koordinatenachse zugeordneten Werte nicht mögliche Meßwerte der Zustandsgröße bilden; vielmehr ist die gesamte Achse mit ein und demselben möglichen Meßwert α fest assoziiert. Die ersteren Beträge dienen nur als Mittel zur Bestimmung der Wahrscheinlichkeitsverteilung. Falls der Zustandsvektor mit einer der Hauptachsen der Transformation A zusammenfällt, hat die A entsprechende Zustandsgröße mit Sicherheit als Wert denjenigen Eigenwert, der mit dieser Achse verbunden ist. Im Normalfall wird jedoch ein Zustandsvektor *nicht* mit einer Hauptachse zusammenfallen. Dann liefert er eine bloße *Wahrscheinlichkeitsverteilung* für die möglichen Beträge der A korrespondierenden Zustandsgröße. Diese Wahrscheinlichkeitsverteilung wird in der Weise ermittelt, daß man die Projektionen des Vektors nach sämtlichen Hauptachsen in Betracht zieht. Jede dieser Projektionen liefert einen komplexen Zahlenwert. Die Multiplikation dieses Wertes mit dem konjugiert komplexen Betrag liefert eine reelle Zahl; und diese reelle Zahl stellt genau die statistische Wahrscheinlichkeit dafür dar, daß bei einer Messung der zu dieser Achse gehörende Eigenwert sich als Meßwert ergeben wird. Der Zustandsvektor ist nicht zeitunabhängig, sondern bildet *eine Funktion der Zeit*. Er bewegt sich im Hilbertraum nach einem dynamischen Gesetz, welches seine Lage für einen künftigen Zeitpunkt t *genau vorauszuberechnen* gestattet, wenn diese Lage für einen früheren Zeitpunkt t_0 gegeben ist. Die Struktur dieser formalen Darstellung quantenmechanischer Gesetzmäßigkeiten macht es deutlich, daß in dieser Theorie Wahrscheinlichkeitsverteilungen bezüglich gegebener Zustandsgrößen für verschiedene Zeiten durch *deterministische* Gesetze verknüpft werden. Für die Wellenmechanik läßt sich eine analoge Feststellung bezüglich der dort verwendeten Ψ-Funktion treffen.

Entscheidend ist für uns dies: Trotz der deterministischen Vorausberechenbarkeit der Ψ-Funktion (bzw. der Stellung des Zustandsvektors im Hilbertraum) für einen beliebigen künftigen Zeitpunkt kann für solche Größen wie Ort, Geschwindigkeit, Impuls etc. nur eine probabilistische Prognose vorgenommen werden. Die deterministisch formulierten Gesetze ermöglichen den *genauen* Schluß von gegenwärtigen auf künftige Zustände, wenn hierbei mit dem Wort „Zustand" der neue abstrakte Zustandsbegriff der Quantenmechanik bezeichnet werden soll, der durch den Wert der Ψ-Funktion für einen Zeitpunkt t oder durch die Stellung des Einheitsvektors im Hilbertraum gegeben ist. Übersetzt man das, was diese Gesetzmäßigkeiten über die uns eigentlich interessierenden physikalischen Zustandsgrößen besagen, so ergibt sich ein anderes Bild: Was die deterministischen Gesetze miteinander in Beziehung setzen, sind Wahrscheinlichkeitsverteilungen bezüglich der verschiedenen Zustandsgrößen zu verschiedenen Zeitpunkten. Sie ermöglichen den Schluß von gegenwärtig bekannten Wahrscheinlichkeitsverteilungen auf künftige Wahrscheinlichkeitsverteilungen.

9.e Vom logischen Standpunkt wäre es vielleicht ratsam, für die Schilderung quantenphysikalischer Sachverhalte innerhalb der theoretischen Sprache selbst wieder *zwei Schichten* zu unterscheiden[48]. Was die Physiker gewöhnlich „Observable" nennen, sind physikalische Zustandsgrößen und damit Funktionen, die selbst bereits theoretische Konstruktionen darstellen, da sie in der Beobachtungssprache i. e. S. nicht definierbar sind. Wir rechnen alle diese Begriffe zur ersten theoretischen Schicht. Der quantenphysikalische Zustandsbegriff stellt demgegenüber einen theoretischen Begriff höherer Ordnung dar. Wir rechnen ihn daher zur zweiten theoretischen Schicht.

---

[48] Es möge aber ausdrücklich darauf hingewiesen werden, daß das im folgenden gegebene Bild möglicherweise anfechtbar ist. Der Grund dafür liegt im theoretischen Charakter der physikalischen Zustandsgrößen, die als durch die Grundgleichungen der Theorie „implizit definiert" zu betrachten sind. Vorläufig scheint es eine offene Frage zu sein, ob sich die letztere Deutung mit der Konzeption zweier theoretischer Schichten widerspruchsfrei in Einklang bringen läßt.

Auf dieser zweiten Schicht geht alles *deterministisch* vor sich. Hier gelten nur dynamische Gesetze vom Charakter deterministischer Prinzipien, z. B. formal dargestellt als Differentialgleichungen erster Ordnung nach der Zeit. Nun stellt sich die Frage, wie diese Begriffe der zweiten Schicht in der Sprache der Begriffe der ersten theoretischen Schicht zu deuten sind. Und hierauf lautet die Antwort: Die gewünschten Interpretationsregeln können genau formuliert werden. Sie haben aber prinzipiell *probabilistischen* Charakter; denn sie liefern bezüglich der zur ersten Schicht gehörenden Größen nur Wahrscheinlichkeitsverteilungen. Bei Benützung dieser Drei-Schichten-Konzeption (eine empirische Schicht und zwei theoretische Schichten) findet der prinzipiell statistische Charakter der Quantenmechanik seinen Niederschlag in den probabilistischen *Interpretationsregeln*, die den Übergang von theoretischen Größen der zweiten Schicht zu theoretischen Größen der ersten Schicht ermöglichen.

Die konsistente Durchführbarkeit dieser Konzeption vorausgesetzt, würde sich darin besonders deutlich zeigen, in welcher Weise die statistische Wahrscheinlichkeit in der modernen Physik vom Begriff des Naturgesetzes abgewehrt und auf den Zustandsbegriff verlagert wird: Der durch Ψ-Funktionen bzw. durch Zustandsvektoren wiedergegebene Zustandsbegriff ist als Größe der zweiten theoretischen Schicht ein mathematischer Hilfsbegriff, dessen Bedeutung darin besteht, daß er sich für die Formulierung der physikalischen Gesetzmäßigkeiten als äußerst zweckmäßig erweist. Betrachtet man dagegen die zur ersten theoretischen Schicht gehörenden „eigentlich interessierenden" Größen und deren gesetzmäßige Verknüpfungen, so bilden jene Prinzipien, die wir eben als „Interpretationsregeln" bezeichneten, einen wesentlichen Bestandteil dieser Gesetze. Wegen ihres probabilistischen Charakters kann man dann auch nicht mehr behaupten, daß die Gesetze der Quantenmechanik deterministische Gesetze seien. Diese Behauptung trifft nur auf die ausschließlich die Vorgänge in der zweiten theoretischen Schicht beherrschenden Gesetze zu; denn diese sind tatsächlich streng deterministischer Natur.

R. CARNAP dürfte für den Sachverhalt die vom philosophischen Standpunkt aus adäquateste Charakterisierung gegeben haben[49]: Er geht von der Feststellung von Philosophen und Physikern aus, daß auch die Quantenphysik eine deterministische Theorie sei und daß sich darin *nur* der Begriff des physikalischen Zustandes geändert habe. CARNAP bemerkt dazu, daß er dagegen nicht opponieren wolle, daß er aber die Verwendung des Wörtchens „nur" irreführend finde. Denn diese Verwendung erweckt den falschen Eindruck, daß die ganze Änderung in nichts weiter bestehe als in einer verschiedenen Antwort auf die Frage: „Worin bestehen die Größen, welche den Zustand eines Systems charakterisieren?" Es werde dadurch die Tatsache verschleiert, daß es in der Quantenphysik im Gegensatz zur klassischen

---

[49] [Physics], S. 288.

Physik eine unübersteigbare Grenze der Voraussagbarkeit beobachtbarer Ereignisse gibt. Es sei daher weniger irreführend zu sagen, daß der Determinismus im klassischen Sinn preisgegeben worden sei und daß die Kausalstruktur in der modernen Physik fundamental verschieden sei von jener, die von NEWTONS Zeiten bis zum Ende des vorigen Jahrhunderts das Denken der Physiker beherrschte.

Es dürfte jetzt einigermaßen klar geworden sein, warum eingangs behauptet werden konnte, daß die Diskussionen über den Indeterminismus in der modernen Physik *fast* nur in einem *Wortstreit* bestehen, soweit diese Auseinandersetzungen nicht metaphysischer Natur sind. Es ist *nicht* bloß ein Wortstreit, wenn man sich dazu entschließt, von strenger Kausalität nur dort zu sprechen, wo die prinzipielle Möglichkeit präziser Voraussagen beobachtbarer Ereignisse bzw. präziser Voraussagen der Werte der zur ersten theoretischen Schicht gehörenden Zustandsgrößen besteht. Erst wenn man von der Anwendbarkeit physikalischer Theorien für Erklärungs-, Voraussage- und andere Systematisierungszwecke vollkommen abstrahiert und sich auf die Schilderung der gesetzmäßigen Zusammenhänge innerhalb der zweiten theoretischen Schicht beschränkt, exemplifiziert auch die moderne Physik einen strengen Determinismus.

9.f Da sich besonders an diesem Punkt der Interpretation der modernen Physik die Geister scheiden, seien nochmals kurz und systematisch die Hinsichten zusammengefaßt, nach denen man entweder von Determinismus oder von Indeterminismus sprechen kann. Wir sehen dabei an dieser Stelle von der möglicherweise problematischen Unterscheidung in eine erste und eine zweite theoretische Schicht ab. Der Einfachheit halber beschränken wir uns auf die wellenmechanische Sprechweise. Der Zustand eines physikalischen Systems für einen Zeitpunkt t ist dann im Sinn der Quantenphysik durch den Wert der Ψ-Funktion für diesen Zeitpunkt gegeben. Nun ergeben sich drei Möglichkeiten:

(1) Man betrachtet nur die Ψ-Funktionen und ihre Werte, abstrahiert dagegen vollkommen von den Interpretationsregeln, die mit diesen Funktionen verknüpft sind. *Relativ auf diesen durch die Werte der Ψ-Funktion definierten Zustandsbegriff* ist dann die Theorie *deterministisch* zu nennen. Denn die Gesetze, nach denen sich die Ψ-Funktionen in der Zeit ändern, sind rein deterministische Gesetze, ganz analog denen, die in der klassischen Physik bekannt waren.

(2) Zu den quantenphysikalischen Prinzipien gehören auch jene *Interpretationsregeln*, die angeben, wie man von einem bekannten Wert der Ψ-Funktion zu den Werten der physikalischen Größen wie Ort, Impuls, Energie usw. gelangt. Diese Regeln sind statistischer Natur, d. h. sie liefern in bezug auf diese Größen nur *Wahrscheinlichkeitsverteilungen*. Für den Fall des Ortes ist diese Regel verhältnismäßig einfach zu formulieren. Sind z. B. die Ortskoordinaten eines Systems $q_1, \ldots, q_n$, so ist die Wahrscheinlichkeit

dafür, daß sich die Elemente des Systems am Ort $q_1^*, \ldots, q_n^*$ befinden, gleich dem Quadrat des absoluten Betrages von $\Psi(q_1^*, \ldots, q_n^*)$. (Die Ψ-Funktion ist auch eine Funktion der Zeit; wir haben das Argument t hier unterdrückt.) Für die Gewinnung der Wahrscheinlichkeitsverteilungen der übrigen Größen muß die wesentlich verwickeltere Regel der spektralen Zerlegung der Ψ-Funktion benützt werden[50].

Nimmt man diese Regel hinzu, so hat man eine Wahl zwischen zwei Sprechweisen: (a) Man kann sich entschließen, die Theorie wegen des statistischen Charakters dieser Regeln indeterministisch zu nennen, da man — von entarteten Fällen abgesehen — nur bestimmte Wahrscheinlichkeitswerte für das Vorliegen physikalischer Zustandsgrößen erhält. (b) Man kann aber auch weiterhin den Determinismusbegriff verwenden und ganz korrekt sagen: Die Theorie liefert *deterministische* Verknüpfungen von Wahrscheinlichkeitsverteilungen physikalischer Zustände zu einem Zeitpunkt mit Wahrscheinlichkeitsverteilungen zu einem anderen.

(3) Die dritte Möglichkeit ist die, daß man gar nicht den neuen Begriff des physikalischen Zustandes zugrunde legt, sondern sich von vornherein auf die physikalischen Größen, wie „Ort", „Impuls", „Energie", konzentriert, die den gleichen Namen tragen wie entsprechende in der klassischen Physik vorkommende Größen, jedoch wegen ihres theoretischen Charakters eine von der klassischen abweichende Bedeutung besitzen. Geht man davon aus, daß erstens das physikalische Interesse diesen Größen gilt, daß zweitens die neue Theorie für die Werte dieser Größen im allgemeinen Fall nur eine statistische, nicht jedoch eine deterministische Voraussagbarkeit liefert und daß drittens die präzise Voraussagbarkeit einer Größe eine notwendige, wenn auch nicht eine hinreichende Bedingung dafür bildet, um bezüglich dieser Größe von Kausalität bzw. von Determinismus sprechen zu können, so ist es berechtigt und sinnvoll, die Quantenphysik eine indeterministische Theorie zu nennen. Dieser dritte Gesichtspunkt war es, der unseren obigen Beschluß motivierte, CARNAP gegenüber anderen Autoren recht zu geben.

Daß die Sachlage relativ kompliziert ist, beruht also zum Teil auf dem neuen physikalischen Zustandsbegriff. Aus diesem Grund würde auch der Versuch, eine Analogie zu den früher analysierten diskreten Zustandssystemen herzustellen, scheitern: diese Analogie würde angesichts des andersartigen Zustandsbegriffs zusammenbrechen[51]. Dies sei vor allem jenen

---

[50] Für eine verhältnismäßig einfache und durchsichtige Darstellung vgl. H. REICHENBACH, [Quantenmechanik], S. 96.

[51] Um den Sachverhalt in einer einfachen Weise zu verdeutlichen, könnte man versuchen, ein Analogon zum quantenmechanischen Zustandsbegriff sowie dem damit verbundenen Indeterminismus in der Sprache der diskreten Zustandssysteme zu konstruieren. Dies würde dann allerdings in einem wesentlich modifizierten Begriff des DS-Systems resultieren. Ein solcher Versuch soll im letzten Unterabschnitt skizziert werden.

Lesern gegenüber nachdrücklich betont, welche DS-Systeme von der in III geschilderten Art für die Bildung von Hilfsvorstellungen zur Unterscheidung zwischen deterministischen und indeterministischen Systemen benützen. Deterministische und indeterministische DS-Systeme in diesem früheren Sinn unterscheiden sich nicht in bezug auf den Zustandsbegriff, sondern *nur* im Hinblick darauf, daß im einen Fall allein deterministische Gesetze, im anderen hingegen (ausschließlich oder teilweise) probabilistische Gesetze gelten. Überträgt man diese Alternative auf die Mechanik der Massenpunkte, so würde dies die folgenden zwei Möglichkeiten liefern: Im deterministischen Fall könnte aus der Kenntnis der Werte der $6n$ Zustandsvariablen von n Massenpunkten zur Zeit t_0 ein logischer Schluß auf die Werte dieser Variablen zu einem späteren Zeitpunkt t_1 gemacht werden; im indeterministischen Fall hingegen wären (wenigstens für gewisse Konstellationen) nur probabilistische Schlüsse auf die Zukunft möglich. Dieser letztere Fall entspricht jedoch *nicht* der Situation in der Quantenmechanik: Die Voraussetzung für einen probabilistischen Schluß von dieser Art, nämlich die genaue Kenntnis der simultanen Werte von Orts- und Impulskoordinaten, ist hier prinzipiell niemals gegeben. Es ist für die Quantenmechanik *wesentlich*, daß darin ein neuer, von dem klassischen Begriff abweichender Zustandsbegriff eingeführt werden muß, zu dessen begrifflichen Komponenten die der Wahrscheinlichkeitsverteilung gehört. Dieser Umstand in Verbindung mit der Tatsache, daß relativ auf diesen neuen Zustandsbegriff auch in der Quantenmechanik ein strenger Determinismus herrscht (vgl. oben (1) und (2) (b)), war es eben, der verschiedene Autoren zu der Feststellung veranlaßte, daß sich in der Frage des Determinismus nichts geändert habe. Wenn wir die Charakterisierung dieser Physik als indeterministisch vorziehen, so deshalb, weil uns dieser neue Zustandsbegriff als ein Hilfsbegriff erscheint; die präzise Voraussagbarkeit der Zustände im Sinne des neuen Zustandsbegriffs hat hinter der Frage der genauen Voraussagbarkeit der Werte einzelner physikalischer Zustandsgrößen zurückzutreten.

Wenn auf der einen Seite der indeterministische Charakter der modernen Physik hervorgehoben wird, so ist auf der anderen Seite sofort eine wesentliche Einschränkung hinzuzufügen, deren Nichtbeachtung zu allerlei voreiligen Schlußfolgerungen – z. B. sogar zu solchen, welche die Frage der Willensfreiheit betreffen – geführt hat: Dieser Indeterminismus gilt für den physikalischen *Mikrobereich*. Für den *Makrobereich* ist er dagegen *rein theoretischer Natur* und weder von einer praktischen noch von einer experimentellen Relevanz. Die sich hier ergebenden Ungenauigkeiten der Voraussagen liegen weit unterhalb der Grenzen der experimentellen Meßgenauigkeit. De Broglie hat dies so ausgedrückt, daß für Phänomene größeren Ausmaßes die Indeterminiertheit durch die Fehler, die im Verlauf eines Experimentes begangen werden, vollkommen *maskiert* bleibe und daß in der Praxis alles so verlaufe, als ob ein strenger Determinismus bestünde[52].

9.g In diesem Zusammenhang ist ein von E. NAGEL hervorgehobener logischer Sachverhalt[53] zu erwähnen, der noch häufiger als der eben angeführte übersehen wird. Es wäre nicht richtig zu behaupten, daß aus einer Theorie, deren Grundgesetze statistischer Natur sind, stets nur statistische Gesetze gefolgert werden könnten. In der heutigen Physik sind zwar die Mikrogesetze statistischer Natur und die Makrogesetze nur *approximativ deterministische* Gesetze, für die weiterhin ein „theoretischer Indeterminismus" gilt. Die Situation ist jedoch nicht logisch zwingend. Prinzipiell ist die Annahme der Gültigkeit rein statistischer Gesetze im theoretischen Mikrobereich damit verträglich, daß die im Makrobereich geltenden empirischen Gesetzmäßigkeiten *streng deterministische* Züge tragen. Ob das letztere der Fall ist oder ob für die Makrophänomene nur ein approximativer Determinismus gilt, *hängt von der Art der Korrespondenzregeln ab, welche die in der statistischen Mikrotheorie verwendeten theoretischen Begriffe mit den experimentellen Begriffen der Makrotheorie in Beziehung setzen.*

NAGEL bringt dafür das folgende einfache Modell: Den Ausgangspunkt bildet die Tatsache, daß einem in der vorliegenden Wissenschaftssprache exakt beschreibbaren Makrozustand nicht genau ein Mikrozustand entspricht, sondern eine mehr oder weniger große Klasse solcher Mikrozustände. In der kinetischen Gastheorie etwa entspricht dem Makrozustand „Temperatur des Gases" die mittlere kinetische Energie der Moleküle des Gases. Ein bestimmter solcher mittlerer Energiewert ist aber verträglich mit einer sehr großen Zahl voneinander verschiedener Mikrozustände, deren jeder durch die Orte und Geschwindigkeiten der Moleküle festgelegt ist, aus denen das Gas besteht. Es möge nun angenommen werden, daß jedem Makrozustand M_k unseres Systems eine Klasse α^k von Mikrozuständen m_i entspricht. Für $k \neq j$ mögen α^k und α^j kein gemeinsames Element haben, d. h. die Klassen der verschiedenen Makrozuständen zugeordneten Mikrozustände sollen sich nicht überschneiden. Die für den Mikrobereich geltenden Gesetze seien *statistischer* Natur, so daß das Vorkommen eines Mikrozustandes zur Zeit t_0 nicht das Vorkommen eines Mikrozustandes zu einer späteren Zeit t_1 eindeutig bestimmt, sondern nur mit einer gewissen Wahrscheinlichkeit. Doch werde durch die Mikrotheorie die Zugehörigkeit des späteren Mikrozustandes zu einer bestimmten *Klasse* von Mikrozuständen festgelegt. Genau ausgedrückt: Es gibt eine Funktion f, so daß auf einen Mikrozustand aus der Klasse α^i stets ein Mikrozustand aus der Klasse α^j mit $j = f(i)$ folgt; dagegen liefert die Theorie in bezug auf die individuellen zu α^j gehörenden Zustände eine bloße Wahrscheinlichkeitsverteilung. Offenbar liegt *eine statistische Theorie bezüglich der Mikrozustände* vor; denn

---

[52] L. DE BROGLIE, Materie und Licht, New York, 1939, S. 230.
[53] E. NAGEL, [Science], S. 313 ff.

Mikrozustände folgen aufeinander nur mit einer gewissen Wahrscheinlichkeit. *Trotzdem ist die Theorie in bezug auf die Makrozustände streng deterministisch*; denn auf einen Makrozustand von der Art M_i folgt stets ein Makrozustand von der Art M_j mit $j=f(i)$. *Indeterminismus im Mikrobereich ist also mit einem nicht nur approximativen, sondern sogar theoretisch strengen Determinismus im Makrobereich verträglich.*

9.h Bisweilen ist behauptet worden, der Indeterminismus der modernen Physik beinhalte einen erkenntnistheoretischen *Subjektivismus*. Hier ist nun eine Unterscheidung zu machen. Die erste Möglichkeit einer Begründung für diese Auffassung stützt sich auf die Deutung, daß die Unschärferelationen auf der Unvorhersehbarkeit der Störung des Meßresultates durch das beobachtende Subjekt beruhten. Nun spielt es offenbar keine Rolle, *wer* die Beobachtungen anstellt – der Mensch, ein ganz anders gebautes Lebewesen oder ein Computer – und welcher Hilfsmittel der Beobachter sich bedient. Der Schluß auf den „Subjektivismus" kann sich daher nur auf die Tatsache der Unvorhersehbarkeit oder genauer: *der nichtdeterministischen Voraussagbarkeit* stützen. Dann steckt hinter dem Gedanken ein metaphysisches Vorurteil, nämlich ein Glaube an die Gültigkeit irgendeiner Form des Kausal- oder Determinismusprinzips[54]. Nur unter dieser Voraussetzung nämlich kann man behaupten, daß die nicht genaue Voraussagbarkeit *ein Symptom des Nichtwissens* sei und damit einen subjektiven Mangel, d. h. *einen Mangel des erkennenden Subjektes*, repräsentiere. Sobald man dagegen anerkennt, daß statistische Gesetzmäßigkeiten mit deterministischen Gesetzen erkenntnistheoretisch prinzipiell gleichberechtigt sind, läßt sich dieser Schluß nicht mehr ziehen. Gesteht man aber die Möglichkeit fundamentaler statistischer Gesetzmäßigkeiten zu, so sind auch deterministische und indeterministische Systeme logisch gleichberechtigt. In der Aussage „das Universum ist ein indeterministisches System" spiegelt sich dann keinerlei Subjektivismus wider.

Da die Heisenbergsche Unschärfe- oder Unbestimmtheitsrelation $\triangle p_x \cdot \triangle q_x \geq h/4\pi$ den Anlaß zu verschiedenen begrifflichen Konfusionen gegeben hat, seien hierzu zwei Bemerkungen eingefügt. Erstens ist die häufig zu hörende und auch oben benützte vage Formulierung irreführend, daß diese Relation auf der Unvorhersehbarkeit der Störungen von Elementarteilchen, wie z. B. von Elektronen, durch die Meßinstrumente beruhte. Diese Formulierung legt nämlich den Gedanken nahe, daß die Unvorhersehbarkeit der Störungen einen Bestandteil der empirischen Daten bilde und daher zur empirischen Stützung dieser Relation herangezogen werden könne. Tatsächlich jedoch ist die Behauptung der Unvoraussagbarkeit und damit der Unkontrollierbarkeit der durch die Einwirkung der Meßinstrumente an den Elektronen sich vollziehenden Veränderungen *eine logische*

---

[54] Darauf hat KARL POPPER hingewiesen in [Propensity].

Folgerung aus der Unbestimmtheitsrelation und damit eine Folgerung der Quantentheorie und kann daher nicht als empirische Stütze für die Gültigkeit dieser Relationen verwendet werden. Die Unvorhersehbarkeit der Störungen durch die Beobachtung ist kein Bestandteil des experimentellen Befundes als solchen, sondern des *im Lichte der neuen Theorie interpretierten* Beobachtungsbefundes. Dies erkennt man am leichtesten, wenn man bedenkt, daß man ja auch in der klassischen Epoche um die durch die Meßinstrumente hervorgerufenen Störungen wußte; doch konnte nach der damaligen Auffassung der Effekt dieser Störungen theoretisch eliminiert werden, weil er *nach den in der klassischen Theorie akzeptierten Gesetzen* vorausberechenbar war. Die Unvoraussagbarkeit der Veränderungen ist also nicht eine Folge der vorliegenden experimentellen Daten, sondern eine Konsequenz der aus anderen Gründen besser gestützten und daher akzeptierten neuen Theorie[55].

Zweitens hat man bisweilen, infolge der Nichtberücksichtigung des theoretischen Charakters der physikalischen Zustandsgrößen, aus der Heisenbergschen Relation einen Schluß gezogen, der zu einer an die Kantische Theorie erinnernden Konsequenz führt. Den Ausgangspunkt bildet die Annahme, daß Begriffe wie „Ort", „Impuls" usw. entweder theorieninvariant sind oder daß sie zumindest in der Quantenphysik genau dasselbe besagen wie in der klassischen Physik. Dann haben zwar Elektronen zu jedem Zeitpunkt gleichzeitig bestimmte Orte und bestimmte Impulse; es ist jedoch *prinzipiell* (und nicht nur aus praktisch-technischen Gründen) *unmöglich*, diese gleichzeitigen Werte zu entdecken. Die eigentliche Realität, die Welt der physikalischen „Dinge an sich", ist danach zwar nicht gänzlich unerkennbar, fällt aber nur teilweise mit der physikalisch beschreibbaren und physikalisch erklärbaren Erscheinungswelt zusammen. Dieses Bild von den zwei Welten liefert zugleich ein zusätzliches psychologisches Motiv für die bereits zurückgewiesene Form des Subjektivismus. Ebenso wird es verständlich, wieso daraus ein *voreiliger Schluß* auf den Indeterminismus der Quantenphysik gezogen wurde, *sofern nämlich unter diesem Indeterminismus nichts anderes als der eben geschilderte Sachverhalt verstanden wird.* Sollte wirklich dies mit „Indeterminismus" gemeint sein, nämlich daß an sich alles Geschehen streng determiniert sei, daß es uns aber prinzipiell verwehrt sei, die genauen Zustände zu bestimmen und auf der Grundlage einer solchen Bestimmung deterministische Voraussagen über künftige Zustände zu machen, so liegt zweifellos eine unhaltbare Auffassung vor. Der bei einer solchen Schlußfolgerung begangene Fehler liegt, so könnte man sagen, in dem

---

[55] Wie E. NAGEL, a. a. O., S. 298, hervorhebt, ist diese Deutung der Unschärferelation überhaupt problematisch. Trotz der Einwirkung des Meßgeräts auf das Elektron kann ja die Lage des Elektrons mit absoluter Präzision bestimmt werden. Ebenso ist der Impuls mit absoluter Präzision bestimmbar. Die Unschärferelation schließt es nach der Standardinterpretation nur aus, daß beide Werte *gleichzeitig* durch Messung genau bestimmt werden können.

naiv-realistischen Ausgangspunkt. Ausdrücke wie „Partikel", „Welle", „Ort", „Impuls" wurden von der klassischen Physik übernommen. Als theoretische Größen erhalten sie nur eine partielle und sehr indirekte Interpretation in der Sprache der Beobachtung; im übrigen sind sie „implizit definiert" durch die Grundgesetze der Theorie. Diese Gesetze gehen also in ihre Bedeutung ein. Da die quantenmechanischen Gesetzmäßigkeiten andere sind als die klassischen, haben alle diese Ausdrücke einen Bedeutungswandel erfahren. Nach der neuen Theorie ist der Begriff „gleichzeitiger genauer Wert von Ort und Impuls eines Teilchens" überhaupt *nicht definiert*.

E. NAGEL bringt dazu den folgenden anschaulichen Vergleich[56]: Der Begriff der Zahl wurde von den natürlichen Zahlen auf die rationalen Zahlen erweitert. Die Verwendung desselben Wortes „Zahl" fand ihre Rechtfertigung darin, daß gewisse Gesetze im einen wie im anderen Fall gelten, z. B. die assoziativen und die kommutativen Gesetze der Addition und der Multiplikation. Es gibt aber eine Grenze für diese Analogie; denn gewisse Prädikate, wie z. B. „gerade" und „ungerade", sind zwar für natürliche Zahlen, nicht jedoch für rationale definiert. Es ist offenbar unsinnig anzunehmen, daß ein intensiveres Studium der Zahlen dazu führen werde, zu entscheiden, ob z. B. der Bruch 3/7 eine gerade oder ungerade Zahl darstellt. Ebenso bildet es eine begriffliche Konfusion zu glauben, daß eine Verbesserung der experimentellen Meßtechniken dazu führen könnte, die präzisen Werte des Ortes und des Impulses eines Elektrons zu bestimmen, *sofern diese Ausdrücke im Sinn der Quantenphysik verstanden werden*. Selbstverständlich könnte sich diese Theorie so wie frühere Theorien in der Zukunft einmal als falsch erweisen. Dann wären diese Begriffe aber *im Licht einer neuen Theorie* erst zu definieren. Zu beachten ist ferner: Die „Sinnlosigkeit" der obigen Wendung beruht nicht darauf, daß eine neue Logik akzeptiert wurde, auf Grund deren die Konjunktion zweier sinnvoller Aussagen sinnlos ist, sondern darauf, daß innerhalb dieser Theorie zwei Begriffe inkompatibel sind, während die gleich benannten Begriffe innerhalb der klassischen Physik miteinander verträglich waren.

Die zweite mögliche Deutung der „Subjektivitätsthese" ist die, daß bei der Formulierung statistischer Gesetzmäßigkeiten der Begriff der statistischen Wahrscheinlichkeit benützt wird und daß dieser Begriff nur im Rahmen einer „subjektivistischen Theorie der Wahrscheinlichkeit" präzisiert werden könne. Dann ändert sich allerdings die Sachlage völlig[57]. Im gegenwärtigen Zusammenhang können wir natürlich auf die Frage nicht eingehen,

---

[56] a. a. O., S. 303f.
[57] K. POPPER behauptet zwar in dem zitierten Aufsatz, daß auch die subjektivistischen Deutungen der Wahrscheinlichkeit auf einer stillschweigende Anerkennung des Determinismusprinzips beruhen. Diese Annahme erscheint aber als höchst problematisch und wird vermutlich auch von den meisten heutigen „Subjektivisten" unter den Wahrscheinlichkeitstheoretikern nicht akzeptiert werden.

ob eine befriedigende *objektive* Deutung der statistischen Wahrscheinlichkeit — z. B. als einer mit einer bestimmten experimentellen Anordnung verknüpften Disposition oder theoretischen Größe — möglich sei. Sollte die Antwort negativ ausfallen, so wäre der obige Schluß unvermeidlich. *Dann aber wäre es nicht der Indeterminismus als solcher, der den Subjektivismus in die moderne Physik hineinbrächte; vielmehr wäre dafür die Deutung des statistischen Wahrscheinlichkeitsbegriffs verantwortlich zu machen.* Nun werden die meisten Physiker eine derartige Deutung ablehnen. In der Regel wird von ihnen der Begriff der statistischen Wahrscheinlichkeit als eine Präzisierung des Gedankens der „relativen Häufigkeit auf lange Sicht" aufgefaßt werden, ähnlich wie ja auch bei den meisten Statistikern diese Vorstellung vorherrschen dürfte. Die Möglichkeit einer Interpretation, nach welcher nicht nur die induktive, sondern auch die statistische Wahrscheinlichkeit in der Sprache des „fairen Wettquotienten" und verwandter Begriffe zu präzisieren wäre, darf jedoch beim heutigen Stand der Untersuchungen nicht außer Betracht bleiben. Man sollte sich dann allerdings darüber im klaren sein, daß eine derartige subjektivistische Deutung der Wahrscheinlichkeit zu einer sehr starken Subjektivierung des Weltbildes führen würde. Fundamentale Aussagen der Physik, von denen man unter der Voraussetzung ihrer Wahrheit annimmt, daß sie Grundgesetze des Universums beschreiben, wären z. B. als verklausulierte Sätze über rationales Verhalten beim Wetten zu interpretieren.

9.i Einigen Denkern erschien die durch die moderne Physik bewirkte Änderung als so grundlegend, daß sie meinten, *auch die Gesetze der Logik* könnten davon nicht unberührt bleiben. Demgegenüber vertraten andere den Standpunkt, daß alle Arten von Änderungen im erfahrungswissenschaftlichen Bereich, wie radikal sie auch immer sein mögen, die Gesetze der Logik oder allgemeiner: die analytischen Wahrheiten, unberührt lassen müßten. Dieser zweite Standpunkt kann heute, wo die Rede von *der* Logik ohnehin als problematisch, wenn nicht als fiktiv erscheint, nicht mehr überzeugen. Auch er beruht in einem gewissen Sinn auf einem Apriori-Dogmatismus, der bestimmte Arten von Wahrheiten von jeder Revidierbarkeit ausnehmen möchte. Man könnte ihn aber sinnvollerweise zu der Forderung oder vielleicht besser: zu der Empfehlung abschwächen, Änderungen an der klassischen elementaren Logik nur dann vorzunehmen, wenn sie sich in dem Sinn als unvermeidlich erweisen, daß ohne eine solche Änderung eine präzise Formulierung moderner physikalischer Theorien ausgeschlossen erscheint. Auch über diese Frage sind die Akten noch nicht geschlossen und werden es vermutlich auch noch lange nicht sein. Die vorgeschlagenen Revisionen zerfallen in drei Klassen: Vorschläge zur *Änderung der Wissenschaftssprache* (z. B. Sinnloserklärung bestimmter Konjunktionen von Aussagen, deren Komponenten sinnvoll sind), *Preisgabe bestimmter logischer Gesetze* (z. B. des aussagenlogischen Prinzips der Distributivität, wie dies von G. BIRKHOFF und J. v. NEUMANN gefordert wurde) oder *Ersetzung der zweiwertigen Aussagenlogik durch eine mehrwertige* (z. B. durch eine dreiwertige gemäß einem Vorschlag von H. REICHENBACH). Auch in neuester Zeit sind verschiedene Versuche unternommen worden, eine für die Formalisierung der modernen Physik adäquatere „Quantenlogik" zu konstruieren. Der Nachweis dafür, daß solche radikalen Eingriffe *notwendig* sind, dürfte bis heute nicht erbracht worden sein. Daß z. B. REICHENBACHs Vorschlag nicht hinreichend begründet ist, weil er *auf einer zu engen Fassung des Empirismus-Prinzips* beruht, geht aus der Kritik E. NAGELs an dieser Auffassung hervor[58]. NAGEL versucht dort die von REICHENBACH hervorgehobene Schwierigkeit[59] statt durch die Einführung einer dreiwertigen Logik durch die Feststellung zu beheben, daß es sich bei den fraglichen Entitäten wie Elektronen etc. um *theoretische* Begriffe handelt. Dann nämlich muß man auch zugeben, daß die physikalischen Grundgesetze die Bedeutungen dieser Begriffe partiell festlegen. Und da diese Gesetze in der Quantenmechanik andere sind als in der klassischen, haben auch die gleichnamigen Ausdrücke wie „Elektron", ebenso aber auch „Ort eines Elektrons", „Impuls eines Elektrons" in diesen beiden Theorien verschiedene Bedeutungen[60]. Wir haben uns diesen Gedanken bereits an früherer Stelle zu eigen gemacht. REICHENBACH war eine solche Deutung fremd, weshalb man sagen könnte, daß bei ihm die Einführung einer mehrwertigen Logik durch wissenschaftstheoretische Annahmen motiviert wurde, die von den heutigen Vertretern des Empirismus nicht mehr geteilt werden. Trotzdem wäre es voreilig, einen Analogieschluß von der Art zu ziehen, daß auch andersartige Vorschläge zu einer Revision der Logik für den Zweck eines einwandfreien Aufbaues der Quantenphysik inadäquat seien. Ein solcher Schluß wäre – die Annahme der obigen „Empfehlung" vorausgesetzt – höchstens dann zulässig, wenn ein streng axiomatischer Aufbau der modernen Physik vorläge, der allen logischen wie physikalischen Anforderungen genügte, aber ebensowenig wie die Axiomatisierungen klassischer Theorien eine Revision im

---

[58] The Journal of Philos., Bd. 42 (1945), S. 437—444, und Bd. 43 (1946), S. 247—250.

[59] Nämlich die Schwierigkeit, eine erschöpfende Interpretation für die Quantenphysik zu geben, wonach nicht beobachtete Teilchen z. B. einen bestimmten Ort wie einen bestimmten Impuls besitzen, und dabei trotzdem nicht mit dem Empirismus in Konflikt zu geraten.

[60] A. PAP hebt in [Erkenntnistheorie], S. 133, hervor, daß auch diese Deutung wieder zu Schwierigkeiten führe, weil sie anscheinend die Konsequenz habe, physikalische Theorien in uninterpretierte Kalküle zu verwandeln. Diese Schwierigkeit ist jedoch nur eine scheinbare. Sie wird dadurch behoben, daß die Begriffe der theoretischen Stufe durch eigene Zuordnungsregeln mit den Begriffen der Beobachtungsstufe verknüpft werden. Die Regeln liefern zwar nur eine teilweise empirische Deutung der theoretischen Begriffe; jedoch reicht diese für die empirische Verwendbarkeit der Theorie aus.

logischen Gerüst enthielte. Es bleibt vorläufig abzuwarten, ob sich eine solche Axiomatisierung als durchführbar erweist.

9.j Sieht man von der Interpretationsproblematik der statistischen Wahrscheinlichkeit ab, so besteht also kein Grund dafür, in die moderne Physik einen Subjektivismus hineinzudeuten. Und schon gar nicht kann davon die Rede sein, daß die „Verwischung der Grenze zwischen Subjekt und Objekt" zu einer paradoxen Situation führe. Auch der Indeterminismus gibt zu keiner Antinomie Anlaß. Indeterministische Systeme stehen logisch gleichberechtigt neben deterministischen, und wir konnten genau sagen, in welchem Sinn die Quantenphysik eine deterministische und in welchem Sinn sie eine indeterministische Theorie darstellt. Es gibt aber noch einen dritten Aspekt, der nach Ansicht von P. SUPPES vorläufig tatsächlich eine Paradoxie darstellt. Dieser dritte Aspekt hängt zusammen mit der *wahrscheinlichkeitstheoretischen Interpretation der Heisenbergschen Unschärferelationen*.

Wie SUPPES hervorhebt, klafft eine Lücke zwischen dem, was diese Relationen wörtlich besagen, wenn man sie im Lichte der herkömmlichen Wahrscheinlichkeitstheorie interpretiert, und der viel weiter gehenden Deutung, welche die Physiker vornehmen. Wir haben oben bei der Wiedergabe der Unschärferelationen über die Bedeutung von „$\triangle p$" und „$\triangle q$" nur vage Andeutungen gemacht. Strenggenommen müßte man zunächst eine Spezialisierung auf eine Koordinatenrichtung, etwa wie in 9.h auf die x-Koordinate, vornehmen und das Symbol „$\triangle$" durch das wahrscheinlichkeitstheoretische Symbol „σ" für die Standardabweichung (= die Quadratwurzel aus der sogenannten Varianz oder dem zweiten Moment über dem Mittel) ersetzen. Der Begriff der Standardabweichung ist relativ auf eine zugrundeliegende Wahrscheinlichkeitsverteilung. Die Unschärferelationen besagen dann genauer, daß das Produkt der Standardabweichungen der konjugierten Größen p_x und q_x nicht kleiner sei als eine bestimmte Konstante, d. h. daß gilt: $\sigma_{p_x} \cdot \sigma_{q_x} \geq h/4\pi$.

Daraus *allein* folgt aber noch keineswegs, daß eine simultane scharfe Messung der x-Koordinate des Ortes und der x-Koordinate des Impulses ausgeschlossen ist. Dies kann am besten durch ein primitives Gegenbeispiel illustriert werden: Wenn wir als Individuenbereich die Klasse der lebenden Menschen wählen, „$L(x)$" die Körperlänge bedeutet und „$G(x)$" das Gewicht, so werden wir für diese beiden Funktionen (als sogenannte „Zufallsveränderliche" aufgefaßt) bestimmte Häufigkeits- oder Wahrscheinlichkeitsverteilungen erhalten. Die Standardabweichungen werden in beiden Fällen beträchtlich sein. Ebenso wird deren Produkt größer sein als eine bestimmte (sogar verhältnismäßig große) positive Zahl. Trotzdem liefert natürlich für jede bestimmte Person x sowohl $L(x)$ wie $G(x)$ einen bestimmten Wert. Es wird als absurd betrachtet werden, wollte jemand aus der erwähnten Ungleichung die Schlußfolgerung ziehen, daß eine Person, die eine bestimmte

Länge hat, kein bestimmtes Gewicht haben könne und umgekehrt. Quantenphysiker werden darauf hinweisen, daß der Sachverhalt in den beiden Fällen ein prinzipiell anderer sei. Nach der Meinung von SUPPES sind uns die Physiker aber bisher eine klare Antwort darauf schuldig geblieben, in welcher Hinsicht die Situation so verschieden sei, daß man im physikalischen Fall den Schluß auf die Unmöglichkeit einer simultanen scharfen Orts- und Impulsmessung ziehen darf[61].

Eine Interpretation der Unschärferelation, dergemäß eine gleichzeitige Messung konjugierter Größen möglich wäre, würde allerdings voraussetzen, daß für jeden Zeitpunkt eine *gemeinsame Wahrscheinlichkeitsverteilung* für diese beiden Größen existiert. Es zeigt sich jedoch, daß dies, abgesehen von sehr speziellen Situationen, nicht gilt. Man kann zwar im allgemeinen eine Formel berechnen, welche das mathematische Analogon zu dem darstellt, was üblicherweise eine gemeinsame Verteilung genannt wird. Doch ergeben sich für diese Größe auch negative Werte, was eine wahrscheinlichkeitstheoretische Deutung als gemeinsamer Verteilung ausschließt. Die Nichtexistenz der gemeinsamen Verteilung von zwei getrennt meßbaren konjugierten physikalischen Variablen, wie Ort und Impuls, stellt nach der Meinung von SUPPES ein bisher nicht gelöstes wahrscheinlichkeitstheoretisches Paradoxon dar, da etwas Ähnliches in keinem anderen wissenschaftlichen Bereich, in dem man mit statistischen Methoden arbeitet, anzutreffen ist. Der Quantenphysiker bzw. der Naturphilosoph wird darin allerdings gerade eine Bestätigung der These vom radikalen Wandel der physikalischen Denkweise erblicken, der durch die moderne Physik hervorgerufen worden ist. Er könnte argumentieren, daß sich hierin der Bedeutungswandel im theoretischen Begriff des Elementarteilchens besonders drastisch zeige und daß es eigentlich dieser eben erwähnte wahrscheinlichkeitstheoretische Sachverhalt ist, der die Behauptung rechtfertige, daß Elementarteilchen nicht gleichzeitig ein bestimmter Ort wie ein bestimmter Impuls zukomme.

Der logische Sachverhalt ist jedenfalls der: Weder die Aussage, daß keine simultane Messung konjugierter Größen an Elementarteilchen möglich sei, noch die schärfere Aussage, daß es nach quantenphysikalischer Auffassung keinen Sinn ergäbe, davon zu reden, daß ein Elementarteilchen z. B. gleichzeitig einen genau bestimmten Ort und einen genau bestimmten Impuls besitze, können als Folgerungen aus den Unschärferelationen bezeichnet werden. Diese Relationen sind mit der Annahme simultaner scharfer Messungen durchaus verträglich. Der tiefer liegende Sachverhalt, aus dem die

---

[61] Vgl. dazu SUPPES, [Quantum Mechanics]. SUPPES bringt an dieser Stelle ein psychologisches Analogiebeispiel, das den möglichen Einwand entkräften soll, Elementarpartikel wie Elektronen seien in einer experimentellen Situation in einer Hinsicht gleichartig, in der die menschlichen Wesen im obigen Beispiel nicht gleichartig sind.

genannten Folgerungen gezogen werden dürfen, ist vielmehr der, daß abgesehen von Entartungsfällen für konjugierte Größen keine gemeinsame Wahrscheinlichkeitsverteilung existiert, d. h. die diese Verteilung repräsentierende Funktion sinnvollerweise nicht als Wahrscheinlichkeitsverteilung deutbar ist.

Anhang I
Kausalität und Inus-Bedingungen
nach J. L. Mackie

0. Vorbemerkung

In den letzten Jahren haben die Untersuchungen zur Kausalität einen erfreulichen Aufschwung genommen. Dies wird manchen überraschen, ist doch die Kausalität schon vor längerer Zeit sowohl von Philosophen, wie z. B. von E. Mach und B. Russell, als auch von Naturforschern, wie z. B. den Quantenphysikern, für tot erklärt worden.

Man kann die neueren Arbeiten zur Kausalität grob in zwei Arten von Untersuchungen unterteilen. In den Arbeiten der ersten Art bemühen sich die Autoren, die Humesche Theorie *wesentlich zu verbessern*, in den Arbeiten der zweiten Art, diese Theorie *wesentlich zu verallgemeinern*. In beiden Fällen liegt die Emphase auf dem Wort „wesentlich"; denn beide Male geht es nicht um Verbesserungen in Detailfragen, sondern um grundlegende Modifikationen und Revisionen.

Die Bemühungen um eine Verallgemeinerung der Theorie von Hume gingen von P. Suppes aus. Darin werden die konstanten Verknüpfungen im Sinne von Hume *zu statistischen Regularitäten verallgemeinert*. Zwangsläufig wird in diesen Analysen von wahrscheinlichkeitstheoretischen Begriffen Gebrauch gemacht. Es besteht die Gefahr, den philosophischen Ertrag dieser Untersuchungen zu unterschätzen. Denn heute ist noch immer die seltsame Gewohnheit verbreitet, Indeterminismus mit Akausalität gleichzusetzen. Folgt man den Bemühungen von Suppes auch nur im Prinzip, dann beruht diese Identifizierung auf einer fundamentalen philosophischen Konfusion; erhalten doch nach ihm gerade erst im probabilistischen Fall – also in „indeterministischen Systemen" – die Kausalbegriffe ihre grundlegende Bedeutung. Wir werden dieses Generalisierungsvorhaben im zweiten Anhang schildern und diskutieren.

Zunächst geht es uns um den vermutlich interessantesten und wichtigsten Versuch, die Theorie von Hume zu verbessern, ohne an ihrer deterministischen Voraussetzung zu rütteln, nämlich um die Arbeiten von Mackie zum Thema *Kausalität*. Wir werden uns hauptsächlich auf drei Aspekte konzentrieren: die vorbereitende Klärung der umgangssprachlichen Verwendung des Ursache-Begriffs in der Sprache der notwendigen und hinreichenden Bedingungen; ferner die systematische Explikation des objektiven Ursache-Begriffs; und schließlich die Präzisierung des Gedankens der kausalen Regularität.

1. Konditionalanalyse der normalsprachlichen Verwendung von „Ursache"

Der natürlichste Ausgangspunkt für die Analyse der Verwendung von „Ursache" findet sich nach MACKIE bereits bei J. ST. MILL: Wenn eine Person ein bestimmtes Gericht zu sich nimmt und in Folge davon stirbt – und damit meinen wir nach MILL, *daß sie nicht gestorben wäre, falls sie das Gericht nicht gegessen hätte* –, so sagt man, daß der Genuß des Gerichtes die Ursache ihres Todes sei. MACKIE zitiert eine Stelle aus HUMES *Inquiry*, wo HUME etwas ganz Analoges behauptet, nachdem er unmittelbar zuvor eine Analyse in der Sprache seiner Regularitätstheorie gegeben hatte, und wo HUME so tut, als ob beides auf dasselbe hinauslaufe. Aber offenbar irrt sich HUME bezüglich der Gleichsetzung: Diese Konditionalanalyse eines singulären Kausalsatzes, nämlich dessen Analyse mit Hilfe eines irrealen Konditionalsatzes, ist keine *mit anderen Worten* formulierte Version der Regularitätsanalyse.

In erster Approximation könnte man behaupten, daß eine Aussage von der Gestalt „*x verursacht y*" dasselbe bedeute wie: „*x fand statt und y fand statt und y hätte nicht stattgefunden, wenn x nicht geschehen wäre*". Was hier erfolgt, ist die Analyse eines singulären Kausalsatzes mittels einer irrealen Konditionalbehauptung, durch welche die Ursache als *notwendige Bedingung* des durch sie Bewirkten ausgezeichnet wird. Bevor man sich der Frage zuwendet, ob *x* nicht auch als eine hinreichende Bedingung von *y* aufzufassen sei, müssen einige Einwendungen betrachtet werden.

In einem *ersten Einwand* werden Fälle angeführt, wo ein singulärer Kausalsatz gilt, aber die damit angeblich gleichbedeutende Analyse unrichtig ist. So kann es z. B. zutreffend sein zu behaupten, daß das Reiben des Streichholzes an einer bestimmten Fläche eine Flamme verursachte, gleichzeitig aber auch, daß die Flamme entstanden wäre, wenn das Streichholz *nicht* gerieben worden, sondern z. B. mit einem glühenden Schürhaken in Berührung gekommen wäre. Solche Fälle (von Richtigkeit des Kausalsatzes trotz scheinbarer Falschheit des für seine Analyse vorgeschlagenen Konditionalsatzes) zeigen: Man muß, um zu einer korrekten Analyse zu gelangen, *die im Konditionalsatz stillschweigend mitgedachten Umstände* einbeziehen. Die obige Analyse wäre so zu erweitern: „... *und y hätte unter den Umständen nicht stattgefunden, wenn x nicht geschehen wäre*". Zu den Umständen gehört auch das Nichtstattfinden gewisser Ereignisse: Im gegebenen Beispiel würden die Umstände die Tatsache einschließen, daß dieses Streichholz zur fraglichen Zeit nicht mit einem glühenden Schürhaken in Berührung kam. (Wenn dagegen die Analyse selbst bei Bezugnahme auf die Umstände inkorrekt wird, ist dies ein Symptom dafür, daß eine kausale Überbestimmtheit vorliegt. Man denke etwa an den Fall, wo das Streichholz gerieben und zugleich von einem glühenden Schürhaken berührt wurde: Hier wäre die Flamme selbst dann *unter den Umständen* entstanden, wenn das Streichholz nicht gerieben worden wäre.)

Ein *zweiter Einwand* zielt in die entgegengesetzte Richtung als der erste. Es geht um solche Fälle, wo wir nicht bereit wären zu sagen, daß *y* durch *x* verursacht wurde, der als Analyse von „*x* verursacht *y*" vorgeschlagenen Aussage jedoch zustimmen würden. Ein solcher Fall läge, wie der Leser selbst prüfen möge, dann vor, wenn *x* stattfand und *x* und *y* identisch sind. (In der alltäglichen Verwendung von Verursachung werden Ereignisse jedenfalls – zum Unterschied vom Gott mancher Theologen oder vom Gott SPINOZAS – nicht als Ursachen ihrer selbst aufgefaßt.) Bereits HUME hatte deshalb gefordert, daß *x* und *y verschiedene Ereignisse* sein müssen. Die Frage, wie dieser Gedanke zu präzisieren sei, ist berechtigt, führt jedoch vom Thema ab ins Sprachphilosophische. Ernster zu nehmen sind diejenigen Spezialfälle des zweiten Einwandes, in denen *x* und *y* zusammen Wirkungen derselben Ursache sind. Auch hier ist *x* keine Ursache von *y*, obwohl wir sagen würden, daß unter den Umständen *y* nicht passiert wäre, falls *x* nicht stattgefunden hätte. Die Schwierigkeit ist tieferliegend, als es zunächst den Anschein hat. Ihre Bewältigung ist nach der Überzeugung von MACKIE erst im systematischen Rahmen möglich, da darin von einem grundlegenden Begriff der Kausaltheorie Gebrauch gemacht werden muß, nämlich dem Begriff der *kausalen Priorität*.

Ein anderes Problem betrifft die Abgrenzung der Ursachen von dauerhaften Bedingungen. Wir sagen, daß ein Funke, nicht jedoch die Anwesenheit von entzündbarem Material das Feuer verursachte. Unsere Neigung, nicht alle Bedingungen Ursachen zu nennen und insbesondere dauerhafte Bedingungen davon auszuschließen, wird sicherlich nicht durch strenge Auswahlregeln geleitet. Immerhin gibt es dafür nach MACKIE „systematische Tendenzen"; und eine gewisse Klärung kann herbeigeführt werden, wenn man berücksichtigt, daß Kausalbehauptungen gewöhnlich in einem bestimmten Kontext aufgestellt werden, wobei ein *kausales Feld* die Hintergrundannahme bildet. Mit diesem Begriff greift MACKIE einen Gedanken des australischen Philosophen JOHN ANDERSON auf. Ursache und Wirkung werden als Änderungen innerhalb eines gegebenen Feldes betrachtet. Wie immer die genaue Präzisierung dieses Begriffs lauten mag, er hat jedenfalls die Funktion, Ereignisse, die als Ursachen und Wirkungen in Frage kommen, von dauerhaften Bedingungen abzugrenzen, die zwar ebenfalls für die Wirkung notwendig sind, jedoch als Kandidaten für Verursachung ausgeschlossen werden, weil sie Bestandteile des gegebenen kausalen Feldes bilden.

Wovon man sagen kann, daß es verursacht wurde, ist somit nicht einfach ein *Ereignis*, sondern vielmehr ein *Ereignis-in-einem-bestimmten-kausalen-Feld*.

Dies zu beachten, ist auch deshalb wichtig, weil das kausale Feld mit der Art der Kausalfrage *gewählt* wird. Der Übergang von einer kausalen Frage zu einer anderen kann den Übergang zu einem anderen kausalen Feld bedeuten und damit zur Folge haben, daß gewisse Bedingungen, die bei der ersten Frage als Bestandteile des kausalen Feldes keine Kandidaten für Ursachen sind, bei der zweiten Frage zu Ursachen in dem entsprechenden anderen Feld werden. (Eine weitere Klärung könnte hier vielleicht dadurch erzielt werden, daß man diesen gedanklichen Ansatz mit der in **XI,** 2 geschilderten pragmatischen Analyse von Warum-Fragen durch B. HANSSON in Verbindung bringt.)

Häufig interessieren wir uns allerdings für die Verursachung mit einem Seitenblick auf gewisses Handeln, nämlich auf die mögliche Verhinderung des verursachten Ereignisses. Dies ist zugleich ein Hinweis auf das, was sich die *Interessenrelativität* des Ursachenbegriffs nennen ließe. So könnte man zugestehen, daß sowohl die Anwesenheit von brennbarem Material als auch der Funke das Feuer verursachte, daß aber das erste weniger interessant sei. Wenn man daher den Funken und nicht das Material Ursache nennt, so weist man auf das hin, dessen Unterbindung die letzte Chance für die Verhinderung des Feuers hätte sein können.

Zusammenfassend könnte man sagen, daß es zwei Fälle gibt, wo wir einer notwendigen Bedingung eines Ereignisses nicht den Status einer Ursache zuschreiben: erstens, wenn die Bedingung Teil des Feldes ist, und zweitens, wenn die fragliche Bedingung (aufgrund des vorherrschenden Interesses) als nicht erwähnenswert erscheint.

Bislang stand in der Bedeutungsanalyse von „x verursachte y" nur die Frage zur Diskussion, ob x mit Recht als notwendige Bedingung von y aufzufassen sei. Ist x nicht auch als *hinreichend* für y zu deuten? Wenn wir der Versuchung nachgeben, „x verursacht y" als „x erzwingt y" zu interpretieren, so müßten wir x tatsächlich als hinreichend für y, allerdings wieder relativiert auf die Umstände, ansehen. MACKIE macht hier darauf aufmerksam, daß man zwischen zwei verschiedenen Bedeutungen von „hinreichend" zu unterscheiden hat. Der *schwache Sinn* liegt vor, wenn „x ist unter den Umständen hinreichend für y" als gleichbedeutend angesehen wird mit „wenn die Umstände gegeben sind, so gilt: sofern x vorkommt, wird auch y vorkommen". Falls die Umstände die wirklichen sind, wird diese Bedingung von jeder Ereignisfolge erfüllt, in der x und y vorkommen. Diese Feststellung läuft auf eine Trivialisierung des schwachen Sinnes von „hinreichend" hinaus: In *dieser* Bedeutung kann der Begriff keinen Beitrag zur Kausalanalyse liefern. Daneben aber gibt es einen *starken* oder *kontrafaktischen* Sinn dieser Wendung. Er beinhaltet: Unter den Umständen hätte x nicht stattgefunden, wenn sich y nicht ereignet hätte. Wie der Vergleich von elementaren kausalen und nichtkausalen Folgen zeigt, liegt Hinlänglichkeit in diesem starken Sinn *gewöhnlich* vor. Daß sie nicht unbedingt vorliegen muß, erläutert MACKIE am Beispiel der Funktionsweise dreier verschiedener Schokoladenautomaten:

Der Automat K ist eine deterministische Maschine, die unseren üblichen Erwartungen entspricht. Unter normalen Umständen ist es *sowohl notwendig als auch hinreichend (im starken Sinn)*, eine Münze einzuwerfen, um Schokolade zu erhalten. Wir nehmen an, daß die normalen Umstände gegeben seien. (Diese Umstände brauchen nicht vorzuliegen: Bisweilen klemmt die Maschine und die Schokolade kommt trotz eingeworfener Münze nicht heraus; oder die Schokolade kommt heraus, obwohl nur ein münzenähnliches Objekt eingeworfen wurde. Aber in solchen Fällen kann man bei K das Versagen des Mechanismus lokalisieren.)

Der Automat L ist ein indeterministisches Gerät: L liefert unter normalen Umständen nur Schokolade, wenn eine Münze eingeworfen ist. Bisweilen aber kommt trotz Münzeinwurf keine Schokolade heraus. Ob das letztere vorkommt oder nicht, ist reiner Zufall. Die folgende Abbildung veranschauliche die drei möglichen Fälle, die eintreten können (der kleine Kreis links symbolisiere stets die Münze, das Rechteck rechts die Schokolade):

   O L □

   O L   : nicht hinreichend

     L   : notwendig

Das Einwerfen der Münze ist zwar *notwendig, aber nicht hinreichend (im starken Sinn)* dafür, daß man Schokolade erhält. (Ersteres wird veranschaulicht durch die letzte Zeile plus dem Fehlen der Analogie zur zweiten Zeile des folgenden Bildes. Die zweite Zeile veranschaulicht, daß der Einwurf der Münze nicht hinreichend ist.)

Der Automat M ist ebenfalls indeterministisch. Der Zufall wirkt sich bei ihm aber in umgekehrter Richtung aus als bei L. Unter normalen Umständen liefert er stets Schokolade, wenn eine Münze eingeworfen wurde. Bisweilen aber beginnt sein Mechanismus aus unerklärlichen Gründen von selbst zu arbeiten und liefert Schokolade, ohne daß etwas eingeworfen wurde. Der Münzeinwurf ist diesmal zwar *hinreichend (im starken Sinn), aber nicht notwendig* dafür, Schokolade zu bekommen:

   O M □ : hinreichend

     M □ : nicht notwendig

     M

(Diesmal wird das „nicht notwendig" durch die zweite Zeile, das „hinreichend" dagegen durch die erste Zeile sowie dem Fehlen der Analogie zur zweiten Zeile des Bildes zu L illustriert.)

(Sollte ein Leser Zweifel an der Existenz solcher indeterministischer Automaten haben, so möge er die Tatsache, daß es von rein statistischen Gesetzen beherrscht, also indeterministische Systeme im Mikrobereich gibt, mit der Annahme verbinden, daß L und M mit Hilfe von geeigneten Verstärkern konstruiert worden sind: In L werde z. B. der Mechanismus blockiert, wenn trotz Münzeinwurf ein radioaktiver Zerfallsvorgang stattfindet; in M werde der Mechanismus umgekehrt durch einen solchen Vorgang freigesetzt, auch wenn keine Münze eingeworfen worden ist.)

Nach MACKIE besteht zwischen den Automaten L und M eine Asymmetrie: Wenn ich in L eine Münze einwerfe und es erscheint Schokolade, so werde ich trotz der fehlenden Hinlänglichkeit sagen, daß der Münzeinwurf das Erscheinen der Schokolade verursachte. Bei M kann ich, sofern ich um die abgebildete Struktur des Automaten weiß, Analoges nicht behaupten; denn da ich keine Ahnung von der Notwendigkeit des Münzeinwurfes habe – vielleicht wäre auch bei fehlendem Einwurf trotzdem gerade in diesem Augenblick ein Stück Schokolade herausgekommen –, so habe ich auch keine Ahnung davon, ob eine Verursachung vorliegt.

Diese Beispiele erhärten die These, daß „x verursachte y" die Bedeutungskomponente enthält „x war unter den Umständen für y notwendig" und daß die Hinlänglichkeit im starken Sinn zwar gewöhnlich vorliegt, aber nicht unbedingt vorzuliegen braucht, wie der Fall des Automaten L lehrt.

MACKIE gibt darüber hinaus eine Reihe von interessanten, subtilen Detailanalysen. Wir greifen zwei Fälle aus den oben angedeuteten potentiellen Beispielen zur Stützung des ersten Einwandes gegen die Notwendigkeitsbehauptung heraus, nämlich Fälle von kausaler Überbestimmtheit. Relativ einfach zu behandeln ist die *quantitative Überbestimmtheit*. Wenn etwa behauptet wird, daß ein bestimmter Schlag mit dem Hammer die Abflachung der getroffenen Nuß bewirkte, so kann es doch der Fall sein, daß insofern keine Notwendigkeit vorliegt, als ein schwächerer Schlag für diese Abflachung genügt hätte. Dieser Mangel läßt sich dadurch beheben, daß man beide Ereignisse, Ursache und Wirkung, in quantitativer Sprache beschreibt. Interessanter sind die Fälle, in denen MACKIE von *alternativer Überbestimmtheit* spricht, bei denen er wiederum verschiedene Unterfälle unterscheidet. In einigen Fällen verhält es sich so, daß es selbst die detaillierteste Beschreibung eines Geschehens nicht gestatten würde, zwischen miteinander rivalisierenden Kandidaten für die Rolle der Ursache zu differenzieren. Ein solcher Fall liegt z. B. vor, wenn ein Mensch durch ein Erschießungskommando getötet wird, wobei mindestens zwei Kugeln tödlich waren.

Ein Beispiel, das auch wegen seiner moralischen und juristischen Aspekte auf Interesse stieß, ist folgendes: Ein Mann macht sich auf, eine Wüste zu durchqueren. Er hat zwei Feinde. Der eine davon schüttet tödliches Gift in seinen Trinkwasser enthaltenden Reservekanister. Der andere, der davon nichts weiß, bohrt ein Loch in den Kanister, so daß das vergiftete Wasser ausgelaufen ist, sobald der Wüstenwanderer das Wasser benötigt. Er verdurstet in der Wüste. In bezug auf ein ähnliches Beispiel vertraten H. L. A. HART und A. M. Honoré[1] die Auffassung, daß in diesem Fall keine befriedigende Antwort auf die Frage gegeben werden könne, welcher von den beiden Feinden den Tod des Wanderers verursacht habe. Mackie hingegen behauptet, der Tod des Wanderers sei durch das Anbohren des Kanisters verursacht worden. Zu diesem Zweck unterscheidet er zwischen *Ereignissen* und *Fakten*, wobei für die letzteren schärfere Differenzierungsmaßstäbe angelegt werden. *Daß der Wanderer starb* und *daß der Wanderer verdurstete* sind zwei verschiedene Fakten. Mackie gesteht Hart und Honoré zu, daß *vom juristischen Standpunkt* aus keine Unterscheidung gemacht werden könne, da sich der Jurist nur dafür interessiert, wer *für den Tod* der Person verantwortlich ist, und die spezielle Art des Todes dabei irrelevant ist. Vom kausalen Standpunkt aus könne man aber mehr sagen: Da der Tod des Wanderers ein Tod durch Verdursten war, müsse das Anbohren des Kanisters *für diese Art des Todes* verantwortlich gemacht werden.

Die von Mackie angestellten Überlegungen sind nicht völlig überzeugend. Man könnte ihnen folgendes entgegenhalten: Die Rolle des ersten Feindes im fraglichen Kausalzusammenhang wäre dieselbe gewesen, wenn er nicht tödliches Gift ins Wasser geschüttet, sondern das Wasser ausgeleert und zur Gänze durch Gift, etwa Zyankali, ersetzt hätte. Mackies Analyse würde dann noch immer zu der Behauptung führen, daß das Anbohren des Kanisters den Tod durch Verdursten verursachte. Dies aber liefe auf die zumindest sehr paradox klingende Behauptung hinaus, daß das Verdursten *durch die Entfernung von Zyankali,* das seitens des ersten Feindes für den Genuß zugedacht war, verursacht worden ist.

Bei der Verfolgung von Einzelheiten in den Analysen von Mackie werden Leser auf Schwierigkeiten stoßen, da manche Resultate einander zu widersprechen scheinen. Der Grund dafür liegt jedoch darin, daß Mackie im Verlauf dieser Art von Untersuchungen den alltäglichen Gebrauchsweisen genau nachgeht und daß zwischen diesen häufig kein Einklang erzielt werden kann. So gelangt er am Ende seiner Betrachtungen zu einer Differenzierung, die auf eine sprachliche Empfehlung hinausläuft: Man könnte von *notwendigen Ursachen* in denjenigen Fällen sprechen, in denen Hinlänglichkeit nicht verlangt wird, und von *hinreichenden Ursachen* in denjenigen selteneren Fällen, wo keine Notwendigkeit gefordert wird. Und in den restlichen Fällen sollte ausdrücklich gesagt werden, daß sowohl Notwendigkeit als auch Hinlänglichkeit verlangt wird.

Bevor wir die Konditionalanalyse von Mackie verlassen, wollen wir abschließend versuchen, sie im folgenden Diagramm zu verdeutlichen. Dabei antizipieren wir das Vorgehen von Abschn. 3 und betrachten statt Einzelereig-

---

[1] In dem gemeinsamen Buch dieser beiden Autoren, *Causation in the Law*, Oxford 1959, auf S. 219 f.

nissen Typen von Ereignissen, die wir mittels lateinischer Großbuchstaben symbolisieren. *A* sei dasjenige Ereignis, welches daraufhin zu untersuchen ist, ob es Ursache von *P* ist.

Wir gehen davon aus, daß sich *P* in drei verschiedenen Möglichkeitszuständen befinden kann, d. h. daß für *P* ein dreifacher modaler Status in Frage kommt: *P* kann notwendig, kontingent oder unmöglich sein; „kontingent" bedeutet dabei daselbe wie „weder unmöglich noch notwendig". Zu beachten ist, daß die Modalausdrücke nicht im logischen, sondern *im naturgesetzlichen Sinn* zu verstehen sind. Der modale Status von *P* kann sich bei Verwirklichung von *A* ändern, und zwar je nachdem, ob *A* für *P* notwendig oder hinreichend oder beides ist. In allen Fällen von Änderungen ist *die Relativierung auf die Umstände hinzuzudenken.*

modaler Status von *P*	Das realisierte Ereignis *A* ist		
	notwendig für *P*	hinreichend für *P*	notwendig und hinreichend für *P*
notwendig			
kontingent			
unmöglich			

In der ersten Spalte sind die drei möglichen Modalzustände von *P* angeführt.

Die zweite Spalte besagt: Im Fall von ¬*A* wäre ¬*P* notwendig, d. h. *P* wäre unmöglich. Mit Verwirklichung von *A* wird *P* möglich. Daß *A* für *P* notwendig ist, beinhaltet somit, daß durch die Realisierung von *A* das Ereignis *P* vom Zustand der Unmöglichkeit in den Zustand der Kontingenz oder sogar der Notwendigkeit „hinaufbefördert" wird.

Die dritte Spalte drückt den folgenden Sachverhalt aus: Im Fall von ¬*A* wäre *P* nicht notwendig. Mit Verwirklichung von *A* wird *P* notwendig. Daß *A* für *P* hinreichend ist, beinhaltet, daß durch die Realisierung von *A* das Ereignis *P* vom Zustand der Kontingenz oder sogar der Unmöglichkeit in den der Notwendigkeit „hinaufbefördert" wird.

Die beiden punktierten Linien im Diagramm fallen fort, wenn in der Überschrift zur zweiten Spalte „aber nicht hinreichend für *P*" und in der zur dritten Spalte „aber nicht notwendig für *P*" ergänzt wird.

Schließlich zum Inhalt der vierten Spalte: Im Fall von ¬*A* wäre ¬*P* notwendig. Mit Verwirklichung von *A* wird *P* notwendig. Daß *A* für *P* sowohl hinreichend als auch notwendig ist, besagt, daß durch die Realisierung von *A* das Ereignis *P* vom Zustand der Unmöglichkeit „um zwei Stufen nach oben befördert" wird, nämlich in den Zustand der Notwendigkeit. (Die Beförderung in die nächsthöhere Stufe der Kontingenz wird dadurch erzeugt, daß *A* für *P* notwendig ist, und die Beförderung von dort auf die höchste Stufe der Notwendigkeit dadurch, daß *A* überdies hinreichend ist für *P*.)

Dieses für den deterministischen Fall geltende Schema läßt sich in anschaulicher Weise auf den indeterministischen Fall verallgemeinern:

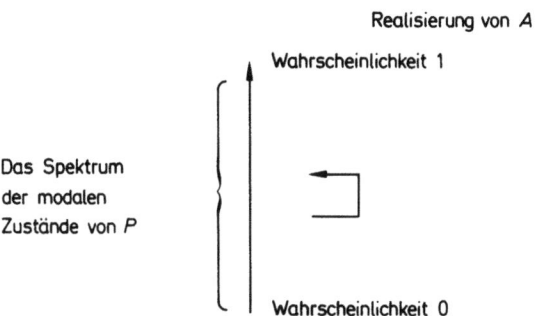

An die Stelle der dreifachen Klassifikation tritt hier ein kontinuierliches Spektrum modaler Zustände von *P*. *Sowohl* der Fall des Vorliegens einer notwendigen Bedingung *A* als auch der des Vorliegens einer hinreichenden Bedingung *A* wird realisiert durch die Regel: *Ohne A ist P weniger wahrscheinlich als mit A*.

(Auf die Frage der Einbettungsmöglichkeit der systematischen Theorie von MACKIE in den probabilistischen Rahmen kommen wir in Anhang II, 10, zurück.)

2. Rationale Rekonstruktion singulärer Kausalsätze: Ursachen als Inus-Bedingungen

MACKIE bezeichnet seine Behandlung der geläufigen Verwendungen des Wortes „Ursache" als *Bedingungs-* oder *Konditionalanalyse*. Dadurch soll zum Ausdruck gebracht werden, daß darin nur von notwendigen und (im starken Sinn) hinreichenden Bedingungen die Rede ist, die ihrerseits in der Sprache der irrealen Konditionalsätze formuliert werden. Die Analyse hat einige wichtige Erkenntnisse zutage gefördert, die auch in die systematische Diskussion übernommen werden, so z. B. die Tatsache, daß die Rede von einer Verursachung auf die *Umstände* relativiert werden muß; daß ferner eine davon zu unterscheidende Relativierung auf das jeweils betrachtete *kausale Feld* erforderlich ist; und schließlich, daß man zwecks Behebung gewisser Schwierigkeiten auf einen dem Begriff der Verursachung vorangehenden, in diesem vorausgesetzten Begriff der *kausalen Priorität* angewiesen bleibt. Dabei sind, wie sich zeigen wird, die jeweiligen Umstände sowie der Begriff der kausalen Priorität nach der Auffassung von MACKIE einer Explikation fähig.

Innerhalb der Bedingungsanalyse hat sich allerdings auch die Grenze dieses Verfahrens gezeigt. Insbesondere blieb dabei die Rolle der Regularitätstheorie ungeklärt. Wenn der Sinn singulärer Kausalsätze mit Hilfe von irrealen Konditionalbehauptungen wiedergegeben wird, so ist zwar die Annahme naheliegend, daß sich diese Konditionalbehauptungen auf Regularitätsaussagen stützen müssen. Doch die Frage, ob und wie dies möglich sei, blieb zunächst offen.

Es ist ein naheliegendes Desiderat, bereits singuläre Kausalaussagen auf solche Weise zu analysieren, daß der Übergang zur entsprechenden generellen Regularitätsbehauptung mühelos vollzogen werden kann. Bei der Suche nach einer systematischen Rekonstruktion sollte man sich nach MACKIE allerdings nicht D. HUME, sondern wieder J. ST. MILL zum Vorbild nehmen, da sein Vorgehen gegenüber dem von HUME eine bedeutende Verbesserung darstelle.

Die Grundlage für die gesuchte Analyse bilden zweckmäßigerweise singuläre Kausalaussagen von wissenschaftlichen Experten. *Beispiel*: Ein Haus ist in Brand geraten. Der Brand wird gelöscht, bevor das Haus völlig zerstört ist. Experten werden eingesetzt, um die Brandursache zu ermitteln. Sie kommen zu dem Ergebnis, daß ein Kurzschluß an einer bestimmten Stelle den Brand verursacht hatte. Was ist die Tragweite dieser Aussage?

Keinesfalls wollen die Experten behaupten, der Kurzschluß sei eine notwendige Bedingung für den Brand gewesen. Denn sie wissen genau: Auch ein Kurzschluß an anderer Stelle oder ein glimmender Zigarettenstummel hätten zum Brand führen können.

Ebensowenig wollen sie behaupten, der Kurzschluß sei eine hinreichende Bedingung für den Brand gewesen. Denn es ist ihnen klar, daß das Feuer ohne das Vorhandensein von brennbarem Material in der Nähe des Kurzschlusses oder bei Vorliegen einer gut gehenden Sprinkleranlage nicht ausgebrochen wäre.

Wenn der Kurzschluß also weder notwendig noch hinreichend für den Brand war, in welchem Sinn hat er dann den Brand nach Auffassung der Experten „verursacht"? Grob gesprochen, sieht die Antwort so aus: Es gibt eine Menge von positiven wie negativen Bedingungen M, zu denen neben dem Vorhandensein von brennbarem Material und dem Fehlen einer Sprinkleranlage auch der Kurzschluß gehört, die *alle zusammen* für den Brand *hinreichend* sind. Innerhalb *dieser* komplexen Bedingung M ist der Kurzschluß ein *unabdingbarer* Bestandteil, da die anderen Elemente allein nicht zum Brand geführt hätten.

Dabei ist zusätzlich zu beachten: Die komplexe Bedingung M ist zwar hinreichend, aber nicht notwendig für den Brand. Es sind zahllose andere komplexe Bedingungen denkbar, die für den Brand ebenfalls hinreichend wären.

Die sogenannte Ursache – in unserem Beispiel der Kurzschluß – ist dann nichts anderes als ein *nicht hinreichender* (**in**sufficient), aber *notwendiger* (**n**ecessary) Teil einer komplexen Bedingung M_i, die selbst als ganze *nicht notwendig* (**u**nnecessary), aber *hinreichend* (**s**ufficient) für das fragliche Resultat ist. Die Anfangsbuchstaben der vier englischen Wörter ergeben zusammen das Wort „inus", weshalb MACKIE seine Explikation in der Weise abkürzend charakterisiert, daß Ursachen Inus-Bedingungen von Ereignissen seien. Im obigen Beispiel erklären die Experten den Kurzschluß in dem Sinn als eine Inus-Bedingung für den Brand, als sie behaupten, daß erstens der Kurzschluß notwendiger Bestandteil der hinreichenden komplexen Bedingung M_i war, und daß zweitens für den Brand keine andere hinreichende komplexe Bedingung $M_j, j \neq i$, gegeben gewesen ist.

Diese intuitive Erläuterung kann durch eine mehr formale Analyse ersetzt werden. Es sei *a* eine Inus-Bedingung des Ereignisses *p*; *b* und $\neg c$ seien die anderen Bedingungen, eine positive und eine negative, die zusammen mit *a* eine hinreichende Bedingung für *p* bilden. (Im Beispiel wäre *a* der Kurzschluß, *b* die Anwesenheit von brennbarem Material, *c* das Vorliegen einer geeigneten Sprinkleranlage und *p* der Brand.) Die Konjunktion $a \wedge b \wedge \neg c$ ist dann eine minimale hinreichende Bedingung – d. h. eine solche, die keine überflüssigen Faktoren enthält – oder kurz: eine *hinreichende Mindestbedingung für p*.

Analog seien $d \wedge \neg e \wedge f, g \wedge h \wedge \neg i$ usw. andere hinreichende Mindestbedingungen für *p*. Man kann sich die Disjunktion *aller* dieser hinreichenden Mindestbedingungen gebildet denken (wobei wir es offen lassen, ob diese Disjunktion endlich oder unendlich ist). Unter der *vollen Ursache* von *p* versteht man am zweckmäßigsten diese Disjunktion; denn von ihr allein kann man behaupten, daß sie sowohl hinreichend als auch notwendig für *p* sei. Greifen wir aus einem der Disjunktionsglieder, d. h. aus einer hinreichenden Mindestbedingung, ein Konjunktionsglied heraus, wie z. B. *a* aus $a \wedge b \wedge \neg c$, so erhalten wir genau eine Inus-Bedingung.

Jetzt können wir auch genauer sagen, was mit der bereits in Abschn. 1 erwähnten Relativierung auf die Umstände gemeint ist. Diese *Umstände* werden jeweils durch die übrigen konjunktiven Komponenten der fraglichen hinreichenden Mindestbedingung repräsentiert. Daß *a* unter den gegebenen Umständen eine Ursache von *p* ist, heißt: Gegeben, daß $b \wedge \neg c$ gilt, ist *a* eine Ursache von *p*. Auch *b* z. B. ist eine Inus-Bedingung von *p*, aber die Umstände werden diesmal nicht durch *b* und $\neg c$, sondern durch *g* und $\neg i$ beschrieben.

3. Kausale Regularitäten

In der vorangehenden Analyse bezeichneten die kleinen lateinischen Buchstaben „*a*", „*b*" etc. *individuelle* Ereignisse. Um die entsprechenden kausalen Regularitäten zu formulieren, müssen wir zu den diesen Einzelereignissen korrespondierenden Ereignis*typen* übergehen, von MACKIE auch *Faktoren* genannt. Wir bezeichnen sie durch lateinische Großbuchstaben. Die früheren Formulierungen können dann in der neuen Bedeutung beibehalten werden. „X ist eine notwendige Bedingung von Y" bedeutet: „Wenn immer ein Ereignis vom Typ Y vorkommt, so kommt auch ein Ereignis vom Typ X vor"[2]. Ebenso kann die Form der Kausalaussage übernommen werden. Wenn wir dabei außerdem die erforderliche Relativierung auf ein kausales Feld F explizit hervorheben, gelangen wir zu der verfeinerten Fassung des Begriffs der *kausalen Regularität* (einfachheitshalber nehmen wir an, daß nur eine dreigliedrige Disjunktion von hinreichenden Mindestbedingungen vorliegt):

(∗) *In F folgt auf alle ($A \land B \land \neg C$ oder $D \land G \land \neg H$ oder $J \land K \land \neg L$) ein P; und in F geht jedem P ein ($A \land B \land \neg C$ oder $D \land G \land \neg H$ oder $J \land K \land \neg L$) voran.*

Die Quantoren laufen dabei über Einzelereignisse, auf welche jeweils eine der drei möglichen Merkmalskombinationen zutrifft.

Auch die anderen Begriffe, wie z. B. „Inus-Bedingungen" und „Ursache", lassen sich jetzt übertragen. Wenn man im ersten Disjunktionsglied die von A verschiedenen Konjunktionsglieder durch X und außerdem alle übrigen Disjunktionsglieder zusammen durch Y wiedergibt, so kann man den Begriff der *Inus-Bedingung* folgendermaßen definieren:

(J) A ist eine *Inus-Bedingung für P* gdw für ein X sowie für ein Y der Komplex ($A \land X$ oder Y) eine notwendige und hinreichende Bedingung für P bildet, wobei weder A noch X eine hinreichende Bedingung für P ist.

Strenggenommen müßte auch hier eine Relativierung auf das kausale Feld erfolgen.

Gegenüber der bei J. ST. MILL zu findenden Darstellung enthält die vorliegende eine Änderung in zweifacher Hinsicht. Erstens zögerte MILL, die Abwesenheit eines Ereignisses von bestimmtem Typ eine Ursache zu nennen. Er sprach statt dessen von der Abwesenheit entgegenwirkender Ursachen („absence of counteracting causes"). Sofern man den modernen logischen Symbolismus verwendet, besteht kein Grund mehr für diese Zurückhaltung: Wenn $\neg C$ ein Konjunktionsglied der hinreichenden Mindestbedingung $A \land B \land \neg C$ für P bildet, kann man $\neg C$ als Ursache im Sinn einer Inus-

---

[2] Einzelereignisse sowie Ereignistypen werden hier gewöhnlich im Sinn bloß möglicher Ereignisse verstanden. Ihr tatsächliches Vorkommen muß daher zur Vermeidung von Mißverständnissen ausdrücklich betont werden. In der probabilistischen Verallgemeinerung der Regularitätstheorie (vgl. Anhang II) wird es wichtig, diese Doppeldeutigkeit von „Ereignis" nicht aus dem Auge zu verlieren.

Bedingung für *P* bezeichnen. Der Ereignistyp *C* selbst ist hier etwas von der Art, das MILL „entgegenwirkende Ursache" nennt.

Die zweite Modifikation besteht in der ausdrücklichen Relativierung auf ein kausales Feld, die sich bei MILL noch nicht findet.

Zur Vermeidung möglicher Mißverständnisse seien einige Erläuterungen und Ergänzungen angefügt:

(1) Der Begriff der Inus-Bedingung ist so zu verstehen, daß die Disjunktion aller hinreichenden Mindestbedingungen auch eine notwendige Bedingung ist.

(2) In der Definition bleibt es offen, ob *A* ein Konjunktionsglied *jeder* hinreichenden Mindestbedingung ist. Sofern letzteres der Fall sein sollte, wäre *A* auch eine notwendige Bedingung für *P*; dies wird durch die Definition nicht verboten.

(3) Durch die Forderung, daß *X* für sich allein nicht hinreichend ist für *P*, wird sichergestellt, daß *A* kein überflüssiger Bestandteil der hinreichenden Mindestbedingung $A \wedge X$ ist. Es wird dabei jedoch die Möglichkeit offen gelassen, daß bei gleichem *X* eine von *A* verschiedene Inus-Bedingung *R* zusammen mit *X* eine weitere hinreichende Mindestbedingung $R \wedge X$ liefert.

(4) Es ist Bestandteil der Definition, daß $A \wedge X$ keine notwendige Bedingung für *P* ist, d. h. daß es andere hinreichende Mindestbedingungen für *P* gibt. (Diese anderen hinreichenden Mindestbedingungen sind in *Y* disjunktiv zusammengefaßt.)

(5) Ebenso ist es Bestandteil der Definition, daß *A* allein keine hinreichende Bedingung für *P* bildet.

(4) und (5) besagen, daß in der Definition von „Inus-Bedingung" *X* und *Y* nicht leer sein dürfen. Es sind Fälle denkbar, in denen diese Einschränkung unangebracht wäre, so daß sich die Definitionsformel auf „$A \wedge X$" oder „*A* oder *Y*" oder sogar auf „*A*" allein reduziert. Solche Fälle veranlaßten MACKIE, den Begriff „*A* ist *mindestens eine Inus-Bedingung für P*" zu definieren. Dies soll heißen, daß es eine notwendige und hinreichende Bedingung von *P* gibt, die eine der folgenden vier Gestalten hat: ($A \wedge X$ oder *Y*), (*A* oder *Y*), ($A \wedge X$), *A*.

(Ein Ereignis vom Typ) *A verursacht* (ein Ereignis vom Typ) *P* wäre dann so zu analysieren: 1) *A* ist mindestens eine Inus-Bedingung für *P*; 2) (ein Ereignis vom Typ) *A* fand bei der fraglichen Gelegenheit statt; 3) die durch *X* repräsentierten Faktoren waren, sofern es sie überhaupt gibt, in der fraglichen Situation realisiert; 4) kein Disjunktionsglied von *Y*, welches nicht *A* als Konjunktionsglied enthält, war in der fraglichen Situation realisiert.

Anmerkung. Die hier gewählte Methode der Schilderung von MACKIES Theorie entspricht nicht genau dem, was man in seinen Texten vorfindet. Im Aufsatz [CAUSES] hat er nicht scharf zwischen der Analyse *singulärer* Kausalsätze und der Analyse *allgemeiner* Kausalsätze unterschieden, obwohl sich seine Formulierungen eher auf den ersten Fall beziehen. Das ist kritisch von JAEGWON KIM in [MACKIE] hervorgehoben worden. In [CEMENT] hat MACKIE dieser Kritik dadurch Rechnung zu tragen gesucht, daß er hier scharf zwischen Einzelereignissen und Ereignistypen unterscheidet und sich für die Analyse der Ursache als Inus-Bindung auf den allgemeinen Fall (Typenfall) beschränkt, den wir oben geschildert haben.

Dies hat nun den anderen Nachteil im Gefolge, daß sich die Analyse singulärer Kausalsätze auf die Untersuchung des normalsprachlichen Gebrauchs dieser Aussage im Sinn der Betrachtungen von Abschn. 1 beschränkt. Dadurch wird die Tatsache verschleiert, daß bereits auf der Stufe der singulären Kausalbehauptungen eine *systematische* Analyse möglich ist. Wir haben uns daher, im Gegensatz zu MACKIE, zu einer Dreiteilung entschlossen: Analyse des normalsprachlichen Gebrauchs von Kausaläußerungen (Abschn. 1); systematische Rekonstruktion singulärer Kausalsätze (Abschn. 2) und systematische Rekonstruktion kausaler Regularitäten (Abschn. 3). Dies hat den Vorteil, daß erstens die Analyse des normalsprachlichen Gebrauchs von der rationalen Rekonstruktion scharf abgegrenzt bleibt und zweitens innerhalb der letzteren die völlige Parallele in der Behandlung singulärer und genereller Kausalsätze zutage tritt. Auf eine weitere Konsequenz davon kommen wir sogleich zu sprechen.

Vergleicht man die gegenwärtige Analyse, deren Hauptresultat in der Aussage (✶) festgehalten worden ist, mit der des vorigen Abschnittes, so wird klar, daß alle Kausalbegriffe *kategorial zweideutig* sind. Das gilt insbesondere von dem für MACKIE grundlegenden Begriff der Inus-Bedingung. Im vorigen Abschnitt diente dieser Begriff dazu, eine Behauptung von Experten über die Ursache eines ganz bestimmten, raum-zeitlich lokalisierten Ereignisses zu präzisieren. „Inus-Bedingung" war dort ein Prädikat, das auf *individuelle* Ereignisse zutreffen kann. Im gegenwärtigen Zusammenhang ist dagegen nur von Ereignis*typen* die Rede. Neben den übrigen Kausalbegriffen wird damit die Inus-Bedingung etwas, das nur von *Typen von* Ereignissen gelten kann.

Diese Ambiguität ist kein Nachteil. Vielmehr gestattet es diese Zweiteilung, die *semantische* Analyse der Kausalität von deren *epistemischer* Analyse klarer abzugrenzen, als dies innerhalb der Theorie von HUME möglich ist. HUME hat in dem Sinn eine Regularitätstheorie der *Bedeutung* singulärer Kausalsätze entworfen, als er behauptet, daß kausale Regularitäten in die Bedeutung singulärer Kausalsätze Eingang finden. Diese Version der Regularitätstheorie ist nach MACKIE zu verwerfen: Weder im Rahmen der Analyse des normalsprachlichen Gebrauchs von „Ursache" noch innerhalb der systematischen Rekonstruktion von Abschn. 2 wurde, um die *Bedeutung* von singulären Kausalsätzen zu klären, auf kausale Regularitäten zurückgegriffen. *Vom rein semantischen Standpunkt* ist daher zu sagen: Das Verständnis singulärer Kausalsätze geht dem Verständnis von Kausalgesetzen voran und nicht umgekehrt, wie HUME behauptet. Erst wenn man das Verhältnis dieser beiden Aussagetypen *unter epistemischen Gesichtspunkten* beurteilt, ergibt sich die „Humesche Reihenfolge": Für die adäquate Beantwortung der Frage, wie man eine singuläre Kausalbehauptung – oder: den Schluß von der Ursache auf die Wirkung bzw. umgekehrt den von der Wirkung auf die Ursache – *rechtfertigen* oder *begründen* könne, muß man an geeignete kausale Regularitäten appellieren. (Dabei spielt es keine Rolle, ob es sich bei der singulären Behauptung um eine alltägliche Kausalaussage handelt, für welche eine Konditionalanalyse im Sinn von Abschn. 1 ausreicht, oder um eine Expertenäußerung, für deren Deutung man auf das Verfahren von Abschn. 2 zurückzugreifen hat.) Der Einwand, den man gegen HUME auch bei Hervorkehrung des epistemischen Gesichtspunktes vorbringen kann, reduziert sich auf die Art der Formulierung kausaler Regularitäten. Die beiden Haupteinwände von MACKIE gegen HUME lauten somit: Erstens konfundiert dieser semantische und epistemische Analysen von Kausalsätzen. Zweitens liefert HUME eine viel zu grobe und ungenaue Charakterisierung kausaler Regularitäten, weshalb diese durch die (ihrerseits verbesserte) Form der Millschen Analyse zu ersetzen ist.

In verschiedenen Teiluntersuchungen befaßt sich MACKIE genauer mit der Frage, wie wir zum *Erwerb eines kausalen Wissens* gelangen. Dies ist zwar ein Thema, das weit über die im vorliegenden Band erörterten Probleme hinausreicht. Doch soll hier wenigstens derjenige Aspekt hervorgehoben werden, der eine zusätzliche Stütze dafür liefert, kausale Regularitäten in Gestalt der obigen Aussage (∗) zu formulieren: Diese Form dient dazu, die *objektiv geltenden* kausalen Regularitäten festzuhalten, nicht hingegen unser Wissen darüber. Dieses Wissen ist in den meisten Fällen mehr oder weniger beschränkt und verbessert sich häufig nur allmählich und graduell. Die *uns bekannten* kausalen Regularitäten sind daher im Normalfall unvollkommen und haben die folgende fragmentarische Gestalt:

(∗∗) *In F folgt auf alle ($A \wedge \ldots B \wedge \ldots$ oder $D \wedge \ldots \neg H \wedge \ldots$ oder $\ldots$) ein P; und in F geht jedem P ein ($A \wedge \ldots B \wedge \ldots$ oder $D \wedge \ldots \neg H \wedge \ldots$ oder $\ldots$) voran.*

Die Punkte deuten noch unbekannte Konjunktions- und Disjunktionsglieder an. Gewöhnlich kennen wir also nur *elliptische* allgemeine Kausalsätze. Das allmähliche Fortschreiten des Wissens besteht darin, daß wir sukzessive mehr und mehr Glieder in das Schema (∗∗) einfügen können. Auf diese Weise lernen wir zwar fast niemals die volle Ursache eines Ereignisses der Art P, z. B. des Todes von Menschen, kennen, aber doch eine anwachsende Anzahl von Inus-Bedingungen, von denen wir in üblicher Sprechweise sagen, daß sie P verursachen.

Das *Wissen* darum, daß A im kausalen Feld F eine Inus-Bedingung für P ist, kann auch dadurch ausgedrückt werden, daß die Leerstellen im Schema (∗∗) durch Variable ersetzt und entsprechende Existenzquantoren vorangestellt werden.

4. Kausale Priorität

In Abschn. 1 ist eine Klasse von Fällen erwähnt worden, die von Gegnern jeglicher Form von kausaler Regularitätstheorie als Einwand vorgebracht wird. In den Gegenbeispielen pflegen zwei Ereignisse angeführt zu werden, die gemäß der Regularitätstheorie – sei es in der ursprünglichen, sei es in der verbesserten Fassung – als miteinander kausal verknüpft angesehen werden müßten, obwohl sie dies keineswegs sind, da sie beide Wirkungen einer gemeinsamen Ursache bilden.

Daß eine bestimmte Partei die Wahlen verloren hat, erfreut Hans und betrübt Klaus. Obzwar wir sagen können, daß unter den Umständen Klaus nicht betrübt gewesen wäre, falls Hans sich nicht gefreut hätte, wäre es doch nicht richtig, zu behaupten, daß die Freude von Hans die Trauer von Klaus verursachte[3]. Ähnlich liegen die Dinge bei der Aufeinanderfolge von Tag und Nacht an einer bestimmten Stelle der Erde oder in dem folgenden, berühmt gewordenen Beispiel von J. St. Mill: Wenn immer die Fabriksirenen in Manchester heulen, verlassen kurz darauf die Londoner Arbeiter ihre Fabriken.

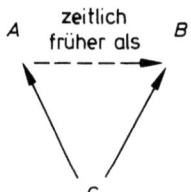

Das Diagramm diene der Veranschaulichung: C ist die gemeinsame Ursache; A ist eine Wirkung davon und B eine andere. Jeder Einzelfall von A gehe jedem Einzelfall von B unmittelbar voran; und dieses Schema wiederhole sich immer und immer wieder. Mill wies darauf hin, daß die $A-B$-Folge *keine unbedingte* Folge ist, da es weitere, im Diagramm unterdrückte Bedingungen gibt, von denen gewisse im Verein mit C den Ereignistype A hervorrufen, andere hingegen B. (Die Fabriksirenen in Manchester können heulen, ohne daß kurze Zeit später die Arbeiter in London ihre Fabriken verlassen; und umgekehrt könnten die Arbeiter in London ihre Fabriken verlassen, ohne daß kurz vorher die Fabriksirenen in Manchester geheult hätten.)

Dieses intendierte Gegenbeispiel kann zunächst dazu verwendet werden, um den Unterschied zwischen den Theorien von Hume und Mill zu

---

[3] Dieses von Mackie auf S. 33 von [Cement] gebrachte Beispiel ist wohl nicht sehr glücklich gewählt, da man argumentieren könnte, daß die Wahlniederlage zu den Umständen gehört. Es erscheint daher als zweckmäßiger, sich gleich an das folgende Beispiel von Mill zu halten.

verdeutlichen. In der Terminologie von MACKIE formuliert, würde MILLS Kommentar etwa folgendermaßen lauten: „Wie bereits erwähnt, ist die $A-B$-Folge keine unbedingte. Vermutlich können wir nicht mehr sagen, als daß das Ereignis C eine Inus-Bedingung von A und außerdem eine Inus-Bedingung von B ist".

MACKIE versucht zu zeigen, warum diese Feststellung von MILL zwar von einer korrekten Beobachtung ausginge, trotzdem aber nicht zu einer befriedigenden begrifflichen Klärung führen würde. Es ist richtig, daß die $A-B$-Folge keine unbedingte Folge darstellt. MILL hat jedoch übersehen, daß wir eine dieser peripheren Folge zugrunde liegende Folge angeben können, *die unbedingt gilt und trotzdem nicht kausal ist*.

Um dies zu zeigen, benützen wir die früheren Begriffe der *vollen* Ursache sowie der *Inus-Bedingung*. Die volle Ursache von A sei etwa ($C \wedge X$ oder Y); die volle Ursache von B laute ($C \wedge Z$ oder W). Anläßlich der Verwirklichung dieser Schemata sei es zu Realisierungen der Ereignistypen X und Z gekommen. Dann können wir in einem ersten Schritt behaupten: Dem Ereignistyp $A \wedge \neg Y$ geht bedingungslos C voran; und auf den Ereignistyp $C \wedge Z$ folgt etwas später bedingungslos ein Ereignis vom Typ B. Im zweiten Schritt können wir daraus schließen: *Auf* $A \wedge \neg Y \wedge Z$ (nicht unbedingt aber auf $\neg Y \wedge Z$ allein) *folgt unbedingt B*. Es gibt also tatsächlich eine unbedingte Folge, deren Konsequens B ist und in deren Antecedens A ein unabdingbares Glied ist. Angewendet auf das Beispiel von MILL: Das Ertönen der Fabriksirenen in Manchester (A), zusammen mit dem Fehlen aller Bedingungen, die diese Sirenen zu einer anderen Zeit als um 5^h zum Ertönen brächten ($\neg Y$), sowie das Vorliegen aller Bedingungen (Z), welche im Verein damit, daß es 5^h ist (C), hinreichend dafür sind, daß in London die Arbeiter ihre Tätigkeit beenden (B) – dieser Komplex ist eine Konjunktion von Merkmalen, die unbedingt von der Beendigung der Tätigkeit durch die Londoner Arbeiter gefolgt wird. Wir würden es trotzdem als unvernünftig ansehen zu behaupten, daß diese Konjunktion die Beendigung der Tätigkeit durch die Londoner Arbeiter *verursacht*.

MACKIE verwendet für die Lösung des Problems einen neuen Begriff: Zwischen den einzelnen Fällen von A (bzw. von $A \wedge \neg Y \wedge Z$) einerseits und B andererseits besteht *nicht* die Relation der *kausalen Priorität*, obwohl die zeitliche Priorität nach Voraussetzung gegeben ist. Was bedeutet es zu sagen, daß für zwei Einzelereignisse x und y das Ereignis x dem Ereignis y *nicht kausal vorangeht* oder daß zwischen x und y *nicht die Relation der kausalen Priorität besteht*? Die Antwort lautet: Diese Situation liegt genau dann vor, wenn es eine Zeit gab, zu der das Ereignis y festgelegt war („was fixed"), während x nicht festgelegt war („was unfixed").

Obwohl MACKIE kein Anhänger einer *interventionistischen* – gelegentlich auch als *experimentalistisch* bezeichneten – Deutung der Kausalität ist, wonach die Kausalbegriffe ihre ausschließliche Wurzel sowie Anwendung in unseren menschlichen Erfahrungen von aktiven Eingriffen in die Welt haben, ist er doch in bezug auf diesen speziellen Begriff der kausalen Priorität der Überzeugung, daß er einen interventionistischen Ursprung hat, sowie daß sich seine Deutung am besten auf diese Weise erläutern läßt. (Die genaue Definition des Begriffs der kausalen Priorität findet sich in [CEMENT] erst im siebenten Kapitel über die Richtung der Kausalität auf S. 190. Der „interventionistische" Ursprung dieses Begriffs kommt jedoch dort bereits viel früher, nämlich im Rahmen der normalsprachlichen Verwendung von „Ursache", auf S. 56 f. zur Sprache.)

Daß das Ereignis x dem Ereignis y kausal vorangeht bzw. daß zwischen x und y die Relation der kausalen Priorität besteht, kann folgendermaßen verdeutlicht werden: *Es wäre für einen Handelnden im Prinzip möglich gewesen, y dadurch zu verhindern, daß er x verhindert oder darauf verzichtet hätte, x hervorzurufen.* Diese Andeutungen über den Begriff der kausalen Priorität dürften genügen, um das Bild von der Verbesserung der Regularitätstheorie der Kausalität durch MACKIE abzurunden.

Auf die Frage der Reproduzierbarkeit der Theorie MACKIES im Rahmen einer probabilistischen Verallgemeinerung der Regularitätstheorie werden wir im folgenden Anhang zuückkommen.

Anhang II
Die probabilistische Theorie der Kausalität.
Darstellung, kritische Diskussion und
Weiterführung der Theorie von P. Suppes

1. Der Grundgedanke

SUPPES hat in [Causality] einen interessanten neuartigen Ansatz für eine Theorie der Kausalität geliefert. Dieser läßt sich am besten dadurch verdeutlichen, daß man ihn direkt zu der Regularitätstheorie der Kausalität von HUME in Beziehung setzt. Die Kritik von SUPPES an HUME ist grundlegend und trotzdem völlig verschieden von den herkömmlichen Einwendungen gegen HUME. Sie ist in einer einzigen Aussage bündig zusammengefaßt: „Die Auslassung von Wahrscheinlichkeitsbetrachtungen ist vielleicht die einzige wirklich große Schwäche in HUMES berühmter Analyse der Kausalität"[1].

Die empirische Basis für diese Kritik bildete die Feststellung, daß der alltägliche Begriff der Kausalität seiner Natur nach *nicht deterministisch* ist. Fast

---

[1] "The omission of probability considerations is perhaps the single greatest weakness in HUME's famous analysis of causality.", a.a.O. S. 9.

alle Wörter, die auf einen kausalen Zusammenhang hinweisen, wie das kausale „weil", „da", „infolge von", aber auch „durch", „vor" und gelegentlich sogar „und", werden gewöhnlich probabilistisch verstanden. Häufig wird dies durch eine zusätzliche Wendung explizit unterstrichen. So etwa sagt die Mutter zum Kind nicht bloß: „*da* es zu regnen beginnt, werden wir morgen nicht schwimmen gehen können", sondern: „da es zu regnen beginnt, werden wir morgen *wahrscheinlich* nicht schwimmen gehen können". Oder der Lehrer warnt einen Schüler statt mit den Worten: „infolge Deiner Faulheit wirst Du die Klasse wiederholen müssen" damit, daß er sagt: „infolge Deiner Faulheit wird Du *aller Voraussicht nach* die Klasse wiederholen müssen". Wenn die Katze *durch* den Hund erschreckt wurde, so ist damit nicht gesagt, daß sie immer und in jeder Situation vor einem Hund erschrickt, sondern nur, daß dies mit einer gewissen Wahrscheinlichkeit der Fall ist. Wenn sich ein Kind *vor* Donner und Blitz ängstigt, so nicht immer, sondern nur mit ziemlicher Wahrscheinlichkeit. Die Gemüsefrau vom Viktualienmarkt in München, welche äußert: „Ich bin den ganzen Tag hinter meinem Tisch gestanden *und* jetzt machen mich die Schmerzen in meinen Beinen rasend" will damit nicht behaupten, daß ihr ausnahmslos am Ende jeden Arbeitstages die Beine weh tun, sondern nur, daß dies mit hoher Wahrscheinlichkeit der Fall ist. Selbst wenn die Äußerung scheinbar nur deterministisch interpretierbar ist, wie z. B. die Wendung „muß zwangsläufig", zeigt in der Regel eine kurze Überlegung, daß dem nicht so ist. „Seine rücksichtslose Fahrweise *muß zwangsläufig* einen Unfall herbeiführen" ist doch wohl nur so zu interpretieren, daß die Wahrscheinlichkeit, durch eine derartige Fahrweise einen Unfall zumindest mitzuverursachen, groß ist.

HUME hat zwar auch nach der Meinung von SUPPES eine große Leistung erbracht, als er die fehlerhafte Vorstellung einer notwendigen Verknüpfung von Ursache und Wirkung durch den Begriff der konstanten Verknüpfung ersetzte. HUMES Irrtum bestand darin, hiermit einen zu engen Begriff an die Stelle jener spekulativen Idee zu setzen und damit dem Gebrauch kausaler Begriffe im Alltag und in der Wissenschaft nicht gerecht zu werden. Der Gedanke einer konstanten, d. h. deterministischen Verknüpfung ist durch den einer probabilistischen Aufeinanderfolge zu ersetzen. Etwas genauer lautet die Modifikation des Humeschen Konzeptes durch SUPPES: Ein Ereignis ist Ursache eines anderen, wenn das Auftreten des ersten Ereignisses die Wahrscheinlichkeit des Auftretens des zweiten Ereignisses erhöht und wenn es kein drittes Ereignis gibt, das es gestattet, die Wahrscheinlichkeitsbeziehung zwischen dem ersten und dem zweiten Ereignis auszuklammern.

Das ist natürlich nur die Grundintuition, von der SUPPES bei seinen Bemühungen, die durch HUME offen gelassene Lücke zu schließen, ausgeht. Wie sich bei der Durchführung dieses Projektes der Ersetzung von HUMES konstanter Verknüpfung durch eine Wahrscheinlichkeitsbeziehung herausstellt, gelangt man dabei nicht nur zu einer Verallgemeinerung, sondern zu viel feineren Unterscheidungen als im deterministischen Fall. Diese Tatsache wird noch durch die Feststellung unterstrichen, daß auch die Analysen von SUPPES nicht ausreichen, um alle philosophisch relevanten Falltypen zu erfassen.

Leider setzt die probabilistische Analyse von Kausalbegriffen auch einen nicht unerheblichen Teil der modernen Wahrscheinlichkeitstheorie voraus. Wir werden uns, soweit dies möglich ist, um solche Vereinfachungen bemühen, daß die Schilderung in Abschn. 4 von Kap. IX, S. 797 ff., für das Verständnis ausreichend ist. Für diejenigen Fälle, in denen das nicht gilt, sei auf den technischen Anhang verwiesen. Die zahlreichen Anwendungen aus wissenschaftlichen Spezialgebieten, die SUPPES bringt, können allerdings häufig nur bei Vorliegen statistischer Spezialkenntnisse verstanden werden. Da es uns um ein prinzipielles philosophisches Verständnis geht, werden wir uns darauf beschränken, alltägliche Illustrationsbeispiele zu geben.

2. Prima-facie-Ursachen

2.a Präzisierung. Wie bereits aus der obigen Ankündigung hervorgeht, bilden Ereignisse die Objekte der Analyse. Und zwar sollen Ereignisse als Punktereignisse oder Augenblicksereignisse verstanden werden und nicht als Prozesse, die eine zeitliche Dauer haben. Jedes Ereignis erhält also einen Zeitpunkt zugewiesen; die Zeitpunkte werden durch die Relation $\leq$, die dasselbe besagt wie *früher oder spätestens gleichzeitig*, linear geordnet. (Eine Zeitmetrik wird dagegen nicht vorausgesetzt.) Was die Zeitrichtung betrifft, so wird sie unabhängig von den zu definierenden Kausalbegriffen als bestehend vorausgesetzt. (Dies schließt Theorien der Zeit aus, welche die Richtung der Zeit mittels der Kausalität definieren.)

„A_t" bezeichne das Ereignis A zur Zeit t. „$P(A_t)$" stehe für die (statistische) Wahrscheinlichkeit dieses Ereignisses. „$P(A_t, B_{t'})$" stehe für die entsprechende bedingte Wahrscheinlichkeit, d. h. für die Wahrscheinlichkeit, daß A zur Zeit t vorkommt, unter der Voraussetzung, daß B zur Zeit t' vorkommt. Bei intuitiven Erläuterungen, für welche die Zeitverhältnisse entweder aus dem Zusammenhang eindeutig hervorgehen oder keine Rolle spielen, wird der Zeitindex fortgelassen.

Mit dem ersten Begriff der prima-facie-Ursache soll der Gedanke, daß B möglicherweise eine Ursache von A ist, ausgedrückt werden. Die Bedingungen dafür lauten: Der Zeitpunkt t' des Vorkommens von B muß früher sein als der Zeitpunkt t des Vorkommens von A; ferner muß die Wahrscheinlichkeit von B größer als 0 sein (denn nur dann kommen Ereignisse als potentielle Ursachen in Frage); schließlich muß die Wahrscheinlichkeit von A_t unter der Bedingung, daß $B_{t'}$ stattgefunden hat, größer sein als die absolute Wahrscheinlichkeit von A_t. B sei etwa das Ereignis, geimpft worden zu sein; A sei das Ereignis, nicht von Cholera befallen worden zu sein. (Ein in einem präzisen begrifflichen Rahmen formuliertes Beispiel aus der Lerntheorie findet sich bei SUPPES auf S. 13—18.)

Def. 1 Das Ereignis $B_{t'}$ ist eine *prima-facie-Ursache* eines Ereignisses A_t gdw

(1) $t' < t$,
(2) $P(B_{t'}) > 0$;
(3) $P(A_t, B_{t'}) > P(A_t)$.

Im Definiendum könnte man statt „*ist prima-facie-Ursache von*" die ebenso anschauliche und suggestive Wendung gebrauchen „*ist prima facie von positiver kausaler Relevanz für*".

Die intuitive Motivation ist klar: Positive statistische Relevanz eines Ereignisses für ein anderes ist ein mögliches Anzeichen dafür, daß das erste Ereignis für das zweite auch von kausaler Relevanz ist. Die Vorsichtsklausel „prima facie" ist wichtig; denn die genauere Analyse kann ergeben, daß die prima-facie-Ursache eine bloß scheinbare Ursache oder, wie wir abkürzend sagen wollen, eine Scheinursache ist.

2.b Diskussion

(1) Das hier und im folgenden verwendete Wahrscheinlichkeitsmaß P ist bekanntlich verschiedener philosophischer Interpretationen fähig. Die zulässigen Deutungen hängen von dem ab, was man die „zugrunde liegende Wahrscheinlichkeitsphilosophie" nennen könnte. Im gegenwärtigen Zusammenhang ist dies insofern von Wichtigkeit, als sich für den Vertreter einer probabilistischen Theorie der Kausalität die von ihm bevorzugte Auffassung der Wahrscheinlichkeit zwangsläufig auf die von ihm zu vertretende Philosophie der Kausalität überträgt. Sollte der Betreffende z. B. einen Begriff der *subjektiven Wahrscheinlichkeit* für grundlegend halten, so würde bei Annahme der Kausalitätstheorie von SUPPES auch allen Kausalbegriffen dieses Merkmal der Subjektivität anhaften. *Die Theorie der Kausalität würde ununterscheidbar von einer Theorie der subjektiven Kausalüberzeugungen.*

Viele Philosophen würden vermutlich nicht bereit sein, einen solchen Preis zu zahlen, da sie die kausalen Beziehungen für objektive Relationen halten. Dazu ist folgendes zu bemerken: Wer von einem subjektivistischen Wahrscheinlichkeitskonzept ausgeht, ferner den Zugang von SUPPES für überzeugend hält und dennoch an einer objektiven Kausalauffassung festhalten möchte, gerät in ein unlösbares Dilemma. Er muß entweder seine Auffassung von Wahrscheinlichkeit revidieren – zumindest in dem Sinn, daß er *zusätzlich* zur subjektiven Deutung eine objektive zuläßt – oder die probabilistische Kausalitätstheorie wieder verlassen.

(2) Bereits am Beispiel des Begriffs der prima-facie-Ursache kann man erkennen, daß dieser Ursache-Begriff ebenso wie alle späteren, *kein absoluter* Begriff ist, sondern *auf eine Beschreibung relativiert* werden muß. Am einfachsten

verdeutlicht man sich dies am Beispiel aufeinanderfolgender Würfe mit einem Würfel. Bei der üblichen wahrscheinlichkeitstheoretischen Analyse werden die aufeinanderfolgenden Wurfakte und die aus ihnen resultierenden Ereignisse als elementarste Prozesse betrachtet. Die Ursache-Sprechweise ist damit nur auf diese Ereignisse anwendbar, nicht hingegen etwa auf Ergebnisse von Zwischenprozessen. Denn derartige Zwischenprozesse werden *im Rahmen der zugrunde gelegten Beschreibung* überhaupt nicht in Betracht gezogen. Der Gesichtspunkt der Untersuchung kann jedoch so geändert werden, daß es gerade auf solche Teilvorgänge ankommt, z. B. darauf, in welcher Weise der Würfel in die Ausgangsstellung gebracht wird, wie der Wurfvorgang zu charakterisieren ist usw. Bei einer derartigen Detailanalyse treten nicht nur Ereignisse auf, für die innerhalb der ersten, gröberen Beschreibung kein Platz war; gewisse dieser neuen Ereignisse können auch Ursachen von Ereignissen der ersten Art werden.

Die Explikation von SUPPES erfolgt relativ zu einem Wahrscheinlichkeitsraum und damit relativ zu einem Beschreibungs*rahmen*, innerhalb dessen die Wirklichkeit, wie immer sie ist, beschrieben wird.

(3) Gelegentlich ist gegen SUPPES folgender Einwand vorgebracht worden: Der *Ereignisbegriff der Wahrscheinlichkeitstheorie* stimmt nicht mit dem *philosophischen Ereignisbegriff* überein. SUPPES übernimmt den Ereignisbegriff aus der Wahrscheinlichkeitstheorie und benützt ihn zugleich, um einige grundlegende philosophische Probleme zu lösen. Dadurch entstehe zwangsläufig eine Konfusion. (Vgl. dazu auch die in der Bibliographie zitierte Diskussion zwischen R. M. MARTIN und P. SUPPES in *Theory and Decision* Bd. 13, 1981.)

In dieser pauschalen Form ist der Einwand sicherlich unberechtigt. Ob er nicht dennoch in einer subtileren und differenzierteren Form vorgebracht werden kann, wird im einzelnen zu untersuchen sein.

Zunächst zur Terminologie: Wenn Philosophen von Ereignissen sprechen, so verstehen sie darunter (fast immer) *tatsächliche* oder *aktuelle* Ereignisse. Nicht so die Wahrscheinlichkeitstheoretiker. Bereits die Elemente des sog. Stichprobenraumes sind keine tatsächlichen Resultate, sondern bloß *mögliche* Resultate (eines sog. Zufallsexperimentes). (In Bd. IV sprechen wir daher auch vom Möglichkeitsraum.) Dasselbe gilt von der darüber konstruierten Menge von Ereignissen, also den Elementen des Ereigniskörpers oder σ-Körpers von Ereignissen über diesem Raum. Dies sind bloß *mögliche* Ereignisse (z. B. das mögliche Ereignis, mit diesem Würfel eine ungerade Zahl zu werfen; oder das mögliche Ereignis, keine 6 zu werfen usw.). *Ereignisse* in der Sprechweise des Wahrscheinlichkeitstheoretikers sind in üblicher philosophischer Terminologie *bloße Sachverhalte*, bei denen davon abstrahiert wurde, ob sie bestehen oder nicht bestehen.

Daß es verfehlt wäre, SUPPES den Vorwurf zu machen, diesen Unterschied nicht zu berücksichtigen, ergibt sich daraus, daß er nicht nur selbst auf diesen Unterschied aufmerksam macht, sondern sogar in einem eigenen Unterabschnitt auf S. 37 ff. von [Causality] den Gedanken des tatsächlichen Vorkommens durch Hinzufügung eines eigenen formalen Apparates zu den wahrscheinlichkeitstheoretischen Grundbegriffen und Grundaxiomen zu präzisieren versucht. Das Kernstück dieser Ergänzung besteht aus vier *Axiomen des tatsächlichen Vorkommens* (a.a.O. S. 38; diese Axiome entsprechen einer Axiomatisierung des informellen Teiles der Prinzipia Mathematica von RUSSELL und WHITEHEAD durch E. V. HUNTINGTON).

Trotz dieser Tatsache kann man die Frage stellen, ob SUPPES in seinem Werk nicht doch gelegentlich vom konsequenten wahrscheinlichkeitstheoretischen Gebrauch des Terms „Ereignis" in den davon verschiedenen philosophischen Gebrauch sozusagen „ungewollt abrutscht". Wir werden auf diese Frage im Zusammenhang mit den Begriffen der Scheinursache sowie der indirekten Ursache zurückkommen. Vorläufig genügt es, festzuhalten, daß in Def. 1, ebenso wie in den folgenden Definitionen, „Ereignis" stets im wahrscheinlichkeitstheoretischen Sinn gemeint ist. Es wäre daher vielleicht angebracht, dadurch eine Anpassung an den philosophischen Sprachgebrauch herbeizuführen, daß man das qualifizierende Adjektiv „potentiell" voranstellt. SUPPES selbst macht diesen Vorschlag auf S. 40 von [Causality]. In der ersten Definition wäre danach der Begriff der *potentiellen prima-facie-Ursache* eingeführt worden.

(4) Es entspricht unserem strategischen Vorgehen, Kausalanalyse und Erklärungsexplikation im Sinne der Abkoppelungsthese methodisch voneinander zu isolieren. In vielen Fällen wird man jedoch an beidem interessiert sein. Dann müssen auch beide Arten von Untersuchungen am Ende wieder zusammengeführt werden. Geht man dabei einerseits von der statistischen Kausalanalyse bei SUPPES, andererseits von der Explikation des Begriffs der (induktiv-) statistischen Erklärung bei HEMPEL aus, so entsteht die Schwierigkeit, daß sich die beiden Dinge *prinzipiell nicht zusammenfügen können*, weil SUPPES und HEMPEL verschiedene *Wahrscheinlichkeitskriterien* verwenden. Dies soll kurz erläutert werden.

Im Verlauf der Präzisierung und Verbesserung des sog. statistischen Syllogismus läßt sich HEMPEL von der Idee leiten, daß in einer statistischen Prognose das Explanandum relativ auf das Explanans *mit hoher Wahrscheinlichkeit* zu erwarten sein soll. Nach einem Vorschlag von W. SALMON wird dies das *HP-Kriterium* genannt („HP" kommt von *h*igh *p*robability). Die Frage, warum HEMPEL diese starke Forderung erhebt, werden wir später in **XI** ausführlich erörtern. Im Augenblick stellen wir diese Forderung nicht kritisch zur Diskussion. Jedenfalls findet sie in der Kausalanalyse von SUPPES keine Entsprechung. Wie z. B. ein Blick auf die dritte Teilbestimmung seiner ersten Definition zeigt, wird hier nur verlangt, daß die Wahrscheinlichkeit von A_t bezüglich $B_{t'}$ höher ist als die absolute Wahrscheinlichkeit von A_t. Gemäß der Sprechweise von SALMON ist das dabei benützte Kriterium das *PR-Kriterium* oder Kriterium der positiven Relevanz.

Es genügt, diese Tatsache hier zu erwähnen. In **XI** werden wir, bei der pragmatisch-epistemischen Explikation des informativen Erklärungsbegriffs, nicht an die Theorie von HEMPEL, sondern an die Theorie von GÄRDENFORS anknüpfen, in der nicht das HP-Kriterium, sondern ebenfalls das PR-Kriterium zur Anwendung gelangt. Die oben angedeutete Schwierigkeit verschwindet dann von selbst.

3. Scheinursachen

3.a Scheinursachen im ersten Sinn. Die folgenden Bemühungen darum, den Begriff der Scheinursache zu präzisieren, kann man neben der eigentlichen Zielsetzung als eine gute Veranschaulichung für die Anwendung des Verfahrens von Versuch und Irrtum zum Zwecke einer geeigneten Begriffsexplikation betrachten.

Die erste approximative Begriffsbestimmung, die sich anbietet, ist die folgende: Eine prima-facie-Ursache $B_{t'}$ von A_t ist eine bloße Scheinursache von A_t, wenn es ein zeitlich vor $B_{t'}$ liegendes Ereignis gibt, das die probabilistische Relevanz von $B_{t'}$ für A_t absorbiert, und zwar in dem Sinn, daß die Wahrscheinlichkeit von A_t aufgrund dieses früheren Ereignisses allein bereits ebenso groß ist wie die Wahrscheinlichkeit von A_t aufgrund dieses früheren Ereignisses *und* $B_{t'}$.

Genauer würde die bedingte Definition von „Scheinursache" lauten: $B_{t'}$ sei eine prima-facie-Ursache von A_t. Dann ist $B_{t'}$ eine *Scheinursache von A_t* gdw es eine Zeit $t'' < t'$ und ein Ereignis $C_{t''}$ mit $P(B_{t'} \cap C_{t''}) > 0$ gibt, so daß gilt: $P(A_t, B_{t'} \cap C_{t''}) = P(A_t, C_{t''})$.

Als Begründung für diese Definition könnte man eine Überlegung von folgender Art anstellen: Auch wenn $B_{t'}$ gar nicht stattgefunden hätte, wäre trotzdem die Wahrscheinlichkeit von A_t gegenüber der Ausgangswahrscheinlichkeit $P(A_t)$ aufgrund des früheren Vorkommens von $C_{t''}$ allein auf denselben Betrag angehoben worden wie in dem Fall, wo $B_{t'}$ stattfindet.

SUPPES behauptet jedoch: So plausibel diese Überlegung auch klingt, sie enthält einen Irrtum. Angenommen nämlich, es gelte die folgende Beziehung:

(∗) $P(A_t, B_{t'}) > P(A_t, B_{t'} \cap C_{t''})$.

Diese Annahme ist, wie unmittelbar ersichtlich, damit verträglich, daß die prima-facie-Ursache $B_{t'}$ von A_t eine Scheinursache im Sinn der versuchsweisen Begriffsbestimmung bildet. Es erscheint nach SUPPES jedoch als unvernünftig, bei Vorliegen von (∗) das Ereignis $B_{t'}$ eine Scheinursache von A_t zu nennen; denn dieses Ereignis $B_{t'}$ sagt ja A_t mit größerer Wahrscheinlichkeit voraus als das kombinierte Ereignis $B_{t'} \cap C_{t''}$. (Es ist zwar richtig, daß $C_{t''}$ die probabilistische Relevanz von $B_{t'}$ für A_t im oben angegebenen Sinn absorbiert, es kommt jedoch hinzu, daß diese Absorption mit einer Senkung derjenigen Wahrscheinlichkeit verknüpft ist, die A_t relativ zu $B_{t'}$ allein hat.)

Die Lehre, welche man nach der Meinung von SUPPES aus dieser Zwischenbetrachtung ziehen muß, lautet: Die erste approximative Definition des Begriffs der Scheinursache reicht nicht aus. Sie ist in der Weise zu ergänzen, daß die Gültigkeit der Negation von (*) gefordert wird. Dies wiederum bedeutet nichts anderes, als daß in das Definiens ein zusätzliches Glied aufgenommen wird, welches aus (*) dadurch hervorgeht, das „$>$" durch „$\leq$" ersetzt wird.

Def. 2 $B_{t'}$ ist eine *Scheinursache im ersten Sinn* von A_t gdw $B_{t'}$ eine prima-facie-Ursache von A_t ist und wenn es außerdem einen Zeitpunkt t'' mit $t'' < t'$ sowie ein Ereignis $C_{t''}$ gibt, so daß gilt:

(1) $P(B_{t'} \cap C_{t''}) > 0$;
(2) $P(A_t, B_{t'} \cap C_{t''}) = P(A_t, C_{t''})$;
(3) $P(A_t, B_{t'} \cap C_{t''}) \geq P(A_t, B_{t'})$.

Setzen wir für den Augenblick voraus, daß dies der einzige plausible Begriff der Scheinursache sei. Dann kann man ein Ereignis als eine *echte Ursache* eines anderen bezeichnen, sofern es eine prima-facie-Ursache und außerdem keine Scheinursache des letzteren ist.

Bereits nach diesen ersten Schritten des Versuchs, eine probabilistische Charakterisierung von Kausalbegriffen zu geben, beginnt sich ein komplizierter Zusammenhang zwischen kausaler Relevanz und statistischer Relevanz bzw. zwischen kausaler Irrelevanz und statistischer Irrelevanz abzuzeichnen.

Für den statistischen Fall sprechen wir, wie heute üblich, von stochastischer Unabhängigkeit bzw. stochastischer Abhängigkeit. Wir erinnern zunächst an die einfachen Definitionen: Zwei Ereignisse A und B werden als *stochastisch unabhängig (im absoluten Sinn)* bezeichnet, wenn die Gleichung

$$P(A \cap B) = P(A) \cdot P(B)$$

gilt. Das Bestehen dieser Beziehung werde durch „$A \perp B$" abgekürzt. Und zwei Ereignisse A und B werden als *stochastisch unabhängig in bezug auf* ein drittes Ereignis C, *für welches* $P(C) \neq 0$ *gilt*, bezeichnet, sofern die Gleichung besteht:

$$P(A \cap B, C) = P(A, C) \cdot P(B, C).$$

Für diese Beziehung verwenden wir eine ähnliche Abkürzung, nämlich: „$A \perp B / C$". Stochastische Abhängigkeit wird selbstverständlich in beiden Fällen mit dem Nichtbestehen von stochastischer Unabhängigkeit identifiziert.

Jetzt sehen wir uns die beiden Definitionen unter Benützung dieser Begriffe genauer an. Die dritte Bestimmung der ersten Definition hat zur Folge, daß keine stochastische Unabhängigkeit zwischen $B_{t'}$ und A_t besteht.

Dies erkennt man sofort, wenn man dort die Definition der bedingten Wahrscheinlichkeit einsetzt, also das linke Glied $P(A_t, B_{t'})$ durch

$$\frac{P(A_t \cap B_{t'})}{P(B_{t'})}$$

ersetzt und den Nenner durch Multiplikation auf die rechte Seite bringt. Denn dann erhält man die mit (3) gleichwertige Aussage: $P(A_t \cap B_{t'}) >$ $> P(A_t) \cdot P(B_{t'})$. Da dies mit der Gleichheit beider Glieder logisch unverträglich ist, gilt: *nicht* $A_t \perp B_{t'}$. Der prima-facie-Eindruck einer kausalen Verknüpfung manifestiert sich also probabilistisch darin, daß keine stochastische Unabhängigkeit vorliegt. Tatsächlich besagt (3) mehr als das Bestehen einer statistischen Relevanz überhaupt, nämlich das Vorliegen einer *positiven* statistischen Relevanz; und dies sollte ja auch die Mutmaßung einer *positiven* kausalen Relevanz stützen.

Um die analoge Betrachtung für die zweite Definition durchzuführen, wenden wir zunächst das Multiplikationsprinzip auf $P(A_t \cap B_{t'}, C_{t''})$ an und erhalten:

$$P(A_t \cap B_{t''}, C_{t''}) = P(A_t, B_{t'} \cap C_{t''}) \cdot P(B_{t'}, C_{t''}).$$

Wegen der Bedingung (2) von Def. 2 können wir rechts $P(A_t, B_{t'} \cap C_{t''})$ durch $P(A_t, C_{t''})$ ersetzen und gelangen somit zu der Feststellung:

$$P(A_t \cap B_{t'}, C_{t''}) = P(A_t, C_{t''}) \cdot P(B_{t'}, C_{t''}),$$

was identisch ist mit der Aussage: $A_t \perp B_{t'}/C_{t''}$, d.h. mit der stochastischen Unabhängigkeit von A_t und $B_{t'}$ in bezug auf $C_{t''}$.

Beide Resultate zusammen kann man so formulieren: Das Nichtbestehen einer stochastischen Unabhängigkeit zwischen A_t und $B_{t'}$ legte die Vermutung eines kausalen Einflusses von $B_{t'}$ auf A_t nahe. Die Entdeckung des vor $B_{t'}$ liegenden Ereignisses $C_{t''}$ und seiner in der zweiten Definition festgehaltenen probabilistischen Beziehungen zu den beiden anderen Ereignissen *zerstört diese Vermutung*. Denn relativ auf $C_{t''}$ sind die beiden Ereignisse A_t und $B_{t'}$ stochastisch unabhängig. Das Ereignis $C_{t''}$ leistet darüber hinaus noch ein weiteres: Auf die Frage, wieso denn überhaupt die *Illusion* einer kausalen Beziehung aufgetreten ist, kann man die intuitiv befriedigende Erklärung geben: $A_t \perp B_{t'}/C_{t''}$ zeigt, daß das vorangehende Ereignis $C_{t''}$ sowohl A_t als auch $B_{t'}$ kausal beeinflußte. Zur Erläuterung einige Beispiele.

A_t sei das Auftreten von Fieber zur Zeit t, $B_{t'}$ ein Hautausschlag von bestimmter Art und $C_{t''}$ ein Stich durch ein giftiges Insekt (natürlich wieder unter der obigen Annahme, daß gilt: $t'' < t' < t$). Prima facie spricht die positive statistische Relevanz von $B_{t'}$ für A_t dafür, daß dieser Hautausschlag das Fieber hervorrief. Die Entdeckung von $C_{t''}$ lehrt, daß dies nicht der Fall ist, sondern daß der vorangehende Insektenstich sowohl den Hautausschlag als auch das Fieber hervorrief.

Auch die im zweiten Kapitel behandelten Fälle von „bloßen Symptomen" oder „bloßen Indikatoren" gehören hierher. Paradigmatisch für diese Art von Fällen ist das Barometerbeispiel: Die positive statistische Relevanz des Barometerfalls für den nachfolgenden Sturm gestattet zwar die Behauptung, daß das erste eine prima-facie-Ursache des zweiten sei. Aber natürlich liegt keine echte Verursachung vor, da der sinkende Luftdruck sowohl das Fallen des Barometers als auch den Sturm erklärt. (Für eine systematische Diskussion der hier berührten Abschirmproblematik vgl. Abschn. 9.)

Ein nur scheinbar komplexeres Beispiel aus dem Erziehungsalltag gibt W. SPOHN in [Causal Independence] auf S. 79: Die Schulbehörde ist darüber beunruhigt, daß die Anzahl der Kinder zwischen 8 und 12 Jahren, die regelmäßig die *Mickey Mouse* (*MM*) lesen, so groß ist; gegenwärtig sind es 60%. Es wird eine Untersuchung angeordnet, die das Ergebnis zutage fördert, daß unter denjenigen Kindern, die eine autoritäre Erziehung erhalten, der Prozentsatz sogar noch wesentlich höher ist, nämlich daß er bei 70% liegt, während er bei den übrigen Kindern nur 50% beträgt. Vertreter der Schulbehörde sind daraufhin geneigt, anzunehmen, daß die Erziehungsform einen *kausalen Einfluß* auf die regelmäßige Lektüre von *MM* ausübt. Ein genaueres, von statistischen Fachleuten durchgeführtes Studium der Situation bringt jedoch eine überraschende Tatsache ans Licht: Es stellt sich heraus, daß 90% derjenigen Kinder, deren Eltern frühere begeisterte *MM*-Leser waren, regelmäßige *MM*-Leser geworden sind, ganz unabhängig davon, ob sie autoritär erzogen werden oder nicht, während der Prozentsatz der übrigen Kinder nur bei 45% liegt, und zwar abermals unabhängig von der Erziehungsmethode. Die Behörden geben daraufhin ihre kausale prima-facie-Vermutung preis und gelangen zu dem *kausalen Schluß*, daß sich die Popularität von *MM* mit sehr großer Wahrscheinlichkeit von einer Generation auf die nächste überträgt. (Nebenher bemerkt: Das Untersuchungsergebnis hat noch einen Nebeneffekt; denn die Behörden sind darüber bestürzt, daß man den statistischen Daten ein Ergebnis entnehmen kann, wonach zwar nur die Hälfte *aller* Eltern eine autoritäre Erziehungsweise befürworten, daß jedoch nicht weniger als 5 von 6 ehemaligen *MM*-Fans diese Erziehungsform vorziehen. Die dadurch angeregte Frage: „Warum bevorzugen frühere *MM*-Fans eine autoritäre Erziehung?" führt vielleicht zu weiteren Untersuchungen. Aber sie beinhaltet selbstverständlich ein neues Problem, das mit unserem Beispiel logisch nichts zu tun hat.)

3.b Scheinursachen im zweiten Sinn. SUPPES führt a.a.O. auf S. 25 Scheinursachen in einem zweiten Wortsinn ein. Spätestens an dieser Stelle werden viele Leser auf Verständnisschwierigkeiten bezüglich des zugrundeliegenden wahrscheinlichkeitstheoretischen Modells stoßen. Möglicherweise ist der Umstand, daß das Buch von SUPPES bei wenigen philosophischen Lesern bekannt ist, u.a. auf diese Schwierigkeit zurückzuführen.

Wir haben eingangs erwähnt, daß SUPPES alle Ereignisse als Augenblicksereignisse betrachtet. Im Leser muß der *prima-facie-Eindruck* entstehen, daß diese Ereignisse zugleich die Elemente des zugrundeliegenden Wahrscheinlichkeitsraums sind. Das aber kann nicht der Fall sein. Man erkennt dies unmittelbar, wenn man bedenkt, daß die Elemente des Wahrscheinlichkeitsraumes die *miteinander unverträglichen* möglichen Ergebnisse (eines Zufallsexperimentes) sind. Punktereignisse, die zu verschiedenen Zeiten gehören, sind aber nicht miteinander unverträglich. Wie also hat man sich den Wahrscheinlichkeitsraum vorzustellen? Die präzise Antwort darauf findet der daran interessierte Leser im technischen Anhang.

SUPPES führt noch eine zweite Intuition an, die von der zur ersten Definition der Scheinursache führenden abweicht und eine andersartige Definition dieses Begriffs motiviert. Nach Def. 2 wird eine prima-facie-Ursache dadurch zu einer Scheinursache, *daß es ein früheres Ereignis gibt*, welches im Fall seines Vorkommens die kausale Wirksamkeit der prima-facie-Ursache eliminiert. Der Alternativgedanke dazu lautet: Die dritte Bedingung von Def. 2 ist zu streichen; statt dessen soll gelten, daß für irgendeinen Zeitpunkt t'' vor der Scheinursache die gesamte Vergangenheit zu t'' so zerlegt wird, daß für *jedes* Glied dieser Zerlegung – nennen wir diese Zerlegung $\pi_{t''}$ – die ersten beiden Bedingungen der Definition gelten. Die Zusatzüberlegungen, welche oben zur Einbeziehung der Bedingung (3) führten, fallen jetzt fort. Denn jedes Elementarereignis im probabilistischen Sinn, d. h. jede Weltlinie, die durch $B_{t'}$ hindurchgeht, muß ja durch *irgendein* Glied der (auf den früheren Zeitpunkt t'' bezogenen) Zerlegung hindurchgehen. (Es ist klar, daß hier die Präzisierung im technischen Anhang von Wichtigkeit wird: *Nur* wenn der Wahrscheinlichkeitsraum als großer Produktraum rekonstruiert und somit jedes Elementarereignis als Weltlinie aufgefaßt wird, erzeugt ein zeitlicher Querschnitt zu t'' durch diese Weltlinie *eine Zerlegung des gesamten Wahrscheinlichkeitsraumes*. In diesem Sinn bildet auch das, was wir oben „Zerlegung der gesamten Vergangenheit" nannten, eine Zerlegung des gesamten Wahrscheinlichkeitsraumes: Diese Zerlegung ist als Zerlegung der Klasse aller Weltlinien durch t'' eine Zerlegung der Klasse *aller* Weltlinien überhaupt und damit, da Punktereignisse jetzt als Weltlinien rekonstruiert sind, eine Zerlegung der Klasse *aller* so rekonstruierten Punktereignisse.)

Die inhaltliche Motivation dafür, auch hier von einer Scheinursache zu sprechen, liegt in folgendem: Wenn man *irgendein* früheres Ereignis zur Zeit t'' beobachtet, so verliert (wegen der Gültigkeit der übrigen beiden Bedingungen) die Scheinursache jede prognostische Relevanz. Dabei ist zu beachten: Statt dieses einen früheren Ereignisses von Def. 2 kann man jetzt jedes andere aus der Zerlegung wählen, um dasselbe Ergebnis (2) dieser Definition zu erhalten. Dies bedeutet nichts anderes als daß die in der vorigen Definition enthaltene Existenzforderung, die sich auf ein *individuelles Ereignis* bezieht, jetzt durch eine Existenzforderung bezüglich einer durch die Zerlegung repräsentierte *Art von Ereignis* ersetzt wird.

Def. 3 Ein Ereignis $B_{t'}$ ist eine *Scheinursache im zweiten Sinn* von A_t gdw $B_{t'}$ eine prima-facie-Ursache von A_t ist und wenn es einen Zeitpunkt t'' mit $t'' < t'$ sowie eine t''-Zerlegung $\pi_{t''}$ gibt, so daß für alle Elemente $C_{t''}$ von $\pi_{t''}$ gilt:

(1) $P(B_{t'} \cap C_{t''}) > 0$;
(2) $P(A_t, B_{t'} \cap C_{t''}) = P(A_t, C_{t''})$.

Man kann beweisen, daß diese zweite Definition stärker ist als die erste, nämlich daß jede Scheinursache eines Ereignisses A_t im zweiten Sinn eine Scheinursache im ersten Sinn ist. (Für den Beweis vgl. SUPPES a.a.O. S. 25f.)

3.c Der asymptotische Fall. Für die Betrachtung asymptotischer Fälle ist ein weiterer Begriff, von SUPPES als ε-Scheinursache bezeichnet, von Belang. Dieser Begriff knüpft an den zweiten Sinn von Scheinursache an, besagt jedoch zusätzlich, daß der Effekt dieser Scheinursache auf die Wahrscheinlichkeit des Vorkommens von A_t kleiner ist als die (sehr kleine) Zahl ε.

Def. 4 Ein Ereignis $B_{t'}$ ist eine *ε-Scheinursache* von A_t gdw es ein t'' mit $t'' < t'$ sowie eine Zerlegung $\pi_{t''}$ gibt, so daß für alle Elemente $C_{t''}$ von $\pi_{t''}$ gilt:

(1) $B_{t'}$ ist eine prima-facie-Ursache von A_t;
(2) $P(B_{t'} \cap C_{t''}) > 0$;
(3) $|P(A_t, B_{t'} \cap C_{t''}) - P(A_t, C_{t''})| < \varepsilon$.

4. Direkte und indirekte Ursachen

Nicht weniger wichtig als die Unterteilung verschiedener Arten von Scheinursachen ist vom philosophischen Standpunkt die in *unmittelbare* oder *direkte* und *indirekte* Ursachen. Auch diese Dichotomie ist für die sog. Abschirmungsproblematik, auf die erstmals H. REICHENBACH aufmerksam machte und deren Bedeutung für den Begriff der kausalen Relevanz in jüngster Zeit vor allem W. SALMON hervorgehoben hat, von Wichtigkeit. Wir ändern hier das methodische Vorgehen von SUPPES. Es besteht nämlich eine formale Analogie zwischen den indirekten Ursachen und den Scheinursachen, daneben allerdings auch eine genau angebbare Verschiedenheit zwischen beiden. Um dies deutlicher zu machen, definieren wir im ersten Schritt nicht, wie dies SUPPES tut, den Begriff der direkten, sondern den der indirekten Ursache.

Zweckmäßigerweise schicken wir diesmal der Definition ein einschlägiges Beispiel voran, welches ebenfalls von SPOHN stammt und sich a.a.O. auf S. 80 findet: Seit 1963 hat ein Club von *Rolling Stones* (R. St.)-Fans jedesmal, wenn die Rolling Stones ein neues Album veröffentlichen, ermittelt, wie viele

Deutsche die Rolling Stones für die bedeutendste Rock'n' Roll-Band auf der Erde halten. Es ergab sich ein ziemlich niedriger Prozentsatz, etwa bei 2%. Zugleich stellte sich jedoch heraus, daß unter denjenigen Deutschen, die zwischen 1943 und 1953 geboren wurden, der Prozentsatz wesentlich höher war und zwischen 10% und 15% lag. Die zunächst verfügbaren Daten vermittelten daher den *prima-facie-Eindruck*, daß das Geburtsdatum *kausal relevant* sei, ob man eine besondere Vorliebe für die Rolling Stones habe. Eine weitere Untersuchung lieferte das folgende zusätzliche Resultat: Der Club fand heraus, daß ca. 80% derer, die vom letzten Album der Rolling Stones begeistert waren, die Rolling Stones für die größte Rock'n' Roll-Band auf Erden hielten, *ganz unabhängig davon*, wann sie geboren wurden. Was kann man daraus schließen? Im Unterschied zu den Beispielen von prima-facie-Ursachen, die sich im nachhinein als Scheinursachen erweisen, braucht diesmal der kausale Einfluß des Geburtsdatums auf die Rolling Stones-Begeisterung *nicht* geleugnet zu werden. Das Ergebnis der zweiten Beobachtung entwertet die erste Feststellung nicht gegenüber der zweiten in bezug auf deren kausale Relevanz für die Rolling Stones-Begeisterung, sondern spricht jener nur den *direkten kausalen Einfluß* auf die letztere ab.

Def. 5 $B_{t'}$ ist eine *indirekte Ursache* von A_t gdw $B_{t'}$ eine prima-facie-Ursache von A_t ist und wenn es außerdem einen Zeitpunkt t'' und ein Ereignis $C_{t''}$ gibt, so daß gilt:

(1) $t' < t'' < t$;
(2) $P(B_{t'} \cap C_{t''}) > 0$;
(3) $P(A_t, B_{t'} \cap C_{t''}) = P(A_t, C_{t''})$;
(4) $P(A_t, B_{t'} \cap C_{t''}) \geq P(A_t, B_{t'})$.

Mit Def. 5 haben wir bereits eine Ergänzung der Theorie von SUPPES vorgenommen. Bei ihm findet sich nämlich nicht diese Definition von indirekter Ursache, sondern die folgende:

Def. 5* $B_{t'}$ ist eine *indirekte Ursache* von A_t gdw $B_{t'}$ eine prima-facie-Ursache von A_t ist und wenn es ein t'' und eine t''-Zerlegung $\pi_{t''}$ gibt, so daß für alle $C_{t''} \in \pi_{t''}$ gilt:

(1) $t' < t'' < t$;
(2) $P(B_{t'} \cap C_{t''}) > 0$;
(3) $P(A_t, B_{t'} \cap C_{t''}) = P(A_t, C_{t''})$.

Ein Vergleich mit den beiden Definitionen von Scheinursache lehrt sofort: In Def. 5 wird der Begriff der indirekten Ursache in formaler Analogie zum Begriff der Scheinursache im ersten Sinn definiert und in Def. 5* in formaler Analogie zum Begriff der Scheinursache im zweiten Sinn. Durch Übernahme der dortigen Terminologie könnte man daher den in Def. 5 eingeführten Begriff als *indirekte Ursache im ersten Sinn* und den in Def. 5* eingeführten als *indirekte Ursache im zweiten Sinn* bezeichnen. Die Tatsache, daß SUPPES überhaupt nur die letztere Definition gibt, kann man im Rückblick als Symptom dafür erblicken, daß er von den beiden miteinander in Konflikt stehenden Intuitionen zur Präzisierung des Begriffs der Scheinursache (und analog der indirekten Ursache) der zweiten den Vorzug gibt.

Damit befindet SUPPES sich jedoch im Irrtum. Wie die kritische Diskussion in Abschn. 5 zeigen wird, handelt es sich nicht um zwei miteinander konkurrierende Intuitionen, sondern um zwei kategorial verschiedene Typen von Scheinursachen bzw. indirekten Ursachen. Diese Tatsache wird durch die *an dieser Stelle* äquivoke Verwendung des Wortes „Ereignis" verschleiert. (Wie sich zeigen wird, hat die Aufklärung dieser Zweideutigkeit auch einen rein technischen Effekt: Die letzte Bestimmung (3) von Def. 2 und analog die letzte Bestimmung (4) von Def. 5 sind überflüssig.)

Eine Ursache, die keine indirekte Ursache ist, soll *unmittelbare Ursache* oder *direkte Ursache* genannt werden. Entsprechend den beiden Begriffen von indirekter Ursache erhalten wir zwei verschiedene Begriffe der direkten Ursache. Unter Verwendung des Symbols „$\perp$" für stochastische Unabhängigkeit können wir sofort die formale Analogie von Def. 2 und Def. 5 angeben. In beiden Fällen gilt:

$$\text{nicht } A_t \perp B_{t'};$$

und in beiden Fällen gilt außerdem:

$$A_t \perp B_{t'} / C_{t''};$$

d. h. in beiden Fällen sind zwar A_t und $B_{t'}$ nicht stochastisch unabhängig voneinander, aber relativ zu $C_{t''}$ *sind* diese beiden Ereignisse voneinander stochastisch unabhängig. Der entscheidende Unterschied liegt allein darin, daß im ersten Fall t'' *zeitlich vor* t' liegt, weshalb $B_{t'}$ von $C_{t''}$ zu einer Scheinursache degradiert wird, während im zweiten Fall t'' *zeitlich nach* t' (aber natürlich noch vor t) liegt, weshalb diesmal $C_{t''}$ im Fall seines Vorkommens das Ereignis $B_{t'}$ nur von seinem *direkten* kausalen Einfluß auf A_t abschirmt – also zu einer bloß *indirekten* Ursache von A_t macht –, ihm hingegen nicht den Stempel des bloß Scheinbaren aufdrückt.

Eine den Begriff der direkten Ursache betreffende Frage ist die folgende: *Gibt es direkte Ursachen, die vom Verursachten zeitlich entfernt sind?* HUME hätte diese Frage eindeutig mit „nein" beantwortet; denn nach seiner Theorie wird außer der konstanten Verknüpfung die räumliche *und zeitliche* Nähe zwischen verursachendem und verursachtem Ereignis gefordert. Ob es sinnvoll sei, zeitlich entfernte Ursachen anzunehmen, ist immer wieder Gegenstand philosophischer *und* physikalischer Diskussionen gewesen. Bekanntlich hat man in der Physik lange Zeit zumindest an einer *räumlichen* Fernwirkung nichts Befremdliches gefunden, ansonsten wäre die Newtonsche Theorie lange vor Einstein in Verruf gekommen: Newtons Gravitation war eine räumliche

Fernwirkungskraft, eine Kraft mit „action at distance", die augenblickliche Wirkungen über beliebig große räumliche Entfernungen ausüben konnte. Bereits nach der speziellen Relativitätstheorie ist eine Äußerung wie die soeben gemachte nicht sinnvoll: Die scharfe Trennung von räumlicher und zeitlicher Entfernung ist nicht möglich, was sich darin manifestiert, daß die augenblickliche Wirkung über räumliche Entfernung im Rahmen dieser Theorie kein sinnvoller Begriff ist. (Daß sich auch die Gravitation höchstens mit Lichtgeschwindigkeit ausbreiten kann, ist dagegen natürlich erst eine Folge der *allgemeinen* Relativitätstheorie.)

Scharf zu unterscheiden von dem beschriebenen Merkmal der Newtonschen Gravitation ist der Begriff einer *direkten Ursache* im obigen Sinn, die zugleich von ihrer Wirkung *zeitlich entfernt* ist. Das ist ein relativistisch durchaus sinnvoller Begriff. Er ist aufgrund ganz anderer Überlegungen als derjenigen, welche die Relativitätstheorie motivierten, in Frage gestellt worden und zwar erstmals von MAXWELL, also lange vor EINSTEIN[2]. MAXWELL kehrte nachdrücklich und mit großer Überzeugungskraft die intuitiven Schwierigkeiten hervor, die auftreten, sobald man zu der Einsicht gelangt ist, daß bei kausalen Prozessen über räumliche und zeitliche Entfernungen hinweg stets Energien übertragen werden müssen, die sich mit endlicher Geschwindigkeit ausbreiten. Die Überzeugungskraft der Maxwellschen Ideen erhöhte sich in dem Maße, in dem sich MAXWELLS Konzept des Elektromagnetismus durchsetzte. Immer mehr physikalische Theorien von der Art der Fernwirkungstheorien wurden durch *Feldtheorien* ersetzt.

Es wäre unrichtig, anzunehmen, daß sich eine ähnliche Auffassung bereits in allen Wissenschaften durchgesetzt hat. Zahlreiche Psychologen und Psychiater, die sich nicht als Anhänger von Freud betrachten, vertreten trotzdem z. B. die Auffassung, daß frühe Kindheitserfahrungen grundlegende Charaktereigenschaften des Erwachsenen *kausal determinieren*. SUPPES dürfte allerdings mit der Annahme recht haben, daß viele Wissenschaftler dieser Gruppe *nicht* an direkte, *unvermittelte* Verknüpfungen mit der Vergangenheit denken. Zumindest diejenigen unter ihnen, welche die neurophysiologischen Prozesse für grundlegend halten, dürften darin nur eine Widerspiegelung des gegenwärtigen beschränkten Wissenszustandes erblicken; positiver ausgedrückt: Sie sind der Überzeugung, daß wir auf dieses Wissen um die Vergangenheit verzichten könnten, *sofern* wir imstande wären, den gegenwärtigen Gedächtniszustand sowie den Zustand anderer Teile des Nervensystems genauer zu verstehen. Darin spiegelt sich die Überzeugung der Forscher wider, daß für die grundlegenden Erkenntnisse über die Struktur des Universums keine direkten zeitlichen Fernwirkungen existieren, mögen

---

[2] Die entscheidende Passage aus dem Hauptwerk von MAXWELL ist bei SUPPES a.a.O. auf S. 30f. wörtlich zitiert.

solche über zeitliche Entfernungen hinwegwirkende Ursachen auch auf einer mehr phänomenologischen Makroebene anerkannt werden.

Überlegungen dieser Art legen es nahe, einen Begriff der direkten Ursache vom ε-Typ einzuführen. Wir knüpfen hierbei an denjenigen Begriff der direkten Ursache an, der mit dem Gedanken der Zerlegung arbeitet. Die leitende Idee läßt sich dann so formulieren: Eine Ursache ist ε-unmittelbar, wenn ihr irreduzibler, d. h. nicht zu vernachlässigender Effekt in bezug auf jede zeitlich spätere Zerlegung mindestens gleich ε ist.

Def. 6 Ein Ereignis $B_{t'}$ ist eine *ε-unmittelbare Ursache von* A_t gdw $B_{t'}$ eine prima-facie-Ursache von A_t ist und wenn es außerdem keine Zeit t'' und keine Zerlegung $\pi_{t''}$ gibt, so daß für jedes Ereignis $C_{t''}$ aus $\pi_{t''}$ gilt:

(1) $t' < t'' < t$;
(2) $P(B_{t'} \cap C_{t''}) > 0$;
(3) $|P(A_t, B_{t'} \cap C_{t''}) - P(A_t, C_{t''})| < \varepsilon$.

5. Diskussion: Tatsächliche und notwendige Scheinursachen sowie tatsächliche und notwendige indirekte Ursachen

In der Diskussionsbemerkung (3) von 2.b haben wir SUPPES gegen den pauschalen Vorwurf verteidigt, den Unterschied im philosophischen und wahrscheinlichkeitstheoretischen Gebrauch des Wortes „Ereignis" übersehen zu haben. Dabei ließen wir die Frage offen, ob ihm nicht innerhalb bestimmter Kontexte dennoch eine entsprechende Verwechslung unterlaufen ist. Es scheint uns, daß eine solche bei seinen Betrachtungen über Scheinursachen sowie über indirekte Ursachen eine entscheidende Rolle gespielt hat. Der Ausdruck „Ereignis" ist allzu verführerisch. Selbst wenn man sich allgemein klar macht, daß damit nur ein möglicher Sachverhalt gemeint ist, läuft man Gefahr, in der konkreten Anwendung an einen realisierten Sachverhalt zu denken, was natürlich nicht zulässig ist, solange man die wahrscheinlichkeitstheoretische Terminologie beibehält.

Möglicherweise hat sich die Äquivokation bereits beim Begriff der prima-facie-Ursache eingeschlichen. Wir haben oben bemerkt, daß man den definierten Begriff, wie von SUPPES selbst auf S. 40 seines Buches bemerkt, eigentlich *potentielle* prima-facie-Ursache nennen sollte. Von einer *tatsächlichen* prima-facie-Ursache dürfte man erst dann sprechen, wenn die in dieser Definition erwähnten Ereignisse A_t und $B_{t'}$ auch *tatsächlich stattgefunden* haben.

Während es sich hier nur um eine begriffliche Differenzierung handelt, ist im Fall des Begriffs der Scheinursache im ersten Sinn bereits viel mehr im Spiel. Man kann von einem Ereignis (im wahrscheinlichkeitstheoretischen

Sinn) $C_{t''}$ nur dann behaupten, daß es ein anderes Ereignis $B_{t'}$ zu einer Scheinursache mache, *wenn $C_{t''}$ tatsächlich stattgefunden hat*. Die Bestimmung (3) in Def. 2 wird dann überflüssig (analog ist auch die Bestimmung (4) in Def. 5 überflüssig).

Zur Erläuterung geben wir das folgende Beispiel: Viertausend Rinder wurden daraufhin untersucht, ob die Impfung von kausaler Relevanz für ihre Nichterkrankung sei. Der reale Sachverhalt, untergegliedert nach Stieren und Kühen, sei durch folgende Tabelle beschrieben:

	Stiere			Kühe		
Insgesamt	Nicht erkrankt	Erkrankt	Summe	Nicht erkrankt	Erkrankt	Summe
	1.600	400	2.000	1.400	600	2.000
geimpft	800	200	1.000	900	100	1.000
nicht geimpft	800	200	1.000	500	500	1.000

Zunächst ergibt sich, daß die Impfung eine prima-facie-Ursache für die Nichterkrankung ist; denn durch die Impfung erhöht sich die relative Häufigkeit der Nichterkrankung von 65% auf 85%. Wenn wir die Tabelle getrennt nach Kühen und Stieren betrachten, ergibt sich folgendes differenzierteres Bild: Während bei Kühen die Impfung „in noch höherem Grad" eine Ursache für Nichterkrankung darstellt, ist sie bei Stieren ohne jeden Effekt: Der Prozentsatz derer, die nicht erkranken, ist derselbe bei denen, die geimpft worden sind, wie bei denen, die nicht geimpft wurden. Die Impfung ist daher für Stiere stets eine Scheinursache ihrer Nichterkrankung. (Daß auch die zeitlichen Verhältnisse stimmen, ergibt sich einfach daraus, daß ein Stier bereits vor der Impfung ein Stier ist.)

Dieses möge nun auf ein bestimmtes Rind *Alma* angewendet werden. *A* sei das Ereignis der Nichterkrankung von Alma. *B* sei das Ereignis, daß Alma geimpft worden ist. Und nun das Ereignis *C*: Alma ist ein Stier!

Wenn wir Def. 2 anwenden, ergibt sich folgendes: Neben der ersten ist auch die zweite Bedingung erfüllt; denn $P(A, B \cap C) = P(A, C) = 0,8$. Die dritte Bedingung ist jedoch verletzt; denn $P(A, B) = 0,85 > 0,8$. Wir müßten also behaupten, daß im vorliegenden Fall die Impfung keine Scheinursache darstelle, im Widerspruch zur klaren Intuition.

Was liegt hier vor? Die Antwort lautet kurz und bündig: Bloß mögliche Sachverhalte und mögliche Weltverläufe sind für Fragen eines echten oder scheinbaren Kausalverhältnisses *in dieser realen Welt* ohne jede Relevanz. Die Tatsache, daß der (!) Alma ein Stier ist, macht die Impfung dieses Tieres für die Nichterkrankung zu einer Scheinursache, ungeachtet dessen, daß es eine mögliche Welt gibt, in welcher Alma kein Stier, sondern eine Kuh, also *die* Alma ist und daß in dieser möglichen Welt die Wahrscheinlichkeit ihrer Nichterkrankung nach erfolgter Impfung größer wäre als in der realen Welt. Die letzte Bestimmung (3) von Def. 2 macht unnötigerweise die Richtigkeit dieser Aussage über eine mögliche Welt zum Bestandteil der Richtigkeit einer Kausalbehauptung (Vorliegen einer Scheinursache) über diese reale Welt.

Wir schlagen daher dreierlei vor: Erstens ist bei den Scheinursachen im ersten Sinn das *tatsächliche* Vorkommen von $C_{t''}$ zu fordern. Zweitens *kann die Bestimmung* (3) *fortfallen*. (Damit verliert auch der Einwand von SUPPES gegen die ursprüngliche Überlegung zur Definition des Begriffs der Scheinursache seine Gültigkeit, der ihn dazu verleitete, die Negation der vor Def. 2 stehenden Aussage (∗) als Definitionsbestandteil zu fordern.) Drittens schlagen wir vor, in diesem Fall von *tatsächlichen Scheinursachen* zu sprechen.

Dieser terminologische Beschluß wird auch dadurch gestützt, daß für die Scheinursachen im zweiten Sinn (Def. 3) ebenfalls ein Name bereitsteht. Hier spielt nämlich die Beschaffenheit des tatsächlichen Weltverlaufs keine Rolle; denn wie immer die Vergangenheit von $B_{t'}$ aussehen mag – $B_{t'}$ wäre immer eine bloße Scheinursache gewesen (formal: *Alle* Elemente $C_{t''}$ der Zerlegung schirmen das Ereignis B_t in seiner kausalen Relevanz für A_t ab). Es erscheint somit als beinahe zwingend, in diesem zweiten Fall davon zu sprechen, daß $B_{t'}$ *notwendigerweise eine Scheinursache von A_t ist*.

Mutatis mutandis können wir auch bei den indirekten Ursachen von *tatsächlichen indirekten Ursachen* (Def. 5) und *notwendigen indirekten Ursachen* (Def. 5∗) sprechen. Diesmal ist es die Indirektheit und nicht die Scheinbarkeit, die im ersten Fall von dem tatsächlichen Vorkommen eines Ereignisses abhängt, im zweiten Fall dagegen nicht.

6. Die Lücke in der Klassifikation von Suppes: Verborgene Ursachen (Ausgangspunkt der Theorie von W. Spohn)

Wie W. SPOHN zeigen konnte, ist die Darstellung von SUPPES lückenhaft. Der Begriff der prima-facie-Ursache ist in allen bisherigen Fällen der gemeinsame Oberbegriff; m. a. W. SUPPES betrachtet nur Differenzierungen *innerhalb* der Klasse der prima-facie-Ursachen.

Es kann sich jedoch auch der folgende Typ von Fällen ereignen, der *sowohl* zum Begriff der Scheinursache *als auch* zum Begriff der indirekten Ursache im Gegensatz steht: *Prima-facie liegt überhaupt keine Ursachenbeziehung vor. Erst eine genauere „kausale Tiefenanalyse" ergibt, daß doch eine kausale Relation vorliegt*. In der Sprache der stochastischen Unabhängigkeit formuliert, läßt sich der Unterschied zu den Begriffen der Definitionen (2) bis (5) knapp folgendermaßen formulieren: Es gilt: $A_t \perp B_{t'}$ d. h. diese beiden Ereignisse sind stochastisch unabhängig, weshalb man *prima facie* vermuten würde, daß A_t *auch kausal unabhängig von* $B_{t'}$ ist. Eine genauere Analyse fördert jedoch ein drittes Ereignis $C_{t''}$ zutage, relativ zu dem *keine* stochastische Unabhängigkeit von A_t zu $B_{t'}$ besteht, d. h. *die Aussage* „$A_t \perp B_{t'}/C_{t''}$" *ist falsch*. Die Entdeckung von $C_{t''}$ kann man deshalb als das einer kausalen Tiefenanalyse bezeichnen, weil sie einen zunächst *versteckten* (durch den prima-facie-Eindruck verschleierten) *kausalen* Einfluß von $B_{t'}$ auf A_t aufzeigt.

Def. 7 $B_{t'}$ sei keine prima-facie-Ursache von A_t. Dann ist $B_{t'}$ eine *versteckte Ursache von* A_t gdw es ein t'' und ein Ereignis $C_{t''}$ gibt, so daß gilt:

(1) $t'' < t$ und $t'' \neq t'$;
(2) $P(A_t, B_{t'}) = P(A_t)$;
(3) $P(B_{t'} \cap C_{t''}) > 0$;
(4) $P(A_t, B_{t'} \cap C_{t''}) > P(A_t, C_{t''})$.

Zur Illustration kann ein in der Literatur oft angeführtes, hier in bestimmter Weise ergänztes Beispiel dienen. Gegeben sei eine bestimmte Neurose N. Als Argument für den Erfolg psychoanalytischer Behandlung von N wird die Tatsache angeführt, daß ca. 80% der Patienten, die unter N leiden, nach zweijähriger psychoanalytischer Behandlung von dieser Neurose befreit sind. Kritiker der Psychoanalyse machen Untersuchungen an einer umfassenden Kontrollgruppe, bestehend aus Personen, die ebenfalls unter dieser Neurose leiden, sich aber keiner Behandlung unterziehen. Das Resultat: Auch von diesem Personenkreis sind ca. 80% nach zwei Jahren die Neurose wieder los; in technischer Sprechweise: Die spontane Remissionsrate ist dieselbe wie im ersten Fall. Die Behauptung vom Effekt der psychoanalytischen Behandlung scheint damit erschüttert zu sein.

Diese eben angestellte Gesamtüberlegung bildet nur den ersten Teil unseres Beispiels. Was sich aufgrund der empirischen Untersuchungen ergibt, ist (bei entsprechender Spezialisierung) die Gültigkeit von Bedingung (2) der letzten Definition: Es scheint keine statistische Korrelation zwischen psychoanalytischer Behandlung einerseits und Heilung von N (in bezug auf Prozentsatz und Zeitraum) zu geben. Dies legt die *Vermutung* nahe, *daß auch kein kausaler Einfluß psychoanalytischer Behandlung auf N besteht*.

Nun beginnt der zweite Teil der Geschichte: Zornerfüllte Anhänger von Freud betrachten diese ganze Argumentationsweise als eine durch oberflächliche Erfahrungen gestützte, lächerliche Propaganda. Sie veranlassen eine genauere Untersuchung, die folgendes ergibt: Für einen wirklichen Einblick in den Sachverhalt ist es erforderlich, *die Einkommensverhältnisse der Patienten* zu berücksichtigen. Bei Patienten mit niedrigem Einkommen, die sich der Behandlung unterzogen, ist nämlich im Durchschnitt die Remissionszeit erheblich kürzer als die spontane Remissionszeit. Bei Patienten mit hohem

Einkommen hingegen dauert der Heilprozeß bei psychoanalytischer Behandlung wesentlich länger als die spontane Heilung.

Es bleibe dahingestellt, ob dieses zusätzliche Resultat den Anhängern oder den Gegnern der Psychoanalyse nützt. Für unser Problem ist nur folgendes von Relevanz: Die zusätzlichen Untersuchungen haben ergeben, *daß die psychoanalytische Behandlung einen Effekt auf die Heilung hat, wenn auch dieser Effekt erst durch eine tiefere Analyse zutage gefördert worden ist.* Wenn man den Sachverhalt mittels „⊥" in der Sprache der (unbedingten und bedingten) statistischen Unabhängigkeit ausdrückt, so gelangt man genau zu den beiden Formulierungen in dem Absatz, welcher der Definition 7 vorangeht.

Wie dem Leser bereits aufgefallen sein dürfte, spielt im gegenwärtigen Fall die zeitliche Relation zwischen t'' und t' keine Rolle; es genügt, daß t'' vor t liegt.

Zusammenfassend können wir folgendes feststellen: *Es gibt insgesamt nicht weniger als mindestens drei verschiedene Falltypen, in denen wir unsere Schlüsse von probabilistischen Prämissen zu kausaler Abhängigkeit oder Unabhängigkeit aufgrund neu hinzutretender probabilistischer Daten modifizieren müssen.*

7. Komplementäre, hinreichende und negative Ursachen

Wir wenden uns jetzt der elementaren Aufgabe zu, den bisherigen Begriffsapparat in naheliegender und relativ einfacher Weise zu vervollständigen. Mit dem Begriff der unmittelbaren Ursache hängt eng der Gedanke zweier prima-facie-Ursachen zusammen, die einander in der Hervorbringung eines bestimmten Ereignisses ergänzen.

Def. 8 Die Ereignisse $B_{t'}$ und $C_{t''}$ sind *einander ergänzende Ursachen* (oder auch: *supplementäre Ursachen*) von A_t gdw

(1) $B_{t'}$ ist eine prima-facie-Ursache von A_t;
(2) $C_{t''}$ ist eine prima-facie-Ursache von A_t;
(3) $P(B_{t'} \cap C_{t''}) > 0$;
(4) $P(A_t, B_{t'} \cap C_{t''}) > \max [P(A_t, B_{t'}), P(A_t, C_{t''})]$,

wobei „max" für das Maximum der beiden dahinter angeführten Zahlen steht.

Die dieser Definition zugrunde liegende intuitive Idee ist klar: Wenn jedes von zwei Ereignissen prima facie von positiver kausaler Relevanz für ein drittes Ereignis ist, so ergänzen jene beiden Ereignisse einander in ihrer kausalen Relevanz für das dritte Ereignis, wenn das letztere relativ auf die beiden Ereignisse zusammen eine größere Wahrscheinlichkeit hat als relativ auf jedes einzelne unter ihnen.

In gewisser Analogie zum Begriff der ε-unmittelbaren Ursache kann das Merkmal der ε-Supplementarität von Ursachen eines Ereignisses eingeführt werden. Der leitende Grundgedanke ist folgender: Das Resultat des Zusammenwirkens beider Ursachen muß den Wirkungseffekt jeder einzelnen von ihnen um mindestens einen Betrag ε übersteigen.

Def. 9 Die beiden Ereignisse $B_{t'}$ und $C_{t''}$ sind *ε-supplementäre Ursachen von A_t* gdw

(1) $B_{t'}$ ist eine prima-facie-Ursache von A_t;
(2) $C_{t''}$ ist eine prima-facie-Ursache von A_t;
(3) $P(B_{t'} \cap C_{t''}) > 0$;
(4) $P(A_t, B_{t'} \cap C_{t''}) - \max\ [P(A_t, B_{t'}), P(A_t, C_{t''})] \geqq \varepsilon$.

Die nächste Definition dient dazu, den Determinismus als Grenzfall in die probabilistische Theorie der Kausalität einzubeziehen.

Def. 10 Ein Ereignis $B_{t'}$ ist eine *hinreichende* oder *determinierende Ursache* von A_t gdw $B_{t'}$ eine prima-facie-Ursache von A_t ist und wenn überdies gilt:

$$P(A_t, B_{t'}) = 1.$$

Unmittelbar im Anschluß an die erste Definition hatten wir bemerkt, daß „ist prima-facie-Ursache" durch die Wendung ersetzt werden könnte: „ist prima facie von *positiver* kausaler Relevanz für". Diese zweite Formulierung hätte gegenüber der ersten den Vorteil, daß darin ausdrücklich die *positive* Relevanz desjenigen Ereignisses, das *Ursache* heißt, für die Wirkung hervorgehoben wird. In der philosophischen Literatur zur Kausalität ist oft die Frage aufgeworfen worden, ob es daneben einen Sinn habe, auch von *negativen* Ursachen zu reden.

In dem von SUPPES gelegten probabilistischen Rahmen ist diese Frage bejahend zu beantworten. Nach dem leitenden intuitiven Gedanken ist eine negative Ursache eine solche, die dazu tendiert, ein Ereignis mit mehr oder weniger großer Wahrscheinlichkeit an seinem Vorkommen zu hindern. Es genügt, sich die entsprechende Definition für den prima-facie-Fall anzusehen. Die Übertragung auf die übrigen Ursachen-Begriffe ist eine reine Routinenangelegenheit.

Def. 11 Das Ereignis $B_{t'}$ ist *prima facie* eine *negative Ursache* des Ereignisses A_t gdw

(1) $t' < t$;
(2) $P(B_{t'}) > 0$;
(3) $P(A_t, B_{t'}) < P(A_t)$.

Wie der Vergleich zeigt, unterscheidet sich diese Definition von der ersten nur dadurch, daß in der letzten Bestimmung die Größenrelation umgekehrt worden ist.

Zur Illustration kann das der ersten Definition vorangestellte Cholera-Beispiel verwendet werden. Es klingt sogar natürlicher, wenn es in die Sprache der negativen Ursachen übersetzt worden ist, nämlich: Die Impfung (gegen Cholera) ist eine negative Ursache für späteren Cholerabefall.

Wenn man berücksichtigt, daß einige unter den angeführten Begriffen keine eigene Definitionszahl erhielten, daß ferner nicht sämtliche möglichen Alternativen explizit angeführt wurden; und daß man schließlich, beginnend mit Def. 11, eine Kette von Definitionen erhielte, in denen jeweils die negative kausale Relevanz an die Stelle der früheren positiven kausalen Relevanz zu treten hätte, so erhält man in diesem probabilistischen Rahmen insgesamt über zwei Dutzend ebenso anschauliche wie präzise Fälle von Verursachungen: von positiven und negativen; scheinbaren und echten; unmittelbaren und indirekten; offenen und verborgenen; isolierten und sich ergänzenden; rein probabilistischen und determinierenden. Diese Zwischenresultate geben eine eindrucksvolle Erläuterung der These, wonach man auf probabilistischer Grundlage zu viel subtileren Unterscheidungen und differenzierteren Überlegungen gelangt als innerhalb der Humeschen Regularitätstheorie in ihren modernen, ebenfalls rein deterministischen Varianten.

Wir haben die Kausaltheorie auf wahrscheinlichkeitstheoretischer Grundlage immerhin so weit durchgeführt, daß die folgende Behauptung von SUPPES nicht nur als verständlich, sondern auch als wohlbegründet bezeichnet werden muß, nämlich daß die allgemeine Theorie der Kausalität die Aufgabe hat, *eine kausale Klassifikation und Charakterisierung stochastischer Prozesse zu liefern*. Die kritische Weiterführung der Theorie von SUPPES sowie ihre Konfrontation mit der Abschirmungsproblematik führt aber auch zu neuen Komplikationen und Problemen. Diesen wenden wir uns in den beiden folgenden Abschnitten zu.

8. Dynamik der Kausalbeurteilungen (Fortsetzung 1 der Theorie von Spohn)

8.a Drei Typen von möglichen Änderungen vorläufiger Kausalbeurteilungen. Zwecks Verbesserung und Abrundung der Ursachenklassifikation nach SUPPES genügt es nicht, den Begriff der versteckten Ursache zu den anderen Ursachenbegriffen hinzuzufügen. Vergleicht man nämlich diesen neuen, bei SUPPES noch nicht auftretenden Ursachenbegriff mit den Begriffen der scheinbaren Ursache sowie der indirekten Ursache, so ergibt sich *die Möglichkeit einer Revision von Kausalbeurteilungen* in der einen oder anderen Richtung aufgrund zusätzlicher Informationen. Da sich der Zwang zur Revision im Prinzip beliebig oft wiederholen kann, wird es fraglich, ob sich ein endgültiger Begriff der Ursache bzw. der direkten Ursache überhaupt noch definieren läßt. Auf jeden Fall entsteht dadurch ein neuartiges Problem, für welches auch eine neue Lösung zu suchen ist.

Um eine Übersicht in die Fülle von Revisionsmöglichkeiten zu bringen, stellen wir als Ausgangsbasis die *drei Arten von Argumenten* zusammen, *aufgrund deren sich vorläufige Kausalerklärungen ändern*. In allen drei Fällen seien A_t und $B_{t'}$ tatsächliche Ereignisse, wobei $t' < t$.

1. Das Argument für *scheinbare* Ursachen: Es sei $B_{t'}$ prima facie eine Ursache von A_t, da $P(A_t, B_{t'}) > P(A_t)$. Es gebe ein tatsächliches Ereignis $C_{t''}$ mit $t'' < t'$, so daß $P(A_t, B_{t'} \cap C_{t''}) = P(A_t, C_{t''})$. Dann ist $B_{t'}$ secunda facie keine Ursache von A_t; $B_{t'}$ hat sich als scheinbare Ursache erwiesen[3].

2. Das Argument für *indirekte* Ursachen: Es sei $B_{t'}$ prima facie eine Ursache von A_t, da $P(A_t, B_{t'}) > P(A_t)$. Es gebe ein tatsächliches Ereignis $C_{t''}$ mit $t' < t'' < t$, so daß $P(A_t, B_{t'} \cap C_{t''}) = P(A_t, C_{t''})$. Dann ist $B_{t'}$ secunda facie eine indirekte Ursache von A_t.[3]

3. Das Argument für *versteckte* Ursachen: Diesmal sei $B_{t'}$ prima facie keine Ursache von A_t, da $P(A_t, B_{t'}) = P(A_t)$. Es gebe ein tatsächliches Ereignis $C_{t''}$ mit $t'' < t$ und $t'' \neq t'$, so daß $P(A_t, B_{t'} \cap C_{t''}) > P(A_t, C_{t''})$. Dann ist $B_{t'}$ secunda facie eine (direkte oder indirekte) Ursache von A_t.

8.b Das potentiell endlose Spiel zwischen scheinbaren und versteckten Ursachen. Der erste, prinzipiell unbegrenzt oft wiederholbare Konflikt besteht zwischen der ersten und dritten Änderung von Kausalbeurteilungen. Die Abbildung diene der Illustration: Dabei symbolisiere der nach oben gerichtete Pfeil einen möglichen Weltverlauf. Die Ereignisse bilden Punkte auf dieser Geraden; die zugehörigen Zeitpunkte sind rechts eingetragen. Wir beschränken uns darauf, *die Zeit vor dem Zeitpunkt t' des Ereignisses B* zu betrachten. Vorausgesetzt sei, daß $B_{t'}$ eine prima-facie-Ursache von A_t ist; somit gilt:

$$P(A_t, B_{t'}) > P(A_t).$$

Um eine dynamische Beschreibung des Sachverhaltes geben zu können (und nur zu diesem Zweck), nehmen wir die folgende epistemische Relativierung vor: Die Ereignisse C, D etc. mögen sukzessive entdeckt werden.

Zunächst werde ein vor $B_{t'}$ liegendes Ereignis $C_{t''}$ entdeckt, so daß gilt:

$$P(A_t, B_{t'} \cap C_{t''}) = P(A_t, C_{t''}).$$

---

[3] Einfachheitshalber betrachten wir nur die beiden Fälle von *tatsächlich* scheinbaren und *tatsächlich* indirekten Ursachen. Die beiden Fälle, in denen $B_{t'}$ notwendigerweise eine scheinbare bzw. eine indirekte Ursache ist, ergeben sich aus diesen beiden Fällen dadurch, daß man das „tatsächlich" fortläßt und eine Quantifikation über alle Weltverläufe vornimmt.

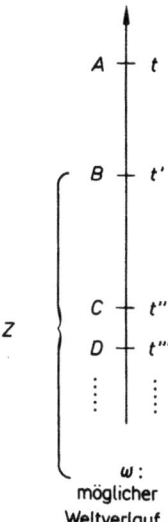

ω:
möglicher
Weltverlauf

Dann müßten wir sagen: Die prima-facie-Ursache $B_{t'}$ hat sich als Scheinursache herausgestellt.

Nun werde aber ein noch weiter zurückliegendes Ereignis $D_{t'''}$ entdeckt, so daß gilt:

$$P(A_t, B_{t'} \cap C_{t''} \cap D_{t'''}) > P(A_t, C_{t''} \cap D_{t'''}).$$

Aufgrund dieser Entdeckung müßten wir sagen, daß $B_{t'}$ secunda facie doch wieder eine Ursache ist. Dieses Spiel kann unbegrenzt weitergehen: Hat sich aufgrund der Entdeckung eines geeigneten, in der Vergangenheit liegenden Ereignisses herausgestellt, daß $B_{t'}$ auf den *n-ten Blick eine Ursache* ist, so kann uns die Entdeckung eines neuen, noch weiter zurückliegenden Ereignisses zwingen, $B_{t'}$ doch wieder für eine Scheinursache zu erklären. Abermalige Entdeckung kann zur Revision dieses Urteils führen und damit die Aussage erhärten, daß $B_{t'}$ auf den *(n+1)-ten Blick* eine *Ursache* sei usw. Argumente für scheinbare Ursachen und versteckte Ursachen lösen einander unaufhörlich ab.

Dieses endlose Spiel kann man nur dadurch beenden, daß man die gesamte Vergangenheit vor B betrachtet, also sozusagen das schärfste, vor B liegende Ereignis. Wir nennen dieses Ereignis Z. Angenommen für dieses Z gilt:

(A) $P(A_t, B_{t'} \cap Z) > P(A_t, Z).$

Dann erhalten wir folgendes endgültige Zwischenresultat: $B_{t'}$ ist eine prima-facie-Ursache, *die keine weitere Entdeckung mehr in eine scheinbare Ursache verwandeln kann*. (Trotzdem handelt es sich um ein bloßes Zwischenresultat, da weitere Entdeckungen zeigen können, daß $B_{t'}$ keine direkte, sondern bloß eine indirekte Ursache ist.)

8.c Das potentiell unendliche Spiel zwischen indirekten und versteckten Ursachen. Wenn wir jetzt den Zeitraum zwischen A und B betrachten, so erkennen wir sofort, daß sich die soeben geschilderte Konfliktsituation auch hier ergeben und unbegrenzt oft wiederholbar sein

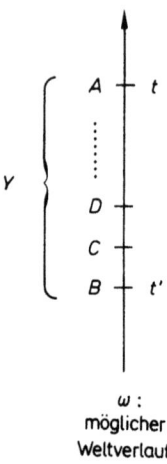

ω : möglicher Weltverlauf

kann, wobei es sich diesmal um die zweite und dritte Änderung der Kausalbeurteilung handelt. Wir wollen dabei annehmen, daß das obige Zwischenresultat (A) gelte. Die Entdeckung eines zwischen A und B liegenden Ereignisses C, welches die Bedingung erfüllt (wir lassen jetzt die Zeitindizes fort):

$$P(A, B \cap Z \cap C) = P(A, Z \cap C),$$

zwingt uns zu der Feststellung, daß sich B *secunda facie* als indirekte Ursache erweist. Dieses Zwischenresultat wird jedoch entwertet, sobald ein D zwischen A und C entdeckt worden ist, für das gilt:

$$P(A, B \cap Z \cap C \cap D) > P(A, Z \cap C \cap D).$$

Das Argument für die Indirektheit fällt weg, so daß auf den dritten Blick B doch eine direkte Ursache von A zu sein scheint etc.

Um die Frage: „Ist B nun eine direkte oder indirekte Ursache?" – als eine bloß scheinbare kann sich B wegen (A) nicht mehr erweisen – endgültig zu beantworten, müssen wir analog wie in 8.b verfahren: Wir betrachten den Zeitraum vor A bis einschließlich B und nennen die Gesamtheit dessen, was zwischen B und A passiert, das Ereignis Y. Wenn wir dann erhalten:

$$P(A, B \cap Z \cap Y) > P(A, Z \cap Y),$$

wissen wir, daß B innerhalb des betrachteten Weltverlaufes eine *direkte* Ursache von A ist und zwar in einem „absoluten" Sinn: Keine neue Entdeckung kann B in eine bloß scheinbare oder in eine bloß indirekte Ursache verwandeln.

8.d Kausaler Abschluß. In 8.b und 8.c haben wir intuitive Überlegungen darüber angestellt, wie sich ein Begriff der prima-facie-Ursache einführen läßt, *die sich im nachhinein nicht mehr als Scheinursache herausstellen kann,* sowie einen Begriff der prima-facie-Ursache, *die sich im nachhinein nicht mehr als indirekte Ursache erweisen kann.* Das beschriebene potentiell endlose Spiel soll zum Abschluß oder, wie wir auch sagen wollen, zum *kausalen Abschluß* gebracht werden.

Diese Gedanken sollen nun unter Zuhilfenahme der im Technischen Anhang eingeführten Begriffe präzisiert werden. Es ist unser Ziel, einen Begriff der *Ursache* sowie einen Begriff der *direkten Ursache* einzuführen. Beide Begriffe sollen in dem angegebenen Sinn „absolut" sein, sind aber natürlich trotzdem auf einen bestimmten möglichen Weltverlauf zu relativieren. Auch diese Relativierung verschwindet, sofern man annimmt, daß es sich dabei um den tatsächlichen Weltverlauf handelt. (Die früher erwähnte Relativierung auf den Beschreibungsrahmen und das Wahrscheinlichkeitsmaß bleibt dagegen weiterhin bestehen.)

Es sei T die Menge der Zeitpunkte, X die Menge der momentanen Weltzustände, $\leq$ eine lineare Ordnung auf T und $\Omega = X^T$ die Menge aller Weltverläufe. Für beliebig vorgegebenes $\omega \in \Omega$ und beliebig vorgegebenes $S \subseteq T$ sei

$$Z_{\omega,S} := \{\omega' \in \Omega \mid \text{für alle } t \in S: \omega'(t) = \omega(t)\}.$$

$Z_{\omega,S}$ ist ein Ereignis, und zwar dasjenige, welches für die in S liegenden Zeitpunkte den Weltlauf genauso beschreibt, wie er gemäß dem vorgegebenen ω beschaffen ist. Es seien, wie in der Abbildung, A_{t_1} und B_{t_2} zwei (Punkt-)Ereignisse mit $t_2 < t_1$.

Def. 12 B_{t_2} ist eine *direkte Ursache* von A_{t_1} *innerhalb des Weltverlaufs* $\omega \in \Omega$ gdw

(1) $t_2 < t_1$;
(2) $\omega \in B_{t_2} \cap A_{t_1}$;
(3) für $S := \{t | t < t_1 \wedge t \neq t_2\}$ gilt: $P(A_{t_1}, B_{t_2} \cap Z_{\omega, S}) > P(A_{t_1}, Z_{\omega, S})$.

Erläuterung: Die Bestimmung (2) besagt, daß A_{t_1} und B_{t_2} Ereignisse im Weltverlauf ω sind; ist daher ω der tatsächliche Weltverlauf, so sind A_{t_1} und B_{t_2} tatsächliche Ereignisse. $Z_{\omega, S}$ wurde gerade so gewählt, daß es dem Durchschnitt $Y \cap Z$ von 8.c (mit den dort gegebenen Bedeutungen von Y und Z) entspricht: Es besteht genau aus denjenigen Ereignissen des Weltverlaufs ω, die zwischen t_2 und t_1 liegen, sowie denen, die vor t_2 liegen.

Um zum Begriff der Ursache schlechthin, also der direkten *oder* indirekten Ursache, zu gelangen, kann man versuchsweise analog verfahren, nur daß S diesmal zwar sämtliche Zeitpunkte vor t_2, aber nur gewisse Zeitpunkte zwischen t_2 und t_1 enthalten muß. Wir betonen ausdrücklich, daß die folgende Definition noch nicht als gedanklich abgesichert gelten kann und daher möglicherweise ein bloßes Provisorium darstellt. Wir schreiben sie unter diesem Vorbehalt hin:

Def. 13 B_{t_2} ist eine *direkte oder indirekte Ursache* von A_{t_1} *innerhalb des Weltverlaufs* $\omega \in \Omega$ gdw

(1) $t_2 < t_1$
(2) $\omega \in B_{t_2} \cap A_{t_1}$;
(3) $P(A_{t_1}, B_{t_2} \cap Z_{\omega, S}) > P(A_{t_1}, Z_{\omega, S})$, wobei S die Bedingung erfüllt: $\{t | t < t_2\} \subseteq S \subseteq \{t | t < t_1 \wedge t \neq t_2\}$.

9. Indirekte Ursachen und kausale Abschirmung (Fortsetzung 2 der Theorie von Spohn)

Die probabilistische Theorie der Kausalität hat einen gewissen Vorläufer in REICHENBACH, der in [Direction] verschiedene kausale Aspekte probabilistisch zu präzisieren versucht. Ein für REICHENBACH wichtiger Begriff ist die erstmals auf S. 189 von [Direction] eingeführte Relation der Abschirmung („screening-off relation"). Diese Relation spielt auch in späteren philosophischen Analysen eine gewisse Rolle, insbesondere in Arbeiten von W. SALMON. Bei SUPPES wird dieser Begriff dagegen nicht, oder jedenfalls nicht explizit, eingeführt. Im Rahmen der Erklärungsproblematik ist die Abschirmungsrelation in Bd. IV/2, S. 330ff. sowie auf S. 337f. zur Sprache gekommen. Eine Präzisierung unter Berücksichtigung zeitlicher Verhältnisse findet sich jedoch dort ebenso wenig wie bei REICHENBACH und SALMON.

Wenn man die Überlegungen von REICHENBACH gerecht beurteilen will, so muß man sie im Kontext seiner Fragestellung betrachten. REICHENBACH ging es nicht darum, eine Theorie der Kausalverhältnisse als Selbstzweck zu entwickeln, sondern vielmehr darum, *die Zeitrichtung* mit Hilfe von kausalen Begriffen zu charakterisieren. Die Kausalität war nur Mittel zum Zweck. Und wegen des eben erwähnten Zieles hatte er auch gar keine Möglichkeit, bei der Einführung des Abschirmungsbegriffes die zeitlichen Verhältnisse zu benützen: Diese Verhältnisse sollten ja erst mit Hilfe von kausalen Begriffen definiert werden; und der Abschirmungsbegriff war ein Begriff aus dem kausalen Arsenal.

Die meisten Zeittheoretiker halten heute das REICHENBACH-Projekt für gescheitert. Uns geht es um ein weit weniger ehrgeiziges Programm, nämlich um eine Erklärung von kausalen Begriffen, für welche die Zeitrichtung als bekannt vorausgesetzt wird. Gerade deshalb erhöhen sich die Chancen für die Präzisierung kausaler Begriffe, die bei REICHENBACH in einer intuitiven Unbestimmtheit bleiben. Wir wollen versuchen, die Präzisierung des Begriffs der kausalen Abschirmung ein Stück weiter voranzubringen.

Unser intuitiver Ausgangspunkt: Ein Ereignis B sei prima-facie-Ursache eines Ereignisses A. Nun wird durch ein „quer hereinschießendes" neues Ereignis C die prima-facie-Ursache B in ihrer kausalen Relevanz für A abgeschirmt. Zur Illustration bringen wir das bereits in Bd. IV/2 auf S. 332 angeführte Selbstmörder-Beispiel. Die Person X stürzt sich in Suizidabsicht von einem über 80 m hohen 35-stöckigen Hochhaus kopfüber in die Tiefe; der Boden vor dem Haus ist betoniert; X schlägt darauf mit dem Kopf zuerst auf, ohne vorher durch ein Hindernis in seinem Sturz gebremst worden zu sein. Unmittelbar nach dem Aufprall entdeckt man den tot auf dem Boden liegenden X. Kann man die angeführten Umstände als einen Tod kausal erklärend anführen? Sicherlich könnte man sie für ein *prognostisches* Argument verwenden: Wer z. B. den beginnenden Sturz gesehen hat, kann mit Recht darauf schließen, daß man unten nur mehr einen Toten vorfinden wird. Im nachhinein als *kausale Erklärung* genommen, kann das Argument dagegen u. U. *nachweislich falsch* sein, so z. B., wenn sich folgendes ereignete: Im 18. Stockwerk schoß jemand zum Spaß mit scharfer Munition aus seinem offenen Fenster heraus, just in den Augenblick, als X mit den Kopf nach vorn an seinem Fenster vorbeisauste. Die physikalische Konstellation war so, daß die Gewehrkugel den Stürzenden genau ins Herz traf, was seinen augenblicklichen Tod zur Folge hatte. Damit war der Tod vor dem Aufschlag auf dem Boden eingetreten. Die Behauptung, der Aufprall des Kopfes auf den Betonboden nach einem Sturz von über 80 m Höhe habe den Tod von X zur Folge gehabt, ist somit falsch. Dieses Beispiel ist als ein deterministisches nur dadurch ausgezeichnet, daß die beiden relevanten Wahrscheinlichkeiten $P(A_t, B_{t'})$ sowie $P(A_t, B_{t'} \cap C_{t''})$ den Wert 1 haben. Selbstverständlich *wäre* der Selbstmörder sofort nach dem Aufprall zu Tode gekommen, wenn der Schuß ihn nicht getroffen hätte. Tatsächlich hat jedoch der tödliche Herzschuß aus dem 18. Stockwerk den Sturz *in seiner kausalen* Relevanz für den Tod der Person *X abgeschirmt*.

REICHENBACH sowie die meisten, welche seine Ideen aufgriffen, schienen der Auffassung zu sein, daß im Falle einer solchen Abschirmung von B durch C damit B automatisch aufhört, kausal relevant für A zu sein. Diese Annahme ist jedoch nur stichhaltig, wenn das abschirmende Ereignis C selbst in einem noch zu präzisierenden Sinn von B kausal unabhängig ist. Sonst müßte man B zumindest als indirekt für A kausal relevant erklären. Dies bedeutet: Man muß die Natur des Kausalverhältnisses zwischen B und A nach erfolgter Abschirmung durch ein Ereignis C abhängig machen von der Natur des Kausalverhältnisses zwischen B und C. Dieser Aufgabe wenden wir uns jetzt zu.

Wir knüpfen dabei an die Begriffe von Abschn. 8 an. Die Zeitindizes lassen wir der Einfachheit halber stets fort. Die Zeit werde in diesem Abschnitt stets als diskret vorausgesetzt. Ferner begnügen wir uns mit einer im wesentlichen intuitiven Skizze und verzichten auf formale Präzisierungen. (Der Leser erinnere sich daran, daß wir uns der wahrscheinlichkeitstheoretischen Sprechweise bedienen und daher häufig das Wort „Ereignis" gebrauchen, wo vom philosophischen Standpunkt aus die Bezeichnung „Sachverhalt" angemessener wäre.)

Gegeben sei ein Weltverlauf $\omega \in \Omega$ und zwei vorliegende Ereignisse A und B. B sei früher als A; was gemäß ω vor B passiert, werde wieder mit Z

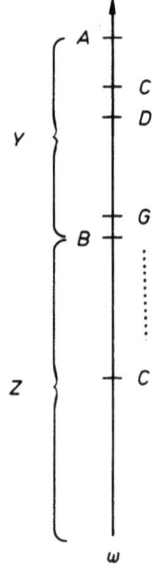

beschrieben; was gemäß ω zwischen B und A passiert, werde mit Y bezeichnet.

Der *kausale Zusammenhang* zwischen B und A kann drei Formen annehmen:

(*I*) B ist direkte Ursache von A, d. h. es gilt:

$$P(A, B \cap Z \cap Y) > P(A, Z \cap Y).$$

Dieser Fall ist bereits erschöpfend behandelt worden.

(*II*) A ist von B in einem noch zu präzisierenden starken Sinn kausal unabhängig. Um diesen starken Sinn von einem später eingeführten schwachen Sinn abzugrenzen, wollen wir hier von *totaler kausaler Unabhängigkeit* sprechen. Der Grundgedanke ist folgender: Der vorgegebene Weltverlauf ω kann mehr oder weniger spezifisch beschrieben werden. Für alle derartigen Sachverhalte X, die ω mehr oder weniger detailliert beschreiben, soll gelten:

$$P(A, B \cap X) = P(A, X).$$

Zur Präzisierung dieser Idee führen wir zunächst, in gewisser Anlehnung an REICHENBACH, zwei Abschirmungsbegriffe ein:

Wir wollen sagen, daß X das Ereignis B in seiner kausalen Relevanz für A *abschirmt* gdw gilt: $P(A, B \cap X) = P(A, X)$.

Ferner sagen wir, daß X das Ereignis B in seiner kausalen Relevanz für A *stabil abschirmt* gdw gilt: X selbst sowie alle Verschärfungen $X' \subseteq X$ von X schirmen B in seiner kausalen Relevanz für A ab. (Nur die stabile Abschirmung ist der für Kausalfragen interessante Begriff.)

Schließlich können wir definieren, was es bedeutet, daß A von B *kausal total unabhängig* ist. Dieser Fall soll genau dann vorliegen, wenn die Tautologie (oder, was im gegenwärtigen Zusammenhang dasselbe ist: das Ereignis Ω) B in seiner kausalen Relevanz für A stabil abschirmt.

Diese etwas merkwürdig klingende Definition ist so motiviert: Die Antwort auf die Frage „Was wird benötigt, um B in seiner kausalen Relevanz für A abzuschirmen?" lautet hier: „Nichts", d. h. man braucht nichts für die Abschirmungsleistung oder: die Tautologie leistet sie bereits selbst. Genau dann, wenn diese Situation vorliegt, sagen wir, daß A von B total kausal unabhängig ist.

(*III*) Das Ereignis B wird in seiner kausalen Relevanz für A durch ein drittes, von Ω verschiedenes Ereignis (also durch einen dritten Sachverhalt) C stabil abgeschirmt. Wie wir sogleich erkennen werden, ist es dieser dritte Falltyp, der nicht nur zusätzliche Komplikationen erzeugt, sondern zunächst in einen unendlichen Regreß zu führen scheint.

Der zwischen B und A bestehende Kausalzusammenhang kann selbst verschiedene Formen annehmen, die von der Art der kausalen Beziehung zwischen B und C abhängen:

(a) Der eine Fall ist der, daß C von B kausal unabhängig ist, wobei wir nicht die starke Form der Unabhängigkeit von (II) anzunehmen brauchen. In diesem Fall würden wir sagen, daß auch A von B *kausal unabhängig* (im schwachen Sinn) ist.

(b) Der andere Fall ist der, daß C von B kausal abhängig ist. In diesem Fall würden wir sagen, daß A wenigstens *indirekt* von B *kausal abhängig* ist.

Sofern C früher ist als B, vereinfacht sich die Situation. Dann kann nämlich nur der Unterfall (a) vorliegen; denn innerhalb unseres gegenwärtigen Rahmens kann Früheres nicht von Späterem kausal abhängig sein. *Sofern C zeitlich zwischen A und B liegt*, sind hingegen beide Unterfälle (a) und (b) möglich.

Hier ergibt sich die Komplikation: Wenn im Fall (III) C zwischen B und A liegt, so hängt das Kausalverhältnis zwischen B und A vom Kausalverhältnis zwischen B und C ab. *Damit aber wiederholt sich das ganze Spiel:* B und C treten jetzt an die Stelle von B und A und für die Beurteilung *ihres* Kausalverhältnisses sind wieder alle Fälle von (I) bis (III), letzterer wieder mit den Unterfällen (a) und (b), maßgebend. Wir wollen uns die Situation für alle drei Fälle überlegen und am Ende klarmachen, daß wir wegen der Annahme einer diskreten Zeit der Gefahr eines unendlichen Regresses entgehen:

1. Angenommen, bezüglich B und C liegt der Fall (I) vor, d. h. B ist direkte Ursache von C. Dann ist für die Beziehung von B und A der Fall (III) (b) gegeben.

2. Angenommen, bezüglich B und C liegt der Fall (II) vor: C ist kausal total unabhängig von B. Dann ist für die Beziehung von B und A der Fall (III) (a) gegeben.

3. Angenommen, es liege bezüglich B und C der Fall (III) vor, d. h. B wird in seiner kausalen Relevanz für C durch ein viertes, von Ω verschiedenes Ereignis D abgeschirmt.

Falls hinsichtlich dieses vierten Sachverhaltes D bezüglich B und C der Unterfall (III) (a) vorliegt, also D von B kausal unabhängig ist, so liegt auch bezüglich B und A dieser Unterfall (III) (a) vor.

Falls hinsichtlich dieses vierten Sachverhaltes D bezüglich B und C der Unterfall (III) (b) vorliegt, also eine kausale Abhängigkeit des Ereignisses D von B, so liegt auch bezüglich B und A der Unterfall (III) (b) vor.

So wie das Kausalverhältnis zwischen B und A von dem zwischen B und C abhing, so kann das letztere von dem zwischen B und D abhängen usw. Der dadurch entstehende Regreß ist harmlos; denn er kommt zu einem definitiven Ende: Mit jedem Regreßschritt wird der zeitliche Abstand zwischen B und demjenigen Ereignis, dessen Kausalverhältnis zu B aufzuklären ist, kleiner: C ist früher als A, D früher als C usw. Aufgrund der Diskretheitsannahme über die Zeit gelangen wir auf diese Weise zu einem Ereignis, welches wir G nennen wollen, das von B einen minimalen zeitlichen Abstand hat. In bezug auf dieses Ereignis G kann es nicht mehr vorkommen, daß ein weiteres, „quer hereinschießendes" Ereignis H das Ereignis B in seiner kausalen Relevanz für G abschirmt, d. h. der Fall (III) ist bezüglich des kausalen Verhältnisses von B

und G ausgeschlossen; für mögliche Ereignisse, die B in seiner kausalen Relevanz für G abschirmen, ist sozusagen zeitlich kein Platz mehr vorhanden. Es bleiben also nur mehr die ersten beiden Fälle übrig: *Entweder* ist B direkte Ursache von G; dann hängt A indirekt kausal von B ab. *Oder* G ist total kausal unabhängig von B; dann ist A im schwachen Sinn von B kausal unabhängig.

Damit dürfte gezeigt worden sein, wie der von REICHENBACH und SALMON benützte Begriff der Abschirmung bei der Berücksichtigung der zeitlichen Verhältnisse zu präzisieren ist, und außerdem, in welcher Weise er sich in die probabilistische Theorie der Kausalität einfügt.

Wie die Lösung für den kontinuierlichen Fall aussieht, ja selbst, wie die analogen Probleme dort genau zu formulieren sind, ist vorläufig eine offene Frage.

10. Kann die Theorie von Mackie in den probabilistischen Rahmen eingebettet werden?

MACKIE hat sich in [Cement] auf S. 49f. ablehnend gegenüber der Theorie von SUPPES geäußert. Er stützt sich dabei auf Beispiele alltäglicher Kausalsätze, die nach seiner Auffassung von SUPPES nicht korrekt analysiert worden sind. Nun ist es durchaus möglich, daß SUPPES in [Causality], S. 7, bei den auf knapp einer Seite angedeuteten alltäglichen Beispielen der eine oder andere Flüchtigkeitsfehler unterlaufen ist. Eine Ablehnung der Theorie von SUPPES kann man mit Einwendungen dieser Art sicherlich nicht begründen. Daß die Kritik von MACKIE letztlich unfundiert ist, wird klar, wenn man sich seinen eigenen methodischen Ansatz vor Augen führt: Innerhalb seiner Konditionalanalyse singulärer Kausalsätze wird die Bedeutung von Kausalbehauptungen mittels irrealer Konditionalaussagen wiedergegeben. Zur Begründung dieser letzteren muß man sich auf allgemeine Regularitäten stützen. (Es sei daran erinnert, daß MACKIE durch diese Zweiteilung den semantischen Aspekt des Ursache-Begriffs vom epistemischen Aspekt zu trennen versuchte.) Nun kann MACKIE natürlich nicht ausschließen, daß diese Regularitäten häufig, wenn nicht sogar überwiegend, den Charakter *statistischer Gesetzmäßigkeiten* haben. Wenn dem so ist, dann kann und muß die Forderung von SUPPES nach einer probabilistischen Verallgemeinerung der Humeschen Regularitätstheorie auch gegenüber der verbesserten Mill-Mackie-Variante dieser Regularitätstheorie erhoben werden.

SUPPES selbst hat sich in [Causality], S. 76f., durchaus wohlwollend über die Theorie von MACKIE geäußert (wobei er allerdings nur auf [Causes] Bezug nimmt, da [Cement] damals noch nicht erschienen war). Davon, daß einer Einbettung der Theorie von MACKIE in den probabilistischen Rahmen prinzipiell nichts im Wege steht, kann man sich am raschesten dadurch überzeugen, daß man den für seine Theorie grundlegenden Begriff der Inus-

Bedingung probabilistisch rekonstruiert und damit verallgemeinert. Wir wiederholen zunächst die Definition (mit geringfügigen sprachlichen Abweichungen und unter Benützung der mengentheoretischen statt der junktorenlogischen Symbolik):

A ist eine Inus-Bedingung (oder Ursache) von B gdw für gewisse Ereignisse C und D, $(A \cap C) \cup D$ eine notwendige und hinreichende Bedingung für B ist, ferner weder A noch C eine hinreichende Bedingung für B ist.

Wenn man aus Einfachheitsgründen die Zeitindizes in der Theorie von SUPPES vernachlässigt und berücksichtigt, daß Ereignisse mit den Wahrscheinlichkeiten 0 und 1 vorkommen können, so ergibt sich die folgende naheliegende „probabilistische Umformulierung" der Definition von MACKIE:

A ist eine Inus-Bedingung von B in bezug auf einen gegebenen Wahrscheinlichkeitsraum gdw es Ereignisse C und D gibt, so daß gilt:

(1) $P((A \cap C) \cup D) > 0$;
(2) $P(B, (A \cap C) \cup D) = 1$;
(3) $P(B, \overline{((A \cap C) \cup D)}) = 0$;
(4) $P(B, A) < 1$;
(5) $P(B, C) < 1$.

Die Bestimmung (1) drückt in probabilistischer Sprechweise aus, daß das, was MACKIE die volle Ursache nennt, möglich ist. (2) besagt, daß diese volle Ursache für B hinreichend ist, und (3), daß sie für B auch notwendig ist. Die beiden letzten Bestimmungen besagen, daß weder A und C eine hinreichende Bedingung für B ist.

Im Gegensatz zu JOHN ANDERSON und MACKIE ist SUPPES der Auffassung, daß der Begriff des kausalen Feldes oder des Hintergrundes, der als Rahmen für das Vorkommen spezieller Ereignisse dient, innerhalb seiner Theorie nicht ausdrücklich angeführt werden muß. ANDERSON hat nach seiner Überzeugung die Tatsache übersehen, *daß der Begriff des kausalen Feldes zu relativieren ist auf das jeweils verwendete Begriffsgerüst*. So kann es z. B. der Fall sein, daß in einer bestimmten kausalen Analyse von Phänomenen nur makroskopische Objekte und deren Merkmale in das kausale Feld einbezogen werden, während man in einer anderen Analyse *derselben Phänomene* tiefer hinabsteigt und auch mikroskopische Objekte – solche auf atomarer und subatomarer Ebene – mit in Betracht zieht. Dem, was ANDERSON das kausale Feld nennt, wird im einen wie im anderen Fall vollkommen dadurch Rechnung getragen, daß man die theoretischen und probabilistischen Voraussetzungen explizit macht und mengentheoretisch präzisiert. Der gegebenenfalls erforderliche wahrscheinlichkeitstheoretische Apparat kann dabei wesentlich stärker sein als der von uns benützte. In vielen Fällen wird insbesondere vom Formalismus der Zufallsfunktion Gebrauch gemacht werden müssen, um das „kausale Feld" adäquat zu beschreiben.

11. Die Abkoppelungsthese

Bereits in der Einleitung haben wir darauf hingewiesen, daß es sowohl aus systematischen als auch aus didaktischen Gründen erfordertlich ist, die Kausalproblematik von der Erklärungsproblematik abzukoppeln, statt beides simultan zu behandeln, wie es den kausalistischen Erklärungstheorien vorschwebt. Die Theorie von SUPPES allein würde bereits als Stütze für diese Forderung hinreichend sein: Die Kausalproblematik erweist sich als viel zu schwierig und kompliziert, um ohne Verlust an Übersicht in den Kontext der Fragen zum Thema „Erklärung" eingebettet zu werden. Diese Überlegung gewinnt erheblich an Gewicht angesichts der Tatsache, daß die Theorie von SUPPES sowohl in philosophischer als auch in technischer Hinsicht erweiterungs- wie verbesserungsbedürftig ist. Die kritische Weiterführung des theoretischen Ansatzes von SUPPES über die Theorie der versteckten Ursachen sowie deren Konfrontation mit der Abschirmproblematik führten zu neuen schwierigen Problemen und Komplikationen. Was den technischen Aspekt betrifft, so ist die Theorie von SUPPES dadurch ausgezeichnet, daß darin aus didaktischen Gründen mit einem Minimalapparat der Wahrscheinlichkeitstheorie operiert wird. Wie eine technische Verallgemeinerung in einigen relevanten Hinsichten auszusehen hätte, zeigt die mehrfach zitierte Arbeit von SPOHN. Die folgenden Schlußanmerkungen werden weitere Dimensionen andeuten, nach denen sich die Kausalforschung vermutlich ausbreiten wird.

Zusammengenommen bildet dies für uns nur die eine Hälfte der Begründung dafür, die Abkoppelungsthese zu akzeptieren. Die zweite Hälfte der Begründung findet sich in **XI**: Der Zwang zur Einbeziehung pragmatisch-epistemischer Begriffe in die Explikation der Begründungs- und Erklärungsbegriffe erschwert diese Aufgabe beträchtlich. Die für die Einführung von rein informativen, d.h. von Kausalfragen abstrahierenden Erklärungs- und Begründungsbegriffen benötigte intensionale Semantik, das dynamisch-probabilistische Modell von Wissenssituationen, die Verwendung von Wahrscheinlichkeitsmischungen und das Erfordernis, den Erklärungsbegriff auf drei Wissenssituationen zu relativieren – all das spricht ebenfalls für die Annahme der These. Kurzum: Die Kausalanalyse soll nicht durch Begründungs- und Erklärungsfragen verwirrt, die Erklärungsexplikation nicht durch die Kausalprobleme zusätzlich belastet werden. Das gilt um so mehr, als Untersuchungen der ersten Art mehr ontologisch, solche der letzteren Art mehr epistemisch orientiert sind.

Schlußanmerkungen zum Buch [Causality] von Suppes. Es seien hier einige knappe Hinweise auf weitere interessante Teile des Buches von SUPPES gegeben.

In einem eigenen Kapitel wird eine *qualitative Theorie kausaler Beziehungen* entwickelt (S. 48–59). Dem Einwand, daß eine *quantitative* Theorie der Kausalität, wie sie hier skizziert worden ist, für viele – alltägliche, aber auch wissenschaftliche – Anwendungen zu starke Voraussetzungen mache, kann man dadurch begegnen, daß man auf den quantitativen Aspekt ganz verzichtet und eine *rein qualitative* Theorie der kausalen Begriffe entwickelt. Wie ist so etwas möglich? Die Antwort ist im Prinzip – allerdings nicht in den Details – sehr einfach: Den Ausgangspunkt darf dann nicht ein quantitativer, sondern muß ein bloß *komparativer Begriff der Wahrscheinlichkeit* bilden, z. B. der Begriff „ist wahrscheinlicher als" zusammen mit „ist von gleicher Wahrscheinlichkeit wie". Vor allem im Rahmen der subjektivistischen Schule sind Überlegungen zur Axiomatisierung dieser Begriffe vorgenommen worden; SUPPES selbst liefert auf S. 48f. ein derartiges Axiomensystem. (Diejenigen Leser, die sich für den Zusammenhang von quantitativen Wahrscheinlichkeitsbegriffen und den zugrunde liegenden qualitativen Begriffen interessieren, seien auf den Anhang III des vierten Bandes, zweiter Halbband, dieser Reihe verwiesen; dort wird die Metrisierung sogenannter qualitativer Wahrscheinlichkeitsfelder auf knappem Raum behandelt.)

Ein anderer möglicher Einwand gegen den theoretischen Ansatz von SUPPES könnte sich auf die Tatsache stützen, daß im Rahmen der herkömmlichen Wahrscheinlichkeitstheorie nicht zwischen tatsächlich vorkommenden und nicht vorkommenden Ereignissen unterschieden wird. SUPPES selbst vertritt die Auffassung (a.a.O. S. 37—43), daß dieser Mangel nur in der Weise zu beheben sei, daß man den Gedanken des *tatsächlichen Vorkommens* durch eigene Axiome zu präzisieren versucht und diese Axiome zu den wahrscheinlichkeitstheoretischen Axiomen hinzufügt.

Die oben skizzierte Theorie ist insofern eine quantitative Theorie, als sie auf einem quantitativen Wahrscheinlichkeitsbegriff fußt. Das Anwendungsgebiet dieser Theorie aber sind nichtquantitative Entitäten, nämlich Ereignisse. Man kann untersuchen, ob und wie weit man auch von kausalen Relationen zwischen *Größen* sprechen könne. Eine Theorie, die solches unternimmt, muß systematischen Gebrauch machen von *Zufallsfunktionen*. Auf S. 60—68 skizziert SUPPES die Umrisse einer solchen Theorie.

Im letzten Teil seines Buches (S. 69—95) erörtert SUPPES andeutungsweise eine Reihe von wichtigen philosophischen Fragen, die aber über unsere Thematik hinausreichen.

Schließlich soll nicht unerwähnt bleiben, daß sich im Anhang dieses Buches (S. 96—120) die vermutlich verständlichste und beste existierende Kurzeinführung in den Begriffsapparat der modernen Wahrscheinlichkeitstheorie findet.

12. Technischer Anhang

Die Begriffe des (σ-)Körpers von Ereignissen sowie des Wahrscheinlichkeitsraumes werden für das Folgende vorausgesetzt.

In 3.b haben wir darauf hingewiesen, daß spätestens bei der Einführung des zweiten Begriffs der Scheinursache im Sinne von SUPPES der mit dem wahrscheinlichkeitstheoretischen Formalismus nicht vertraute Leser in begriffliche Schwierigkeiten geraten wird, da die Punktereignisse im philosophischen Sinn in diesem Formalismus auf eine ganz spezielle Weise rekonstruiert werden müssen. Der Grund dafür ist folgender: Zwei zu verschiedenen Zeitpunkten t und t' stattfindende Punktereignisse sind miteinander verträglich. Also können diese Punktereignisse nicht mit der Menge der möglichen Resultate gleichgesetzt werden.

Da die formale Präzisierung etwas aufwendig ist, sei eine intuitive Andeutung vorausgeschickt: Ein Punktereignis E_t zur Zeit t ist zu rekonstruieren als eine *Menge von Weltlinien*. Alle Elemente dieser Menge beziehen sich auf sämtliche Zeitpunkte der zugrunde liegenden Gesamtheit T, wobei nur das zu t stattfindende Ereignis mit E_t festliegt, während es für die übrigen Zeiten offen bleibt, welches Ereignis stattfindet, d. h. für $t' \neq t$ wird nicht mehr gefordert, als daß $E_{t'}$ *irgendein* Ereignis zu dieser Zeit t' sei.

Zwecks Illustration des Konstruktionsverfahrens betrachten wir Würfe mit einem Würfel. Falls es sich um einen einzigen Wurf handelt, gibt es genau 6 mögliche Resultate bzw. 6 mögliche Elementarereignisse. (Dies würde bei uns dem Fall entsprechen, wo wir nur die Ereignisse zu einem ganz bestimmten Zeitpunkt betrachten.) Angenommen aber, wir sind an allen möglichen Würfen mit dem Würfel interessiert. Dann besteht ein *Elementarereignis* des zugehörigen Wahrscheinlichkeitsraumes aus genau *einer unendlichen Folge* von Würfen mit diesem Würfel. Will man sich trotzdem auf das Ergebnis eines ganz bestimmten Wurfes konzentrieren, so muß man diesen Sachverhalt auf der Grundlage des neuen begrifflichen Hintergrundes deuten. Legen wir einfachheitshalber eine diskrete Zeit – deren Einheiten kleine Zeitlängen, z.B. Sekunden, sind – zugrunde und nehmen wir an, daß wir am Ereignis $A_t = 6$ für $t = 10$ interessiert sind. Umgangssprachlich wird dieses Ereignis beschrieben durch: „Der 10-te Wurf ist eine 6." A_t ist kein Elementarereignis mehr, sondern besteht nach Rückübersetzung in die Sprache der Elementarereignisse aus der Menge aller unendlichen Folgen von Würfen, für die der 10-te Wurf eine 6 ergibt.

In technischer Hinsicht basiert die wahrscheinlichkeitstheoretische Analyse aller Wurffolgen auf der Bildung des „großen Produktraumes". Dieselbe Konstruktion müssen wir für die Behandlung der Ereignisse durch SUPPES vornehmen, wobei es keine Rolle spielt, ob die Zeit als diskret oder als kontinuierlich zu denken ist. Ein Punktereignis A_t ist – im Widerspruch zu dem, was SUPPES auf S. 10—11 seines Buches zu sagen *scheint* – innerhalb des wahrscheinlichkeitstheoretischen Rahmens kein elementares Ereignis, ebensowenig wie dies im vorigen Beispiel der 10-te Würfelwurf war. Vielmehr ist der Stichprobenraum als der Produktraum zu denken, der aus den auf verschiedene Zeitpunkte bezogenen Punktereignissen erzeugt wird. Darin sind die Elementarereignisse keine Punkte, sondern Weltlinien. (Der Ausdruck „Weltlinie" darf natürlich nicht in dem speziellen Sinn verstanden werden, den er in der Relativitätstheorie erhält. Es gibt hier keine relativistischen Einschränkungen. Vielmehr ist jede zeitliche Folge von Ereignissen, so daß zu jedem Zeitpunkt nur ein Ereignis darin vorkommt, zulässig.) In Analogie zu dem konkreten Beispiel des vorigen Absatzes müßte dann ein Punktereignis A_t, *welches vom philosophischen Standpunkt „elementar" ist*, rekonstruiert werden als die Menge aller Weltlinien, die in bezug auf den Zeitpunkt t darin übereinstimmen, A_t als Glied zu besitzen.

Wir gehen jetzt dazu über, die Konstruktion des von SUPPES benötigten σ-Körpers von Ereignissen zu schildern. Wir wählen dafür das einfachste Verfahren. Zwei Alternativmethoden sollen danach kurz erwähnt werden. Der zugrunde liegende Möglichkeitsraum sei X; er ist identisch mit der Menge der momentanen Zustände des betrachteten Weltausschnittes. $\mathfrak{X}$ sei ein σ-Körper über X. Jedes $Y \in \mathfrak{X}$ repräsentiert ein möglicherweise vorliegendes momentanes Ereignis im betrachteten Weltausschnitt.

T sei die Menge der zum betrachteten Weltausschnitt gehörenden Zeitindizes. Es kann offen bleiben, ob T diskret oder kontinuierlich ist, ebenso, ob die Elemente von T Zeitpunkte oder kleine Zeitintervalle sind. „$t \leq t'$" besage, daß t nicht später ist als t'. Die Relation $\leq$ bilde eine lineare Ordnung auf T, d. h. $\leq$ ist reflexiv, transitiv, antisymmetrisch und konnex.

Die Menge aller möglichen Weltverläufe identifizieren wir mit der Menge aller Funktionen $\omega: T \rightarrow X$ (also derjenigen Funktionen, die T als Argument- und X als Wertbereich besitzen). Wir bezeichnen diese Menge, wie üblich, mit X^T und kürzen sie durch Ω ab, d. h.:

$$\Omega := X^T$$

Diese Menge aller möglichen Weltverläufe bilde unseren *neuen Möglichkeitsraum*. Für jedes $t \in T$ sei $\mathfrak{A}_t$ die Menge aller $A_t \subseteq \Omega$, für die es ein $Y \in \mathfrak{X}$ gibt, so daß gilt: $A_t = \{\omega \in \Omega | \omega(t) \in Y\}$. Inhaltlich bedeutet dies folgendes: Da jedes Element von Ω einen ganzen Weltverlauf bildet, der für jede Zeit $t \in T$ definiert ist, muß eine Teilmenge von Ω eine Menge solcher Weltverläufe sein. A_t ist eine derartige Teilmenge; und zwar ist sie so konstruiert, daß sie für den Zeitpunkt t einen möglichen Weltzustand liefert, der zum Ereignis Y aus $\mathfrak{X}$ gehört, während für die übrigen Zeitpunkte t' ein Wert $\omega(t')$ ein beliebiges Element aus X sein kann. $\mathfrak{A}_t$ ist, so könnte man sagen, ein Replikat des *Ereignis*-σ-Körpers $\mathfrak{X}$ für den Zeitpunkt t, oder: der σ-Körper der möglichen Ereignisse im Zeitpunkt t. Und zwar wird dieses Replikat von $\mathfrak{X}$ zu t dadurch gebildet, daß man alle möglichen Weltverläufe heranzieht, die zu t ein Ereignis aus $\mathfrak{X}$ liefern.

Der zu bildende Ereigniskörper $\mathfrak{A}$ ist der aus allen $\mathfrak{A}_t$ mit $t \in T$, genauer: der aus $\bigcup_{t \in T} \mathfrak{A}_t$, erzeugte σ-Körper.

Jetzt wird auch klar, wieso SUPPES auf S. 25 seines Buches für einen beliebig gewählten Zeitpunkt t'' aus T eine Zerlegung des ganzen Stichprobenraumes (= Möglichkeitsraumes) gewinnt, d. h. eine Aufteilung von Ω in paarweise disjunkte, nichtleere Teilmengen von Ω, deren Vereinigung Ω selbst ist: Die Elemente des Möglichkeitsraumes sind Weltverläufe, deren jeder durch den vorgegebenen Zeitpunkt t'' hindurchgehen muß.

Das angegebene Verfahren ist besonders einfach; es macht von keinen anderen wahrscheinlichkeitstheoretischen Begriffen Gebrauch.

1. Alternativkonstruktion: Hier zeichnet man im ersten Schritt diejenigen Teilmengen von Ω aus, die Zylindermengen sind. Und zwar wird ein $A \subseteq \Omega$ *Zylindermenge* genannt gdw es n Zeitpunkte $t_1, \ldots, t_n \in T$ und n Ereignisse $Y_1, \ldots, Y_n \in \mathfrak{X}$ gibt, so daß gilt: $A = \{\omega \in \Omega \mid \omega(t_i) \in Y_i\}$ für alle $i = 1, \ldots, n$. (Eine Menge von Weltverläufen ist somit genau dann eine Zylindermenge, wenn sie für endlich viele vorgegebene Zeitpunkte Weltzustände liefert, die zu einem Ereignis des Ausgangs-σ-Körpers $\mathfrak{X}$ gehören, während die Weltzustände zu allen anderen Zeitpunkten beliebige Elemente aus X sein können.) Der σ-Körper $\mathfrak{A}$ von Ereignissen ist der von der Klasse aller Zylindermengen erzeugte σ-Körper.

2. Alternativkonstruktion: Wir bilden hier eine neue Art von Funktionen p_t, nämlich solche, deren Argumentbereich Ω und deren Wertbereich X ist:

$$p_t: \Omega \to X,$$

wobei für alle $\omega \in \Omega$ gelten soll: $p_t(\omega) = \omega(t)$. Eine derartige Funktion p_t wird die *Projektion* von Ω auf X in die Koordinate t genannt. $\mathfrak{A}_t$ ist der von p_t erzeugte σ-Körper und $\mathfrak{A}$ der von allen p_t mit $t \in T$ erzeugte σ-Körper. Daß $\mathfrak{A}$ „von allen p_t erzeugt" wird, heißt dabei, daß $\mathfrak{A}$ der kleinste σ-Körper ist, in bezug auf den alle Projektionen p_t *meßbar* sind.

Die beiden zuletzt erwähnten Alternativverfahren machen von zusätzlichen wahrscheinlichkeitstheoretischen Begriffen Gebrauch, das erste vom Begriff der Zylindermenge, das zweite von dem der meßbaren Funktion und der Projektionsfunktion. Während diese Begriffe für viele wahrscheinlichkeitstheoretischen Zwecke von großem Nutzen sind, werden sie im gegenwärtigen Zusammenhang nicht benötigt, so daß das eingangs geschilderte Verfahren als das zweckmäßigste anzusehen ist.

Die Verwendung des Wortes „möglich" ist in dieser Beschreibung absichtlich forciert worden. Der Leser sollte dadurch nachdrücklich daran erinnert werden, daß in diesem formalen Rahmen nicht nur die Weltzustände und Weltverläufe, philosophisch gesehen, bloß mögliche Zustände bzw. Verläufe sind, sondern daß auch die Ereignisse im wahrscheinlichkeitstheoretischen Sinn den *bloß möglichen Sachverhalten* im philosophischen Sprachgebrauch entsprechen, während man in der philosophischen Literatur unter Ereignissen stets *aktuale* Ereignisse versteht.

Bibliographie

Zu Anhang I

BEROFSKY, B., Diskussion des Buches [Cement] von J. L. MACKIE, *The Journal of Philosophy* Bd. 74 (1977), S. 103—118.

BRAND, M., Diskussion des Buches [Cement] von J. L. MACKIE, *Philosophy of Science* Bd. 42 (1975), S. 335—337.

O'CONNOR, D. J., Diskussion des Buches [Cement] von J. L. MACKIE, *The British Journal for the Philosophy of Science* Bd. 24 (1975), S. 353—355.

KIM, J. [MACKIE], "Causes and Events: MACKIE on Causation", *The Journal of Philosophy*, Bd. 68 (1971), S. 426—441.

MACKIE, J. L. [Causes], "Causes and Conditions", *American Philosophical Quaterly* Bd. 2 (1965), S. 245—264.

MACKIE, J. L. [Cement], *The Cement of the Universe, A Study of Causation*, Oxford 1974.

Zu Anhang II

MARTIN, R. M., "On the Language of Causal Talk: SCRIVEN and SUPPES", *Theory and Decision* Bd. 13 (1981), S. 331—344.

OTTE, R. "A Critique of SUPPES' Theory of Probabilistic Causality", *Synthese* Bd. 48 (1981), S. 167—189.

FETZER, J. und NUTE, D., "Syntax, Semantics, and Ontology: A Probabilistic Causal Calculus", *Synthese* Bd. 40 (1979), S. 453—495.

FETZER, J. und NUTE, D., "A Probabilistic Causal Calculus: Conflicting Conceptions", *Synthese* Bd. 44 (1980), S. 241—246.

REICHENBACH, H. [Direction], *The Direction of Time*, Berkeley, Los Angeles 1956.

SALMON, W. C., "Probabilistic Causality", *Pacific Philosophical Quaterly* Bd. 61 (1980), S. 50—74.

SPOHN, W., "Stochastic Independence, Causal Independence, and Shieldability", *Journal of Philosophical Logic* Bd. 9 (1980), S. 73—99.

SUPPES, P., [Causality], *A Probabilistic Theory of Causality*, Acta Philosophica Fennica, Amsterdam, 1970.

SUPPES, P., *Probabilistic Metaphysics*, Filosofiska Studier, 2 Bände, Uppsala 1974.

SUPPES, P., "Scientific Causal Talk: A Reply to Martin", *Theory and Decision* Bd. 13 (1981), S. 363—379.

MIX
Papier aus verantwortungsvollen Quellen
Paper from responsible sources
FSC® C105338

If you have any concerns about our products,
you can contact us on
ProductSafety@springernature.com

In case Publisher is established outside the EU,
the EU authorized representative is:
**Springer Nature Customer Service Center GmbH
Europaplatz 3, 69115 Heidelberg, Germany**

Printed by Libri Plureos GmbH
in Hamburg, Germany